I libri di Viella

366

Elisa Novi Chavarria

# Accogliere e curare

## Ospedali e culture delle nazioni nella Monarchia ispanica (secc. XVI-XVII)

viella

Prima edizione: ottobre 2020
ISBN 978-88-3313-489-5

Questo volume è stato pubblicato con il contributo del Dipartimento di Scienze Umanistiche, Sociali e delle Formazione dell'Università degli Studi del Molise.

NOVI CHAVARRIA, Elisa
Accogliere e curare : ospedali e culture delle nazioni nella monarchia ispanica : (secc. XVI-XVII) / Elisa Novi Chavarria. - Roma : Viella, 2020. - 210 p. : ill., tab., graf. ; 21 cm. - (I libri di Viella ; 366)
Indice dei nomi: p. [201]-210
ISBN 978-88-3313-489-5
1. Istituti di assistenza e beneficienza - Monarchia spagnola - Sec.16-17 2. Ospedali - Monarchia spagnola - Sec.16-17 3. Spagna (Regno) - Storia sociale - Sec.16-17
362.110940903 (DDC 22.ed) Scheda bibliografica: Biblioteca Fondazione Bruno Kessler

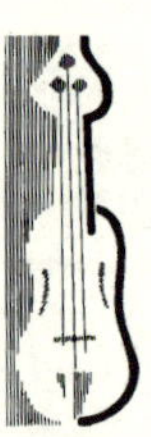

**viella**
*libreria editrice*
via delle Alpi, 32
I-00198 ROMA
tel. 06 84 17 758
fax 06 85 35 39 60
www.viella.it

# Indice

# Abbreviazioni

| | |
|---|---|
| ACPa | Archivio Comunale di Palermo |
| AGP | Archivo de Palacio Real, Madrid |
| AGS | Archivo General de Simancas |
| AHN | Archivo Histórico Nacional, Madrid |
| AHPNM | Archivo Histórico de Protocolos notariales de Madrid |
| ASF | Archivio di Stato di Firenze |
| ASP | Archivio di Stato di Palermo |
| ASV | Archivio Segreto Vaticano, Città del Vaticano |
| BAD | Biblioteca Arcivescovile "Annibale De Leo" di Brindisi |
| BEESS | Biblioteca de la Embajada de España en la Santa Sede, Roma |
| BFZM | Biblioteca Francisco de Zubálburu, Madrid |
| BL | British Library, London |
| BNE | Biblioteca Nacional de España, Madrid |
| BNN | Biblioteca Nazionale di Napoli |
| BSNSPN | Biblioteca Società Napoletana di Storia Patria di Napoli |
| BUG | Bibliothèque Universitaire, Genève |
| CODOIN | Colección de documentos inéditos para la historia de España, 113 voll., Madrid, 1842-1895 |
| DBE | *Diccionario Biográfico Español*, Madrid, Real Academia de la Historia, 2009- 2013 |
| DBI | *Dizionario Biografico degli Italiani*, Roma, Istituto dell'Enciclopedia Italiana, 1960 sgg. |
| IVDJ | Instituto de Valencia de Don Juan, Madrid |
| RCS NA as | Archivio Storico del Real Conservatorio della Solitaria, Napoli |
| UVaDOC | Repositorio Documental de la Universidad de Valladolid |

# Introduzione

*Accogliere* i membri della nazione che per vari motivi potevano trovarsi fuori i propri confini naturali e *curarli*, secondo un concetto di salute integrale, comprensivo cioè della prevenzione e del trattamento terapeutico della malattia, così come delle forme di assistenza legale e sociale della persona, erano i due principali obiettivi di quella costellazione di ospedali, conventi e confraternite delle nazioni, costituitasi nei diversi domini della Monarchia ispanica, che è al centro della trattazione di questo libro. Essi furono l'esito di una vera e propria ondata fondativa che dagli anni Settanta del secolo XVI permeò i domini europei ed extra-europei della *Monarquía* di nuovi spazi di accoglienza e di accesso alle cure, fornendo concrete opportunità di prevenzione dai rischi della depauperizzazione e della emarginazione sociale, oltre che occasioni di sociabilità e aggregazione identitaria. Ospedali, conventi e confraternite della *nación española* nei potentati e nei domini della corona asburgica nella penisola italiana e ospedali e confraternite della nazione italiana in Spagna o della nazione fiamminga a Roma come a Lisbona si occuparono di accogliere all'interno delle loro mura i veterani e le rifugiate di guerra, infermi e donne in situazione di disagio o di indigenza, soldati feriti al fronte o malati di sifilide, bambine e bambini abbandonati. Garantirono loro un accesso agevolato alle cure mediche e alla cura dell'anima. Crearono spazi di accoglienza e integrazione per quanti erano in fuga dalle guerre di religione. Avviarono alla vita religiosa o al mestiere delle armi le orfane e gli orfani di guerra. Fornirono tangibili opportunità di scambio di notizie e informazioni da un polo all'altro dei territori della Monarchia e a più livelli. Offrirono servizi religiosi e la consulenza professionale di confessori e avvocati nella lingua madre degli assistiti. Ne curarono gli affari legali concernenti la trasmissione ereditaria dei beni sulle lunghe distanze, e garantirono i loro diritti di successione e soprattutto, rinsaldando i legami di appartenenza delle diverse comunità di origine, finirono col contribuire a configurare più fitte trame relazionali tra stranieri e naturali nelle realtà urbane di accoglienza.

Una ricca messe di studi ne ha invero già messo a fuoco molti aspetti: tempi e luoghi di tali fondazioni, le finalità e le loro modalità di aggregazione, gli strumenti di controllo e di legittimazione sociale, la dimensione religiosa e devozionale, le forme del cerimoniale, le relazioni sia con le comunità di origine sia con quelle di accoglienza. Studi incentrati sul loro rispettivo patrimonio simbolico di culti e apparati festivi che trovavano il momento di loro massima espressione nelle celebrazioni in onore dei santi patroni; studi che ne hanno messo in luce le scene della cura, affollate dalla compresenza di più attori: medici e pazienti, ma anche speziali, predicatori, confessori, avvocati, militari, diplomatici e informatori; studi che si sono anche intersecati con la nuova storia politica e la nuova stagione storiografica che ponendo attenzione alla mobilità e alla circolazione delle persone hanno profondamente riscritto la storia della Monarchia spagnola affrancatasi oramai dall'immagine tradizionale di uno spazio ostile ai flussi migratori ed esclusiva nei confronti delle minoranze etnico-religiose e luogo, invece, di adesioni e appartenenze plurime.[1]

Se molti di questi aspetti sono già noti, perché tornare allora sull'argomento ci si potrebbe chiedere. È che, le fonti raccolte intorno a questo tema (statuti, consulte, diaristica, epistolari, cronache, trattatistica, notarile, avvisi e *relaciones de sucesos*), prodotte in contesti sia istituzionali che informali variamente dislocati sul piano geo-politico del tempo (Roma, Genova, Milano, Madrid, Napoli, Bruxelles, Lisbona, Palermo), lette una di fianco all'altra in una dimensione comparata mi hanno indotto a considerarne la rilevanza, per certi versi inedita, inclusiva di più chiavi di lettura variamente intrecciate tra loro e questo ha offerto l'opportunità di esplorare a mio avviso nuovi concetti e prospettive di analisi. Le fonti e, quindi, il libro parlano, infatti, sì di nazioni, termine

1. Da ultimo, ma non ultimo, si veda il bel volume *Las Corporaciones de Nación en la Monarquía Hispánica (1580-1750). Identidad, patronazgo y redes de sociabilidad,* a cura di B.J. García García e Ó. Recio Morales Madrid, Fundación Carlos De Amberes, 2014. Altri riferimenti all'ampia letteratura sedimentatasi su questo tema si troveranno nel corso delle pagine che seguono.

all'epoca quanto mai denso di significati ad esclusione proprio di quello politico che poi invalse dal XVIII secolo a tutt'oggi,[2] ma parlano anche di identità, confini, connessioni, reti di potere e di relazioni, attività diplomatiche, circolazione delle informazioni, culture mediche e transfert culturali. Parlano di spazi e di attori che non sempre la storiografia ha messo in opportuno dialogo tra loro: ammalati e scene della cura, per esempio, marinai e rifugiate, monache e viaggi clandestini, operatori economici e agenti diplomatici, piante medicali e indicazioni terapeutiche, lingue e alimentazione meticcie. Le fonti e, quindi, il libro mettono in luce anche quanto quegli spazi siano stati anche luoghi di confronto o competizione politica, ma anche di sintesi e rielaborazione delle identità, ed è proprio nella interconnessione di questi molteplici piani di lettura che sta il motivo di interesse, almeno dal punto di vista di chi le ha scritte, delle pagine che seguono.

Ospedali e confraternite di nazione prevedevano un accesso alle cariche di governo delle loro strutture e ai servizi che vi venivano offerti modulato secondo criteri più o meno rigidi di appartenenza alla comunità di origine fissati dalle norme statutarie per delimitare i confini dell'identità o delle differenze di tale appartenenza. Li analizziamo ampiamente nel primo e nel quarto capitolo del libro, relativamente alla nazione spagnola, e nel quinto capitolo riguardo la nazione italiana a Madrid e a quelle pagine rinviamo per una loro più dettagliata analisi. Ma quei criteri, che avrebbero dovuto tracciare i confini tra l'identità e le differenze tra naturali e stranieri, furono tante volte poi disinvoltamente interpretati o addirittura attraversati e oltrepassati nelle pratiche e nelle dinamiche politiche e sociali governate da logiche molto diverse dalle nostre.[3] Confini politici, oltre che barriere religiose, furono attraversati più e più volte perfino da donne che si avvalsero del loro status di religiose per trasferire oggetti, lettere, dati sensibili e informazioni militari da una corte all'altra degli Asburgo, tra Madrid, Valladolid e Bruxelles (capitolo secondo). Confini, tracciati per delimitare

2. Interessanti considerazioni storiche e storiografiche sono state svolte al riguardo da J.-F. Schaub, *Le sentiment national est-il une catégorie pertinente pour comprendre les adhésions et les conflits sous l'Ancien Régime?*, in *Le sentiment national dans l'Europe méridionale aux XVI^e et XVII^e siècles (France, Espagne, Italie)*, dir. A. Tallon, Madrid, Casa de Velasquez, 2007, pp. 155-167.

3. Il che, come pure è noto, non avvenne solo nei casi qui studiati. Cfr. T. Herzog, *Defining Nations. Immigrants and Citizens in Early Modern Spain and Spanish America,* New Haven-London, Yale University Press, 2003.

un'identità di appartenenza alla nazione spagnola o alla nazione italiana o alla comunità delle religiose fiamminghe in fuga dalla guerra, finirono col consentire spesso un vivace scambio tra l'interno e l'esterno di quei gruppi, favorirono il transito tra l'identità e le differenze e l'interazione tra naturali e stranieri, tra le loro pratiche e le loro conoscenze anche al di qua e al di là dell'Oceano, accorciarono in definitiva le distanze piuttosto che delimitarle e cristallizzarle. Confini mobili e porosi, quindi, dinamici e continuamente aperti a influenze esterne ed entro i quali si poterono attivare interessi politici e diplomatici paralleli o antagonisti rispetto a quelli che contemporaneamente passavano attraverso i canali istituzionali e/o le dinamiche di corte, molteplici contaminazioni linguistiche e religiose, una grande varietà di connessioni tra pratiche terapeutiche e conoscenze mediche differenti e che divennero di fatto spazi comunicativi e di attivazione di transfert culturali (capitolo sesto).

La collocazione su più piani della lettura delle fonti se da un lato ha cercato di tenere insieme le persone, i gruppi, gli spazi, le pratiche politiche e sociali, dall'altro ha delineato un percorso segnato certo da molte discontinuità. A livello dei territori la proiezione universalistica della Monarchia incontrò, com'è noto, difficoltà e contraddizioni. La sistematizzazione teorica che di alcune scelte operative, attivate all'interno di queste istituzioni e dei *network* gravitanti intorno a loro, fecero gli *arbitristas* spagnoli le assimilò più a dei reclusori che a delle strutture assistenziali e di accoglienza. Nicodemismo a parte, nel *Monarchia di Spagna* il filosofo calabrese Tommaso Campanella assecondò risolutamente le scelte operative della corona in materia di erogazione di servizi di accoglienza e di cura per i veterani di guerra e donne in condizioni di indigenza, salvo poi denunciare i limiti di quelle stesse pratiche politiche che avrebbero voluto "spagnolizzare il mondo" (capitolo terzo).

Pure alcuni elementi emergono con maggiore coerenza ed evidenza e percorrono il libro a modo di un sottile filo rosso. Il primo attiene in particolare la storia della Monarchia spagnola nel *tournant* degli anni Settanta-Novanta del secolo XVI e almeno fino al terzo-quarto decennio del secolo successivo quando, seppure con livelli e piani di efficacia differenti, più intensi negli ultimi due decenni del governo di Filippo II, tecnicamente e culturalmente più angusti nell'età compresa tra i regni di Filippo III e Filippo IV, si configurò una dimensione pragmatico-operativa del disegno universalistico della Monarchia e di alcune delle sue élite a corte che ebbe modo di dispiegarsi attorno le politiche di cura e dell'assistenza in una prospettiva *tendenzialmente* sistemica (capitolo primo). A grandi linee possiamo sintetizzare qui che esse interessarono la regolamentazione delle pratiche mediche e degli ospedali, il riordinamento degli studi di scienze mediche e dei collegi di farmacisti, l'accentramento delle competenze degli uffici del protomedicato, il supporto offerto a molteplici livelli per promuovere il trasferimento di conoscenze innovative in campo naturalistico dal Nuovo Mondo verso l'Europa. Per quanto la corona non fosse in quel momento l'unico agente di cambiamento nel mondo medico, essa comunque offrì attraverso il *network* di alcuni dei suoi uomini di punta nell'azione di governo delle concrete opportunità di negoziazione e mediazione culturale, oltre che il supporto logistico e finanziario per la creazione e la diffusione di pratiche mediche innovative (capitolo sesto).[4]

Il secondo elemento che emerge con una certa congruità dall'analisi condotta nel libro riguarda la concezione stessa invalsa all'epoca di assistenza, salute della persona e strutture dedite alla prevenzione e alle cure mediche. Gli studi più recenti di storia ospedaliera e dei sistemi dell'assistenza nella prima età moderna ne hanno ampliato gli orizzonti dall'approccio preminentemente foucaultiano che li aveva contraddistinti, almeno in Italia dagli anni Settanta del Novecento ai primi del Duemila, alle molteplici prospettive della storia sociale del potere, della compenetrazione tra sfera laica ed ecclesiastica, della storia economica e dell'architettura, della costruzione culturale delle identità politiche e di quelle religiose in particolare.[5] All'interno di questo quadro complessivo si sono mosse di recente una serie di ricerche che, partendo dalla calzante e accattivante formula del "*welfare* prima del *welfare*" già coniata da Angela Groppi,[6] hanno rimesso mano alla storia ospedaliera

4. In tal senso anche *Medical Cultures of the Early Modern Spanish Empire,* a cura di J. Slater, M. López-Terrada, J. Pardo-Tomás, London and New York, Ashgate, 2014.

5. Cfr. M. Garbellotti, *Ospedali e storia nell'Italia moderna: percorsi di ricerca,* in «Medicina & Storia», numero monografico *Medicina dell'Anima, Medicina del Corpo: l'Ospedale in Europa tra Medio Evo ed Età Moderna,* a cura di J. Henderson e A. Pastore, III/6 (2003), pp. 115-138. Tali prospettive vengono ripercorse, con particolare riferimento alle comunità di nazione a Roma, da A. Serra, *Roma, un laboratorio delle identità? Comunità 'nazionali', dinamiche associative e linguaggio devozionale tra XVI e XVIII secolo*, in *Venire a Roma, restare a Roma. Forestieri e stranieri fra Quattro e Settecento*, a cura di S. Cabibbo e A. Serra, Roma, RomaTrE-Press, 2017, pp. 271-289.

6. A. Groppi, *Il welfare prima del welfare. Assistenza alla vecchiaia e solidarietà tra generazioni a Roma in età moderna*, Roma, Viella, 2010.

stimandone le antiche funzioni, molto più ampie delle attuali, come forme di protezione sociale erogate dalla carità dei privati e, in forme via via più strutturate, dai poteri municipali delle maggiori città europee, in primo luogo quelle italiane.[7]

E pur tuttavia anche questa formula, per quanto per l'appunto suggestiva e ricca di implicazioni metodologiche, lascia in ombra qualche altro aspetto della questione. Essa ripropone, in effetti – e qui sta fondamentalmente il suo limite agli occhi di chi scrive –, una visione dicotomica della concezione della cura del corpo, in cui agli aspetti più strettamente sanitari, attinenti la salute e l'igiene, si aggiungono quelli dell'assistenza sociale (ricovero, sostegno materiale e morale, elemosine in cibo e vestiti) in una sorta di sommatoria, più che di sintesi. Le prospettive più innovative della storia della medicina, di recente apertasi sia alle suggestioni delle *medical humanities* sia alle visuali olistiche dell'idea di salute come unione mente-corpo, inducono piuttosto a riconsiderare nel suo complesso il carattere pre-moderno che l'uso della categoria del "*welfare* prima del *welfare*", seppure implicitamente, finisce con l'attribuire ai sistemi ospedalieri e sanitari del tempo. In realtà, le pratiche medico-ospedaliere adottate all'interno degli istituti di nazione e sistematizzate in una varia tipologia di testi, si fondavano sulla concezione umorale del corpo malato e su una cultura della prevenzione piuttosto che della cura. Nella loro visuale – ed è quel che mi pare assolutamente necessario sottolineare – i trattamenti che vi venivano forniti (prevenzione del rischio, assistenza legale, avviamento al lavoro, preparati medicamentosi e altre terapie specifiche) appartenevano tutti a pieno titolo alla medicina.[8] Che poi, per molti versi, essi appaiano anche sorprendentemente vicini a molti noi coevi programmi di promozione della salute che puntano a promuovere il benessere della persona e non più del solo corpo, pure è considerazione di qualche interesse.

7. Se ne veda l'articolata presentazione commentata da G. Piccinni, *I modelli ospedalieri e la loro circolazione in Italia e in Europa alla fine del medioevo*, in *'Civitas Bendita': encrucijada de las relaciones sociales y de poder en la ciudad medieval,* a cura di G. Cavero Domínguez, León, Universidad de León, 2016, p. 8-26.

8. Per queste considerazioni mi sono avvalsa soprattuto dei lavori di S. Cavallo, *Artisans of the Body in Early Modern Italy. Identities, Families and Masculinities,* New York, Palgrave, 2007 e *Conserving Health in Early Modern Culture. Bodies and Environments in Italy and England*, a cura di S. Cavallo e T. Storey, Manchester, Manchester University Press, 2017.

Il I capitolo approfondisce e rielabora il saggio su *Forme e simboli dell'universalismo ispanico: il processo di integrazione tra le "nazioni" della Monarchia attraverso la rete assistenziale (1578-1598),* apparso sulla «Rivista storica italiana», 129 (2017).

Grafici e tabelle sono stati elaborati da Valeria Cocozza.

***

Al termine di questo lavoro mi piace ricordare le amiche e gli amici che nel corso di questa ricerca mi hanno aiutato con suggerimenti, osservazioni e segnalazioni archivistiche, oltre che con il loro prezioso incoraggiamento. Ringrazio Maximiliano Barrio Gozalo, Bernard J. García García, Katiuscia di Rocco ,Valentina Favarò, Massimo Carlo Giannini, Manuel Rivero Rodríguez, Giulio Sodano, Carlos Hernando Sánchez.

Aurelio Musi, Giovanni Muto, Edoardo Tortarolo, Piero Ventura e Maria Antonietta Visceglia hanno letto parti o l'intera composizione del volume, migliorandolo con le loro tante e significative riflessioni e arricchendo me con il loro generoso affetto: di questo sono loro infinitamente grata.

# 1. Spazi di accoglienza e di cure

## 1. *Una costellazione di ospedali, conventi e confraternite delle nazioni*

Il 15 marzo del 1579 fu fondata a Roma da Juan de Zúñiga y Requesens, principe di Pietrapersia, commendatore maggiore dell'Ordine di Santiago in Castiglia e ambasciatore di Filippo II presso la corte pontificia dal 1568, la confraternita della Santissima Resurrezione della nazione spagnola. Il progetto risaliva in realtà alla primavera del 1574, quando nella congregazione della chiesa e ospedale di Santiago si era cominciato a discutere della possibilità di promuovere una serie di attività assistenziali per poveri e infermi. È indubbio comunque che fosse stato poi il solerte ambasciatore, maggiore e brillante interprete della politica italiana della Monarchia in quegli anni, a fornire alla fondazione l'*imprinting* necessario al suo definitivo decollo. Egli ne aveva trattato con lo stesso Filippo II in una missiva del 20 marzo 1578, segnalandogli le necessità in cui versavano tanti individui di "nazione spagnola" che gravitavano nella corte romana e la legittimità di un nuovo sodalizio in grado di soccorrere i molti sui quali incombeva il rischio dell'impoverimento e delle sue malaugurate conseguenze dal punto di vista sia familiare che sociale. La sua istanza dovette al momento perdersi tra le pieghe di una corrispondenza da anni sempre fittissima e con al centro questioni che, fossero esse di politica estera o di natura giurisdizionale, ebbero in ogni caso la precedenza all'attenzione dell'anziano sovrano. A quasi un anno di distanza, e per la precisione il 6 gennaio 1579, questi non mancò comunque di concedere il patronato regio alla nuova istituzione, di cui dichiarò di condividere le ragioni fondative riservandosi però il dettato di qualche condizione «acerca de su mejor gobierno».[1] La confraternita nacque così con una serie di finalità e obiettivi devozionali e di culto, ma soprattutto allo scopo di attivare opere di beneficenza a sostegno dei sudditi della Monarchia. Nelle more delle condizioni dettate da Filippo II, il livello dei servizi da offrire agli spagnoli in transito per Roma veniva esteso dall'assistenza sociale ed economica all'assistenza legale da prestare a quanti si fossero trovati nella necessità di assumere un avvocato a propria difesa davanti ai tribunali romani. A tale scopo gli statuti della confraternita avrebbero dovuto prevedere la nomina di un procuratore di nazione spagnola, salariato dalla *Hacienda real* e di condizione secolare, per evitare le sovrapposizioni, i dubbi di coscienza e le interferenze in cui si sarebbe potuto imbattere un ecclesiastico nei casi di procedura penale. Filippo II faceva anche il nome del primo legale, da lui individuato in un certo dottor Pinto, un «letrado de crédito, y se halla casado y con estudio abierto en Roma, que en diversas causas han llevado la palma sus escritos», che noi riteniamo di potere identificare con quell'António Pinto, portoghese e diplomatico con antenati ebrei, che sostenne le pretese di Filippo II sul Portogallo e fece una brillante carriera in curia a Roma.[2]

Gli statuti della neo-nata confraternita ottennero l'approvazione pontificia di lì a poco, come si è detto, e tra gli uffici deputati al suo governo inclusero quello di procuratore, secondo le indicazioni dal sovrano. La prima delle regole riguardava in ogni caso i requisiti di ammissione alla confraternita e ai destinatari dei suoi servizi riservati, gli uni e gli altri, ai membri della nazione spagnola, includendo in essa – e qui è la nota che

1. BEESS, *Ms.* 240, ff. 24-27. *Despacho de S. M. de 6 de enero de 1579 tocante a la erección de la cofradía de la Santísima Resurrección y nombramiento de procurador de la nación.* Il riscontro effettuato in AGS, *Estado-Roma*, legs. 931-935, ove è raccolta la corrispondenza intercorsa tra Zúñiga e il re durante la sua ambasciata a Roma negli anni 1578-1579, non ha purtroppo fatto emergere l'originale di queste lettere.

2. Riferimenti biografici sul Pinto sono riportati da J.W. Nelson Novoa, *Li diverse facie della nação a Roma. Volti di cristiani nuovi portoghesi a Roma (1532-1588),* in *Ad ultimos usque terrarum terminos in Fide Propaganda. Roma fra promozione e difesa della fede in età moderna*, a cura di M. Ghilardi, G. Sabatini, M. Sanfilippo, D. Strangio, Viterbo, Edizioni Sette Città, 2014, pp. 111-129. L'ufficio di *procurador de la nación* era già stato istituito presso la chiesa-ospedale di Santiago degli spagnoli di Roma nel 1562. Cfr. J. Fernández Alonso, *Santiago de los Españoles de Roma en el siglo XVI,* in «Anthologica Annua», 6 (1958), pp. 9-122: 84 s.; M. Vaqueiro Piñeiro, *La renta y las casas. El patrimonio inmobiliario de Santiago de los españoles en Roma entre los siglos XV y XVII,* Roma, L'Erma di Bretschneider, 1999, p. 21.

vorremmo sottolineare – «tanto el que fuere de la Corona de Castilla como de la Corona de Aragón y del Reyno de Portugal y de las islas de Mallorca, Menorca, Cerdeña y islas y tierra firma de entrambas Indias, sin ninguna distinción de edad, ni de sexo, ni de estado, ni condicion de personas ò sea nacido en qualquiera de las dichias tierras, o hijo de nacido en ellas».[3] Vi si affermava, quindi, una accezione assai ampia della categoria di "nazione spagnola", interpretata sulla base dell'appartenenza sia ai domini peninsulari e insulari europei della Corona sia a quelli nella *Nueva España*.

Come sappiamo, la definizione del termine "spagnolo" nel sistema giuridico dell'epoca non necessitava di una regolare e legittima classificazione di tipo istituzionale. Nell'accezione del tempo, cui corre obbligo ovviamente fare riferimento, il concetto di "nazione" spagnola e l'uso del termine "spagnolo" riferito a una comunità o a questo o quell'individuo rinviavano a un universo semantico complesso, in cui coesistevano diverse identità e i criteri di appartenenza alle categorie di naturali e stranieri all'interno dei domini pluriterritoriali della *Monarquía* poterono configurarsi in maniera assolutamente flessibile e contingente.[4] Di volta in volta essi designarono, a seconda dei contesti e delle opportunità in gioco, la primazia del diritto di sangue o dello *jus soli* e una pluralità di forme di appartenenza e di adesione identitaria. Le modalità di tale identificazione erano tra l'altro particolarmente duttili e vischiose fuori i confini territoriali dei regni iberici della Corona, all'interno dei quali le diverse identità castigliana, aragonese, galiziana o basca, erano invece molto più definite e rigide.[5]

3. *Estatutos de la Archicofradía de la SS. Resurrección de Christo Nuestro Redentor, de la Nación Española de Roma,* Roma, Estevan Paulino, 1603, p. 11. La storia della confraternita è stata ripercorsa da J. Fernández Alonso, *Santiago de los Españoles y la Archicofradía de la Santísima Resurrección de Roma hasta 1754,* in «Anthologica Annua», 8 (1960), pp. 279-329.

4. Sulla concezione complessa dell'identità nazionale nella Monarchia spagnola e le retoriche sottese all'uso del termine "nazione" cfr. *La Monarquía de las naciones. Patria, nación y naturalezza en la Monarquía de España,* a cura di A. Álvarez-Ossorio Alvariño e B.J. García García, Madrid, Fundación Carlos De Amberes, 2004.

5. Sulla flessibilità dei criteri di appartenenza alle categorie di naturali e stranieri all'interno dei domini della *Monarquía* ispanica il rinvio è a T. Herzog, *Defining Nations. Immigrants and Citizens in Early Modern Spain and Spanisch America,* New Haven-London, Yale University Press, 2003. L'Autrice è tornata altre volte sulla questione, per cui si vedano anche Ead., *Être Espagnol dans un monde moderne et transatlantique*, in *Le sentiment national dans l'Europe méridionale aux XVI et XVII siècles,* a cura di A. Tallon, Madrid, Casa de Velasquez, 2007, pp, 1-18; Ead., *Naturales y extranjeros: sobre la con-*

In questo contesto la nuova confraternita romana della ss.ma Resurrezione della nazione spagnola nasceva con il preciso scopo di riunire in un'unica istituzione le varie tipologie di assistenza, sociale, legale e sanitaria alle nazioni della Monarchia che vantavano già un'antica e consolidata rappresentanza a Roma e una loro quindi stabile relazione di reciprocità con la Città Eterna. Veniva declinata così, su un piano operativo *tendenzialmente* sistemico, l'idea che aveva preso varie forme nella politica di Filippo II, specie degli ultimi anni, di rafforzare il potere della Corona nella compagine della Monarchia favorendo l'amalgama delle componenti dei vari *reynos,* in un disegno che, con tutte le occorrenze del caso, potremmo definire "proto nazionale". Per questa via veniva declinato anche l'interesse che nella cultura personale del sovrano e del suo entourage avevano assunto la medicina e i principii della giustizia distributiva proprii dell'umanesimo giuridico quali strumenti per espandere e consolidare la propria autorità nei diversi domini della Monarchia. La confraternita della Resurrezione andava, infatti, nel senso di quella regolamentazione delle pratiche mediche e di riforma degli ospedali avviata dalle *Cortes* in Castiglia dalla fine degli anni Sessanta, che si era tradotta nella riduzione e nell'accorpamento di molti piccoli istituti in unità assistenziali di maggiori dimensioni per accentrarne le funzioni amministrative e ottimizzarne i servizi. Si era espletata poi, soprattutto, nella riorganizzazione e nell'accentramento delle competenze degli uffici del Protomedicato voluti da Filippo II, nel suo intervento a favore di un riordinamento degli studi di scienze mediche nelle tre principali università castigliane – Salamanca, Valladolid e Alcalá de Henares –, nei cambiamenti introdotti nei collegi di farmacisti e nelle corporazioni professionali, nel supporto offerto a molteplici livelli dalla Corona per promuovere il trasferimento di conoscenze innovative in campo naturalistico dal Nuovo Mondo verso l'Europa.[6]

La confraternita della ss.ma Resurrezione fu preposta a una sorta di controllo e coordinamento delle due più antiche chiese-ospedali della Monarchia a Roma, quella di Santiago e S. Ildefonso in piazza Navona, definita degli spagnoli, ma in realtà amministrata per statuto soltanto da spagnoli originari dei regni di Castiglia e Navarra, e quella di S. Maria

*strucción de categorías en el mundo hispánico,* in «Cuadernos de Historia Moderna», X (2011), pp. 21-31.

6. Cfr. M.L. Clouse, *Medicine, Government and Public Health in Philip II's Spain. Shared Interests, Competing Authorities,* London and New York, Routledge, 2016.

di Montserrat di pertinenza della Corona d'Aragona.[7] Essere spagnolo a Roma, la principale corte della cristianità, alla fine degli anni Settanta del Cinquecento, sullo scenario internazionale più prestigioso per definire strategie e gerarchie di reputazione dei rappresentanti diplomatici dei diversi sovrani cattolici, doveva significare soprattutto, nelle pieghe del dettato statutario della neo-nata istituzione, essere nativi dei domini iberici della Monarchia, appartenere al ceto di nobili, uomini d'affari ed ecclesiastici, o alla loro rete di servitori e clienti, che a vario titolo gravitavano intorno a quella corte, riconoscersi nello spazio comune dei servizi sociali, legali, sanitari e religiosi offerti dalla confraternita, partecipare a un medesimo patrimonio di simboli e riti condivisi sotto l'egida della Corona e rafforzati dall'orgoglio per i suoi coevi successi militari.[8]

In un saggio del 1997 Thomas Dandelet ha già rilevato il ruolo svolto dalla confraternita della Resurrezione, e dal suo fondatore, il già menzionato *Comendador mayor* di Castiglia Juan de Zúñiga, nel percorso di configurazione della comunità degli spagnoli a Roma. Egli ha particolarmente sottolineato come essa si andasse configurando nel senso di un'identità collettiva più ampia, inclusiva di castigliani, catalani e portoghesi, rinsaldata dal senso di appartenenza a quel comune patrimonio di credenze, simboli, feste e cerimonie che avevano in piazza Navona e nelle processioni organizzate dalla confraternita per la Settimana Santa il loro scenario di elezione.[9] Dandelet,

7. Su queste istituzioni si è addensata una gran quantità di studi, di cui si vedano oltre i già citati lavori di Fernández Alonso e Vaqueiro Piñeiro, anche E. García Hernan, *La iglesia de Santiago de los españoles en Roma: trayectoria de una institución,* in «Anthologica Annua», 42 (1995), pp. 297-363; M. Barrio Gozalo, *La Iglesia y Hospital de Montserrat de Roma en los siglos modernos,* in «Anthologica Annua», 48-49 (2001-2002), pp. 11-48; Id., *La Iglesia y Hospital de Santiago de los Españoles de Roma y el Patronato Real en el siglo XVII,* in «Investigaciones históricas. Época moderna y contemporánea», 24 (2004), pp. 53-76.

8. Su storia e storiografia degli spagnoli a Roma in età moderna si rinvia a *Roma y España. Un crisol de la cultura europea en la edad moderna,* a cura di C. J. Hernando Sánchez, Madrid, Sociedad Estatal para la acción cultural exterior, 2007. Per gli aspetti del cerimoniale e la visibilità scenografica e artistica della loro chiesa cfr. D. Carrió Invernizzi, *Santiago de los españoles en Plaza Navona (siglos XVI-XVII*), in *Piazza Navona, ou Place Navone, la plus belle & la plus grande*, a cura di J.F. Bernard, Roma, École Française de Rome, 2014, pp. 635-655.

9. Th. Dandelet, *Spanish Conquest and Colonization at the Center of the Old World: The Spanish Nation in Rome, 1555-1625,* in «The Journal of Modern History», 69/3 (1997), pp. 489-511. Al saggio è poi seguito il libro: Id., *Spanish Rome 1500-1700,* New Haven-London, Yale University Press, 2001.

come ha notato Maria Antonietta Visceglia, sicuramente enfatizza la forza della presenza spagnola a Roma e in curia in quegli anni.[10] Toni altrettanto amplificati usa quando parla di un processo di *nation building* e di un *nation builder* in riferimento proprio al protagonismo di Juan de Zúñiga, spingendosi a dire che così come il conte-duca d'Olivares avrebbe sostenuto la *Union de las armas,* Zúñiga sarebbe stato il precoce artefice di un coerente processo di spagnolizzazione fondato sulla carità e la mutua assistenza tra i membri della nazione. Nella sostanza, però, egli centra una questione, quella appunto del consolidamento pragmatico, dalla fine degli anni Settanta del XVI secolo, di quel processo di integrazione *tra* le nazioni e di spagnolizzazione trasversale, di genere e intercetuale, della società avviato dalla Monarchia sin dall'età carolina sulla base di una vasta produzione teorica di matrice umanistica impegnata a costruire una cultura della "nazione".[11] Un processo questo che, al di là della *leadership* personale di Zúñiga e della confraternita della Santissima Resurrezione da lui promossa, la stessa Visceglia accredita tra gli aspetti più significativi per la storia della rappresentazione della Spagna a Roma. Esso ebbe molti altri attori sociali, uniti da una densa rete di relazioni e di legami politici e familiari rinsaldati da un comune *background* culturale e un regolare e fitto scambio epistolare di idee e informazioni, e molti altri centri di irradiazione tra loro interconnessi intorno a pratiche di legittimazione della Monarchia avviate anche grazie alle politiche attivate da quei medesimi attori sui territori nella tarda età filippina.
Si avrà modo di tornare su questo punto.

## 2. *L'ondata fondativa (1578-1598)*

L'identità degli spagnoli fuori di Spagna, e di conseguenza le forme di tutela e assistenza di volta in volta approntate nei loro riguardi, poterono connotarsi di tratti e aspetti variabili a seconda dei contesti.

10. M.A. Visceglia, *Vi è stata una "Roma spagnola"?,* in *Congiure e complotti,* a cura di M. Caffiero, M.A. Visceglia, numero monografico di «Roma moderna e contemporanea», 1-2 (2003), pp. 313-323, ora in M.A. Visceglia, *La Roma dei papi. La corte e la politica internazionale (secoli XV-XVII),* a cura di E. Valeri, P. Volpini, Roma, Viella, 2018, pp. 199-211.

11. Sulle origini classiche del concetto di "nazione" spagnola come forma di legittimazione della Monarchia ha particolarmente posto l'accento C.J. Hernando Sánchez, *Españoles e Italianos. Nación y lealtad en Reino de Nápoles durante las Guerras de Italia,* in *La Monarquía de las naciones,* a cura di Álvarez-Ossorio Alvariño e García García, pp. 423-481.

Così, mentre prendevano corpo il disegno della nuova istituzione a sostegno degli spagnoli a Roma e, attraverso di essa, il senso di appartenenza comunitaria e gli stessi confini identitari della "nazione" fuori della "Nazione", in altri centri nevralgici della Monarchia furono fondate altre istituzioni a sostegno sia della nazione spagnola sia delle nazioni dei suoi domini in Europa, organizzate anch'esse in forme gerarchico-verticali, ma inclusive di altre specifiche categorie sociali differenziate anche per sesso e fasce di età.

La contemporaneità e la interconnessione di questa che ci piace definire una "ondata fondativa" e la centralità che vi assunsero i domini italiani della Corona appaiono evidenti (tab. 1).

Il 30 settembre del 1578, il governatore Antonio de Guzmán, marchese di Ayamonte y Zúñiga, e il castellano della città, D. Sancho de Guevara y Padilla membro del Consiglio segreto del re, aprivano a Milano un conservatorio per le figlie dei soldati e degli ufficiali spagnoli. Posto sotto la protezione e giurisdizione della Corona, esplicitamente sottratto a qualunque forma di ingerenza ecclesiastica e amministrato per statuto dagli alti gradi dell'esercito di stanza a Milano, nelle intenzioni dei suoi fondatori il conservatorio avrebbe dovuto sottrarre alla povertà, e ai suoi rischi, le fanciulle dagli otto ai quindici anni, orfane dei militari morti durante il servizio regio e favorirne l'integrazione nel territorio milanese indirizzandole al matrimonio o alla vita monastica.[12]

Lo stesso Juan de Zúñiga, lasciato alla fine del 1579 l'incarico di ambasciatore a Roma per assumere quello di viceré di Napoli, si distinse sin dal suo arrivo nella capitale del Regno per le molteplici iniziative prese a favore delle strutture ospedaliere e assistenziali cittadine di origine spagnola. Entrato a Napoli l'11 novembre, via terra e non dal porto di Pozzuoli, come era consuetudine,[13] a causa delle cattive condizioni del mare – si disse –, e forse anche per eludere qualche incidente diplomatico con

12. Se ne veda il regolamento in *Ordenes de la Casa de las virgines, hijas de soldados Spanoles, officiales y genre de guerra de la Magestad catholica en el stado de Milan,* Milano, Pablo Gottardo Ponçio, 1581.

13. Cfr. S. De Cavi, *El Possesso de los virreyes españoles en Nápoles (siglos XVII-XVIII),* in *El legado de Borgoña. Fiesta y Ceremonia Cortesana en la España de los Austrias,* a cura di K. De Jonge, B.J. García García, A. Esteban Estríngana, Madrid, Fundación Carlos de Amberes y Marcial Pons Ediciones de Historia, 2010, pp. 323-357 e *Cerimoniale del viceregno spagnolo di Napoli 1503-1622,* a cura di A. Antonelli, Napoli, Arte'm, 2015, pp. 226 ss.

Tab. 1. Istituzioni di nazione

| Titolo | Data | Luogo | Nazione | Promotore/i |
|---|---|---|---|---|
| Ospedale militare di S. Maria della Vittoria | 1572 | Napoli | Spagnola | Juan Álvarez de Astorga; D. Juan de Austria |
| Collegio per le orfane dei militari spagnoli | 30/09/1578 | Milano | Spagnola | Antonio de Guzmán, marchese di Ayamonte; Sancho Padilla |
| Confraternita della Santissima Resurrezione | 15/03/1579 | Roma | Spagnola | Juan de Zúñiga |
| Ospedale di S. Pietro degli Italiani | 1579 | Madrid | Italiana | Consiglio d'Italia |
| Infermeria per i detenuti nelle carceri della Vicaria | 1580 | Napoli | | Juan de Zúñiga |
| Conservatorio della Immacolata Concezione per le figlie di spagnoli | 1582 | Napoli | Spagnola | Juan de Zúñiga |
| Collegio di San Giacomo per gli orfani di militari spagnoli | 4/08/1582 | Milano | Spagnola | Sancho Padilla |
| Ospedale militare | 1582 | Malines (Anversa) | Spagnola | Alessandro Farnese |
| Ospedale di S. Antonio dei Portoghesi (riforma degli statuti) | 1582 | Roma | Portoghese | Enrique de Guzmán, conte di Olivares |
| Ospedale militare di S. Giacomo | 1588 | Palermo | Spagnola | Diego Enrique Guzmán conte d'Alba de Lista |
| Conservatorio di S. Maria della Soledad per le orfane di militari spagnoli | 1589 | Napoli | Spagnola | --- |
| Ospedale di N.S. di Loreto degli Italiani (riforma dell'ordinamento interno) | 1594 | Lisbona | Italiana | --- |
| Ospedale di San Andrés dei Fiamminghi | 1594 | Madrid | Fiamminga | Carlos de Amberes |
| Ospedale di Sant'Antonio dei Portoghesi | 1604<br>1607 | Valladolid<br>Madrid | Portoghese | Consiglio del Portogallo |

gli Eletti della città in merito ai diritti di precedenza, come primo gesto pubblico il viceré Zúñiga fece devolvere l'importo del sontuoso apparato festivo, che nel Regno si era soliti approntare per il cerimoniale d'ingresso del nuovo viceré in carica, all'ospedale di S. Maria del Popolo degli Incurabili.[14] L'ospedale aveva un'origine spagnola e, per essere più precisi, familiare per il viceré. Esso era stato, infatti, fondato nel 1519 dalla sua ava Maria Lorenza Requesens, naturalizzata a Napoli col cognome del marito Joan Lloncq/ Longo.[15]

L'anno dopo, nel 1580, Zúñiga fece aprire a Napoli una infermeria per i detenuti nelle carceri della Vicaria, come ancora oggi attesta una lapide commemorativa collocata sulla facciata settentrionale del Castel Capuano sormontata dalle armi degli Zúñiga y Requesens (figg. 1-2). Sovrintese personalmente alla gestione dell'ospedale di S. Maria della Vittoria, un'altra istituzione della nazione spagnola a Napoli, aperto nel 1572 da Juan Álvarez de Astorga col patrocinio del fratellastro del re, D. Juan de Austria, per accogliere i reduci dalla battaglia di Lepanto contagiati da malattie infettive. Finanziato con un'imposta sui salari dei soldati dell'armata e del *tercio* di stanza a Napoli, come diventerà poi prassi consueta negli ospedali militari e nelle altre istituzioni delegate all'assistenza dei loro familiari, l'ospedale della Vittoria era amministrato e governato dai quadri militari presenti in città: il generale dell'artiglieria, i castellani di Castel Nuovo e di Castel Sant'Elmo e il maestro di campo della fanteria. Zúñiga lo visitò sistematicamente in più di un'occasione.[16] Nel 1582 patrocinò la fondazione del conservatorio di S. Maria della Concezione per le orfane di spagnoli che avevano prestato servizio alla Corona nell'amministrazione o nell'esercito, in evidente connessione con la corrispondente istituzione milanese del collegio delle vergini e che, come quella, si finanziò attraverso un'imposta fissa detratta direttamente dal salario dei militari. L'istituto era governato da un cavaliere dell'ordine di Santiago, un capitano di fanteria,

14. BNN, *Ms. Branc.* V B 5, *Parlamenti e gratie della città di Napoli. Fatti storici nella stessa avvenuti 1554-1642*, cc. 250v-255r.

15. G.T. Colesanti, *Fundadores d'hospitals: Maria Llorença Llong (ca. 1460-1539)*, in *Biblioteca Virtual de investigación Duoda,* on-line http://www.ub.edu/duoda/bvid/index.html [data di consultazione: 19 giugno 2016]. Sull'ospedale degli Incurabili si rinvia allo studio di G. Boccadamo, *Maria Longo, l'Ospedale degli Incurabili e la sua Insula*, in «Campania sacra», 30 (2000), pp. 37-170.

16. BUG, *Collection Édouard Favre*, vol. LXIII, *Requête adressée ai vice-roi de Naples [D. Juan de Zúñiga] en faveur de l'hôpital de N. D. de la Victoire*, s.d., ff. 163r-166v.

Fig. 1. Castel Capuano, Portale d'ingresso.

Fig. 2. Castel Capuano, Lapide commemorativa con le insegne degli Zuniga y Requesens.

un tenente della cavalleria e un *entretenido* (ovverosia un soldato pensionato), designati tutti dal viceré.[17]

Nel campo della sua intensa attività legislativa – in molti celebrarono le ben 33 Prammatiche emanate durante il triennio del suo viceregno a Napoli – Zúñiga regolamentò sia le modalità per la vendita dei prodotti medicinali e l'organizzazione degli esercizi farmaceutici (le spezierie del Regno), sia l'accesso all'esercizio della professione medica che restrinse ai soli iscritti al Collegio dei Medici di Napoli e Salerno e all'approvazione del Protomedico del Regno.[18] Di questo ufficio in particolare il Viceré rafforzò ruolo e ambiti di giurisdizione, in linea con quanto in materia di regolamentazione delle pratiche mediche e centralizzazione delle competenze del tribunale del Protomedicato si andava contemporaneamente realizzando in Castiglia e in altri domini, sia iberici sia extraeuropei, della Corona.[19] Zúñiga concordò col re anche alcune modifiche al cerimoniale civico invertendo l'ordine di precedenza da assegnare a nobili e reggenti nelle congregazioni degli ospedali, in modo che queste apparissero sotto l'egida delle più alte magistrature politiche del Regno, smarcandole in tal modo dalle rivendicazioni corporative dell'aristocrazia cittadina dei Seggi.[20]

Tutta la materia riguardante l'assistenza medico-ospedaliera, e in generale il riordino e il potenziamento dei servizi e dei rimedi socio-terapeutici, furono sempre al centro dell'azione di governo del Viceré, costituendone per altro l'aspetto più innovativo, oltre che quello più attinente le aspettative locali, rispetto a una linea politica per altri versi tutta orientata alla tutela degli equilibri di potere madrileni. Furono soprattutto questi i motivi su cui si fondò, poi, la costruzione dell'immagine vicereale e la percezione positiva della sua conduzione politica nel Regno. Essa fu elogiata come simbolo di

17. G. Ceci, *Pizzofalcone,* in «Napoli nobilissima», I (1892), p. 107.

18. D.A. Parrino, *Teatro eroico e politico de' governi de' Viceré del Regno di Napoli,* Napoli, Parrino e Mutio, 1692, vol. I, pp. 319-332. Sulla rete ospedaliera della città di Napoli e la reputazione che essa godeva tra i contemporanei si veda S. Marino, *Ospedali e città nel Regno di Napoli (secc. XIV-XIX)*, Firenze, Leo. S. Olschki, 2014.

19. Clouse, *Medicine, Government and Public Health in Philip II's Spain*, pp. 15-42. Per Napoli in particolare il rinvio è a D. Gentilcore, *Il regio Protomedicato nella Napoli spagnola,* in «Dynamis. Acta Hispanica ad Medicinae Scientiarumque Historiam Illustrandam», 16 (1996), pp. 219-236.

20. BNN, *Ms. Branc.* III D 9, *Lettere regie ai Viceré di Napoli dal tempo del duca di Alcalà fino al conte di Lemos*, c. 18r: «A Don Juan de Zúñiga que en las Congregaciones de los Hospitales y otros lugares pias donde concurren titulados y Regentes precedan los Regentes». Lettera del 19 agosto 1580.

virtù politica da scrittori come Ferrante Carafa, Angelo di Costanzo e Antonino Castaldo, non sempre indulgenti con il potere spagnolo, e che di Zúñiga apprezzarono la capacità di legittimare la centralità di Napoli nella politica italiana della Monarchia.[21] Alle loro analisi e opinioni si aggiunse il coro della produzione poetica cortigiana, che ne diffuse e glorificò le azioni nei versi dei componimenti encomiastici. Zúñiga riportò ad esempio, tra le altre, le lodi di Pietro Campollonio, un poeta napoletano che si guadagnò qualche merito nel panorama letterario del tempo e che a Juan de Zúñiga, nel 1580, a pochi mesi, quindi, dal suo insediamento in città, dedicò un poema fortemente elogiativo intitolato le *Stanze*. Nel tracciarvi il ritratto del buon principe, tollerante e austero, liberale e cortese, giusto e generoso, e celebrarne i fasti, Campollonio ebbe parole di particolar encomio proprio nei confronti delle attività caritative e assistenziali svolte dal Viceré in campo medico e sociale nei riguardi dei «sacri *Hospitai* [...] visitati da voi – come egli scrisse – con l'argo dono [...], essendo stato voi nell'essercitio lor sì largo, e raro, anzi prodigo in tutto a' i vostri, e, a' noi».[22]

D'altronde a Napoli, che era non solo la città più densamente popolata, ma anche, a unanime giudizio dei contemporanei, la sede della più grandiosa e fastosa corte dei domini della Corona, iniziative importanti nel settore dell'assistenza alla comunità di origine spagnola si sperimentavano da tempo, almeno da quando la città, dopo la visita di Carlo V nel 1535-36, si affermò come il grande centro della politica mediterranea della Monarchia. Per iniziativa del viceré Pedro de Toledo negli anni Quaranta era stata avviata la costruzione della chiesa e dell'ospedale di S. Giacomo, istituito per accogliere gratuitamente gli spagnoli poveri e infermi. Questi, durante la loro permanenza nell'istituto, venivano assistiti attraverso un programma riabilitativo generale che abbinava le cure

21. Cfr. G. Galasso, *Storia del Regno di Napoli*, vol. II, *Il Mezzogiorno spagnolo (1492-1622)*, Torino, Utet, 2005, pp. 764-788. Sulla storiografia napoletana del Cinquecento si veda A. Musi, *Napoli Spagnola: La costruzione storiografica,* Salerno, Biblioteca Provinciale, 2011.

22. P. Campollonio, *Stanze ... alla Eccellenza dell'Illustrissimo et Eccellentisimo Signor Don Giovanni di Zuniga,* Napoli, Orazio Salviani, 1580. Il corsivo nel testo è nostro. Per un altro esempio si veda *In discessu Proregis don Joannis Zuniga a Regno Neapolis, Tetrastichon*, in BUG, *Collection Édouard Favre*, vol. LXIII, cc. 195r-196v. È stato osservato come manchi uno studio sulla evoluzione della copiosa produzione poetica legata alla corte vicereale napoletana, per cui cfr. C.J. Hernando Sánchez, *Immagine e cerimonia: la corte vicereale di Napoli nella monarchia di Spagna,* in *Cerimoniale del viceregno spagnolo e austriaco di Napoli 1650-1717,* a cura di A. Antonelli, Napoli, Arte'm, pp. 37-80: 55.

mediche all'educazione, prevedendo tra le altre finalità anche l'apprendimento della lingua castigliana scritta. Amministrato grazie soprattutto ai fondi provenienti dai lasciti dei *continui* della casa del viceré, ovverosia i soldati della sua guardia personale, cui era riservato il diritto delle onoranze funebri nella chiesa, il San Giacomo di Napoli si distinse ben presto come un dinamico centro terapeutico e chirurgico. Esso funse, però – come ha osservato Carlos Hernando –, anche da laboratorio di alcune successive esperienze di integrazione ed equilibrio tra le diverse componenti della emergente coscienza della costituenda *nación española,* tant'è che nella sua chiesa fondarono le proprie cappelle di famiglia gli esponenti più in vista dell'amministrazione vicereale del Toledo, come il castigliano Fernando de Alarcón, il catalano Jerónimo Coll e l'aragonese Federico Urriés.[23]

In seguito, dopo l'intenso mandato vicereale di Juan de Zúñiga, di cui si è detto, la trama delle istituzioni rivolte all'assistenza della nazione spagnola residente a Napoli si infittì di ulteriori nuove iniziative, che facevano seguito alla crescente militarizzazione della città, all'accentramento in essa dei tribunali e degli uffici e alla sua innegabile condizione di grande metropoli mediterranea. Nel 1582 vi fu fondato il monastero femminile della Immacolata Concezione per oriunde di famiglie spagnole al servizio della Corona. L'anno dopo, si cominciò a parlare anche di un ritiro per le penitenti che sarà realizzato poi, nel 1634, col *matronage* di Leonor de Guzmán, moglie del viceré conte di Monterrey e recante il titolo di S. Maria Maddalena delle convertite spagnole. Nel 1589 fu fondato il conservatorio di S. Maria della Soledad, destinato ad accogliere e assistere le giovani orfane, povere e onorate, della nazione spagnola, che si finanziò con i legati di numerosi benefattori e, soprattutto, grazie al prelievo di una quota fissa dalle paghe dei militari di stanza in città. Altre corporazioni di nazione sarebbero sorte nei primi decenni del secolo XVII, per dare spazio alla sempre più ampia e articolata compagine sociale spagnola presente in città.[24]

23. Cfr. C.J. Hernando Sánchez, *Corte y ciudad en Nápoles durante el siglo XVI: la construcción de una capital virreinal,* in *Las cortes virreinales de la Monarquía española: América e Italia,* a cura di F. Cantù, Roma, Viella, 2008, pp. 337-423; Id., *Pedro de Toledo entre el hierro y el oro: construcción y fin de un virrey,* in *Rinascimento meridionale. Napoli e il viceré Pedro de Toledo (1532-1553),* a cura di E. Sánchez García, Napoli, Tullio Pironti editore, 2016, pp. 3-65.

24. Cfr. B. Croce, *Una passeggiata per la Napoli spagnuola,* in Id., *Un paradiso abitato da diavoli,* a cura di G. Galasso, Milano, Adelphi, 2006, pp. 28-48. Una mappatura

A Milano, a pochi anni dalla fondazione dell'analoga istituzione femminile, il 4 agosto 1582 nacque il collegio di San Giacomo per gli orfani dei soldati e degli ufficiali spagnoli, di età compresa fra i sette e diciassette anni, età in cui con ogni probabilità anche loro si sarebbero poi arruolati nelle milizie al servizio della Corona. Aperto grazie al legato di un capitano della fanteria di stanza nel castello e con il patrocinio di Sancho de Guevara y Padilla, a quel tempo governatore dello Stato di Milano, il collegio godette del patronato regio ma di scarse rendite e la sua amministrazione fu demandata, già nel 1591, ai procuratori del conservatorio femminile.[25]

Iniziative analoghe si andavano configurando intanto in tutti i domini della Corona. La fondazione dell'ospedale militare di San Giacomo a Palermo fu avviata nel 1560, ma fu con l'arrivo del viceré Diego Enrique Guzmán conte di Alba de Lista, sodale del conte d'Olivares, ambasciatore a Roma, che il nuovo istituto cominciò a prendere davvero quota nel 1587.[26] L'organizzazione di un ospedale militare per l'assistenza dei soldati andò di pari passo con la mobilitazione delle truppe per la conquista del Portogallo. Il duca d'Alba, Filippo II e il suo segretario Gabriel de Zayas ne discussero sovente nel corso della corrispondenza intercorsa nei mesi tra luglio e novembre del 1580 e cospicue furono le risorse in uomini e mezzi destinate dalla Corona a tale scopo nel corso di tutta la campagna militare.[27] Lo stesso avvenne di lì a poco nelle Fiandre. Alessandro Farnese, nipote del re e a quel tempo governatore generale dei Paesi Bassi spagnoli, allestì nel 1582 un ospedale militare nella città di Malines (Mechelen), nel Brabante, sulla linea lungo la quale egli aveva schierato il grosso delle guarnigioni in transito dall'Italia verso il fronte

delle istituzioni di nazione a Napoli tra Cinque e Seicento è in I. Mauro, *Espacios y ceremonias de representación de las corporaciónes nacionales en la Nápoles española,* in *Las Corporaciones de Nación en la Monarquía Hispánica (1580-1750). Identidad, patronazgo y redes de sociabilidad,* a cura di B.J. García García e Ó. Recio Morales, Madrid, Fundación Carlos De Amberes, 2014, pp. 451-478.

25. Cfr. E. Falciola, *Per una storia dell'assistenza a Milano: il Collegio di San Giacomo per gli orfani dei miliari spagnoli (1582-1781),* in «Archivio storico lombardo», CXI (1985), pp. 169-198.

26. G.E. Di Blasi, *Storia cronologica dei viceré luogotenenti e presidenti del Regno di Sicilia,* Palermo, Stamperia Oretea, 1842, pp. 251 s.

27. CODOIN, XXXII, p. 325, Duque de Alba a Felipe II, Sétubal, 27 luglio 1580; ivi, pp. 110, 148, 177, Duque de Alba a Gabriel de Zayas, Lisbona, 5, 16 e 23 ottobre 1580; ivi, XXXIV, pp. 480, 220, El rey al Duque de Alba, Mérida, 9 maggio 1580, Thomar, 10 aprile 1581.

di guerra nelle Fiandre. Amministrato da ecclesiastici per lo più di origine spagnola e, ma in più rari casi, fiamminga, l'ospedale di Malines, a differenza di altre strutture di tipo assistenziale generico come la maggior parte delle istituzioni finora passate in rassegna, fu destinato al solo ed esclusivo trattamento medico e chirurgico dei soldati al servizio della Corona. La struttura constava di 330 posti letto e di un'adeguata équipe di medici e chirurghi. Il personale sanitario era reclutato tra i membri dell'Ordine di S. Giovanni di Dio e il nosocomio, oltre a distinguersi nel panorama dell'epoca per le avanzate pratiche chirurgiche e terapeutiche che vi furono sperimentate sui feriti nella guerra che si stava combattendo in quei territori, fu per tutto il secolo successivo anche un attivo centro di elaborazione medico-teorica e di formazione pratica per giovani studenti in medicina. L'intero sistema era molto avanzato. Una volta affrontata l'emergenza, i feriti venivano trasferiti per la degenza a più lungo termine nel vicino sanatorio di Hal, a sud di Bruxelles, dove avrebbero percepito l'intera paga convenuta dal momento che medicine e terapie venivano somministrate loro senza alcun onere. Medici e struttura erano finanziati oltre che dalle sovvenzioni della Corona anche con una quota di prelievo mensile fisso detratto dalle paghe dei soldati pari a un reale, secondo una modalità che fu poi imitata presso altri eserciti.[28]

Nel mondo ispanoamericano, la fondazione degli ospedali era stata sin dall'inizio pressoché parallela alla nascita delle nuove città. Anche qui gli anni Settanta del secolo XVI sembrano aver segnato una chiave di volta con una forte impennata di tale processo fondativo. Le *Ordinanze* emanate da Filippo II nel 1573 prescrivevano, infatti, la presenza di un ospedale per i malati non contagiosi in tutti gli spazi urbani, accanto alla chiesa madre ubicata nella piazza principale. Nati per definire le differenti prerogative riservate a spagnoli e nativi, tali istituzioni finirono col diventare molto spesso ponti di comunicazione tra gli uni e gli altri e veri e propri spazi di contaminazione culturale su scala globale e transfert tra le pratiche di guarigione dei nativi americani e la medicina accademica europea. Vi si sperimentò, ad esempio, l'uso delle nuove piante medicinali originarie dei

28. Cfr. M. Parilla Hermida, *El hospital militar español de Malines en los siglos XVI y XVII*, Madrid, Imp. del Servicio Geográfico del Ejercito, 1964 e, soprattutto, G. Parker, *The Army of Flanders and the Spanish Road, 1567-1659. The Logistics of Spanish Victory and Defeat in the Low Countries' Wars*, Cambridge, Cambridge University Press, 2004², pp. 133-150.

territori della Nuova Spagna, come il cardamomo, la corteccia di china peruviana (chinina), le radici di mechocán, il sassofrasso o il guajaco utilizzati per la cura dei sintomi della sifilide, o la rosa mosqueta, adoperata oggi nella industria cosmetica, le cui proprietà e caratteristiche cominciarono a essere conosciute in Europa grazie a un'ampia trattatistica botanica e medica in lingua castigliana, oltre che attraverso le pratiche e le esperienze accumulate dai medici attivi nelle armate al servizio della Corona e da loro poi trasferite nelle pratiche degli ospedali militari dei domini europei.[29] Qualcosa di analogo avvenne anche a livello dei culti, dei simboli e degli apparati festivi più propriamente attinenti la sfera religiosa, aspetti quest'ultimi noti soprattutto per le istituzioni della nazione spagnola presenti nelle città capitali dei domini della Monarchia in Italia.[30]

Ne parleremo più ampiamente nei capitoli quinto e sesto.

Intanto, mentre la mappa delle istituzioni assistenziali della nazione spagnola a Roma e nelle città capitali dei domini italiani della Monarchia si infittiva, a Madrid, nel 1579, aveva mosso i primi passi la costituzione, all'inizio invero alquanto controversa, dell'ospedale S. Pietro degli Italiani.[31] L'ospedale, sin dai primi anni della sua fondazione, poté contare sul contributo finanziario della Corona che attivò in questo, come in altri medesimi casi, una sorta di sistema integrato di gestione delle risorse prelevandone alcune quote dalle casse dei Regni di Napoli e di Sicilia. Ne scriveva in merito da Madrid, il 20 aprile del 1580, l'amministratore dell'ospedale Andrea di Lorenzo al viceré di Napoli Juan de Zúñiga, chiedendogli una sovvenzione per l'istituzione e supportando la richiesta

29. Ne è un esempio il libro del medico sivigliano N. Monardes, *Historia medicinal de las cosas que se traen de nuestras Indias Ocidentales que sirven en Medicína*, Sevilla, Alonso Escrivano, 1580, un vero e proprio successo editoriale in Europa, tradotto e pubblicato per la prima volta in Italia a Venezia da Giordano Ziletti, nel 1582. Considerazioni più ampie al riguardo sono svolte più avanti, nel VI capitolo.

30. Sugli aspetti festivi e rituali promossi dell'arciconfraternita della Resurrección della nazione spagnola a Roma si vedano A. d'Amelio, *Le origini della festa della Resurrezione in piazza Navona: Da cerimonia religiosa a manifesto di potere della comunità spagnola a Roma*, in *Centros de poder italianos en la monarquía hispánica (siglos XV-XVIII)*, a cura di J. Martínez Millán e M. Rivero Rodríguez, Madrid, Polifemo, 2010, vol. III, pp. 1471-1485; A. Anselmi, *Le chiese spagnole nella Roma del Seicento e del Settecento*, Roma, Gangemi, 2016, pp. 25-32.

31. Cfr. *Cofradía de san Pedro y san Pablo, Primitiva fundacion del Pontifício y Real Hospital de Italianos en 1579*, Madrid, Francisco Martinez Dàvila, 1825. Per la storia dell'ospedale rinvio al capitolo V del libro.

«per l'allegata di S. Maestà la gratia che si compiace di fare all'hospitale che nuovamente si è fondato in questa corte per sostento delli poveri infermi et peregrini de la Natione Italiana».[32] In seguito, una quota delle entrate dell'ospedale sarà costituita dalla quinta parte dei redditi del tribunale del Protomedicato di Napoli e da un'altra quota derivante dalle rendite sugli spogli delle chiese vacanti in Sicilia, rendite che, come vedremo meglio più avanti, furono utilizzate per finanziare anche le istituzioni della nazione spagnola nei domini italiani della Monarchia.[33] Retto da un consiglio composto da sei governatori, rispettivamente originari di Napoli, Milano, Sicilia, Roma, Firenze e Genova, l'ospedale S. Pietro degli Italiani metteva insieme esponenti sia dell'Italia spagnola sia dell'Italia non spagnola riflettendo, in quel preciso momento storico della sua istituzione, un'articolazione delle élite italiane presenti a corte per molti versi organica alle coeve aspirazioni perseguite da Filippo II per il rafforzamento del potere della Corona nella Penisola.[34]

Dagli inizi del secolo XVII, l'ospedale della nazione italiana a Madrid divenne poi la roccaforte degli Stati mediani della Penisola, governato da un delegato del Nunzio e, quanto alla parte amministrativa, da un componente della ricca comunità dei banchieri genovesi a corte, per lo più tutti reclutati nella cerchia degli Spinola. Per un paio di decenni, fino a quando cioè la corte non si insediò definitivamente a Madrid nel 1606, il S. Pietro fu il primo e unico ospedale di nazione presente nella città di Madrid tanto da rappresentare poi un modello gestionale per le altre successive istituzioni nazionali sorte via via che la città assumeva la fisionomia di vera città capitale e, con essa, anche la presenza di poveri e vagabondi di varia estrazione e provenienza diventasse un problema sociale e di ordine pubblico.[35]

32. BUG, *Collection Édouard Favre*, vol. XXI, *Recueils de lettres originales, en espagnol, en italien ou en latin adressé à D. Juan de Zúñiga, ambassadeur d'Espagne à Rome, puis vice-roi de Naples, de 1570 à 1578,* Lettre de El ospital de la nación italiana de Madrid, 20 aprile 1580, cc. 53r-54v.

33. AHN, *Estado*, leg. 2223, ff. n.n.

34. Sui rapporti, dinamici e non sempre lineari, tra i potentati locali dell'Italia non spagnola e la Spagna si rinvia a *Italia non spagnola e monarchia spagnola tra '500 e '600. Politica, cultura e letteratura,* a cura di G. Di Stefano, E. Fasano Guarini, A. Martinengo, Firenze, Leo S. Olschki, 2009.

35. Sulla costruzione del ruolo di Madrid come città capitale segnalo A. Alvar Ezquerra, *El nacimiento de una capital europea. Madrid entre 1561 y 1606*, Madrid, Turner Libros, Ayuntamento de Madrid, 1989; D. Ringrose, *Madrid, capital imperial (1561-1833)*, in *Madrid. Historia de una capital*, a cura di S. Juliá, D. Ringrose, C. Segura, Madrid, Alianza

Nacquero allora l'ospedale San Andrés dei Fiamminghi, fondato nel 1594, e a cui Filippo III concesse il patronato regio nel 1616,[36] e quello di S. Antonio dei Portoghesi, sorto a Valladolid nel 1604 e trasferito a Madrid tra il 1607 e il 1608.[37] Come altri ospedali di nazione, il San Andrés dei Fiamminghi, destinato ad accogliere i pellegrini originari dei Paesi Bassi e all'assistenza dei militari, si finanziava grazie al contributo obbligatorio prelevato sulle retribuzioni degli arcieri arruolati per il servizio a corte.[38] Oltre alle loro varie forme di analogia e interconnessione di tipo gestionale, tutte queste istituzioni di nazione trovarono anche significativamente spazio in aree contermini della città (fig. 3).

Nelle città capitali dei domini vecchi e nuovi della Monarchia e, per altri versi, a Roma, in quanto città papale capitale della cattolicità, le strutture assistenziali delle nazioni conobbero più precoce e intensa vitalità istituzionale con le nuove fondazioni di cui si è detto e la riforma di altre più antiche. A Roma è questo il caso, ad esempio, dell'antico ospedale S. Antonio dei Portoghesi che, dopo l'annessione del Portogallo alla Corona di Spagna avvenuta nel 1580, entrò anch'esso nell'orbita dei poteri della Monarchia. Nel 1582 l'assemblea della congregazione dell'ospedale fu presenziata dal conte di Olivares Enrique de Guzmán, che in quell'anno aveva assunto la carica di ambasciatore a Roma. Da

Editorial, 1997, pp. 159-325 e, con particolare riguardo agli aspetti del cerimoniale, M.J. del Río Barredo, *Madrid, Urbs Regia. La capital ceremonial de la Monarquía Católica*, Madrid, Marcial Pons Historia, 2000.

36. Cfr. F. Vidal Galache e B. Vidal Galache, *Historia del Hospital de San Andrés de los Flamencos 1594-1994,* Madrid, Funación Carlos De Amberes, 1996 e, soprattutto, B.J. García García, *La Real Diputación de San Andrés de los Flamencos. Formas de patronazgo e identidad en el siglo XVII,* in *Las Corporaciones de Nación en la Monarquía Hispánica*, pp. 59-107.

37. Se ne sono occupati, tra gli altri, J.I. Pulido Serrano, *El Consejo de Portugal y las élites financieras portuguesas en la corte de la Monarquía Hispánica. Finanzas y tesoreros de la hermandad, hospital e iglesia de San Antonio de los Portugueses*, in *Las Corporaciones de Nación en la Monarquía Hispánica*, a cura di García García e Recio Morales, pp. 35-57 e F. Bouza Álvarez, *Entre dos reinos, una patria rebelde. Fidalgos portugueses en la monarquía hispánica después de 1640*, in «Estudis. Revista de historia moderna», 20 (1994), pp. 83-104.

38. Se ne trova un esempio in AGP, *Admón. General AG,* leg. 921, expediente 16. In generale su chiese e ospedali delle nazioni a Madrid il rinvio è a E. Sánchez de Madariaga, *Caridad, devoción e identidad de origen: las cofradías nacionales en el Madrid de la Edad Moderna,* in *Devoción, pajsanage e identidad. Las cofradías y congregaciones de naturales en España y en América (siglos XVI-XIX),* a cura di Ó. Álvarez Gila, A. Angulo Morales, J.A. Ramos Martínez, Bilbao, Universidad del País Vasco, 2014, pp. 17-32.

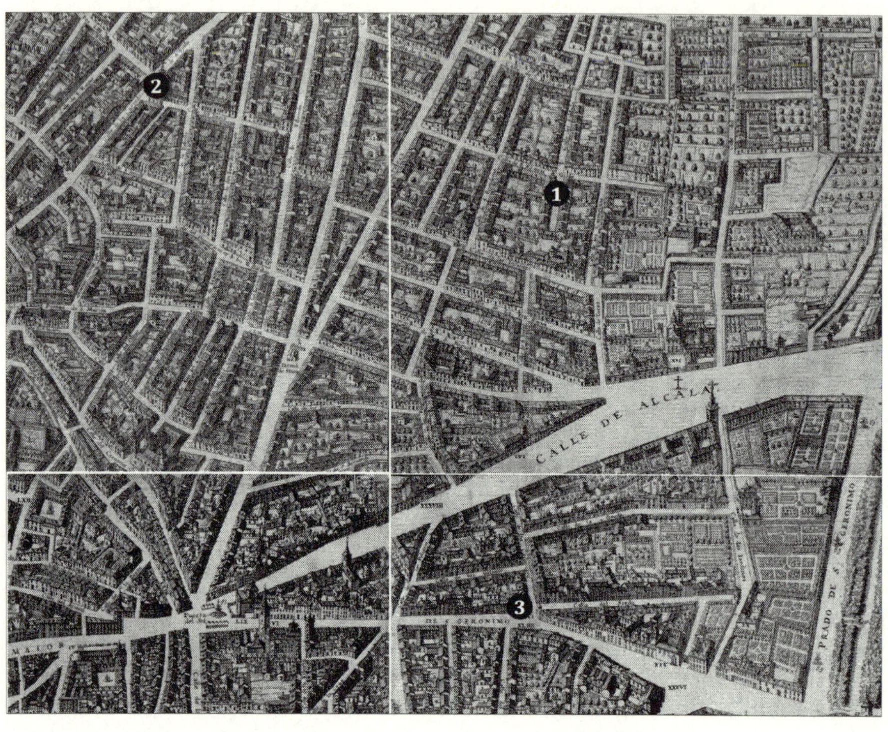


Fig. 3. Ospedali di nazione a Madrid dalla pianta di P. Texeira, *Topographia de la villa de Madrid, año 1656*, Antuerpiae, ura et solisitudine Ioannis et Iacobi van Veerle, 1656, BNE, INVENT/23233, tavole 8, 9, 13, 14, on line http://bdh.bne.es/bnesearch/detalle/bdh0000061128. Legenda: 1) Ospedale San Andrés dei Fiamminghi; 2) Ospedale S. Antonio dei Portoghesi; 3) Ospedale S. Pietro degli Italiani.

allora non solo l'ambasciatore spagnolo vi acquisì uno spazio e un ruolo sempre più rilevanti, ma il cambiamento geo-politico si riflesse sia nella nomina dei cappellani sia nei flussi delle risorse sempre più dirottati, l'una e gli altri, verso i membri della comunità luso-spagnola residente a Roma.[39] Qualcosa di analogo avvenne anche per la comunità degli italiani a Lisbona, che dal 1518, anno della sua fondazione, erano aggregati intorno alla chiesa intitolata a Nossa Senhora do Loreto il cui culto era fortemente sentito anche in territorio lusitano. L'inserimento del Portogallo tra i domini della Monarchia segnò un deciso cambio di passo nell'amministrazione della confraternita della nazione italiana che vi era congiunta, che passò dalla predominanza saldamente tenuta, fino alla metà del Cinquecento, da mercanti e banchieri fiorentini (soprattutto della famiglia Affaitati e Giraldi) e milanesi (Rovellasca, Litta), a una sorta di prerogativa pressoché esclusiva delle famiglie genovesi, Lomellino, Centurione e Spinola in testa, notoriamente all'epoca tra i maggiori finanziatori "italiani" della Corona spagnola e, soprattutto, in evidente analogia con quanto contemporaneamente avveniva nella gestione e nell'organizzazione interna dell'ospedale S. Pietro degli italiani a Madrid. I genovesi che continuarono ad avere, ancora nel XVII secolo, un ruolo cruciale nell'ampliare la portata dei commerci iberici a livello globale furono di fatto, nel periodo in cui il regno di Portogallo costituì uno dei *reynos* della Monarchia ispanica (1580-1640), tra i protagonisti più attivi della vita e dell'amministrazione dell'ospedale di Nossa Senhora do Loreto della nazione italiana a Lisbona, la cui fondazione fu ratificata con breve pontificio del 1594.[40]

39. Cfr. M. Pereira Rosa, *L'ospedale della nazione portoghese di Roma, sec. XIV-XX. Elementi di storia istituzionale e archivistica,* in «Mélanges de l'École Française de Rome. Italie et Méditerranée», 106/1 (1994), pp. 73-128 e, soprattutto, G. Sabatini, *La comunità portoghese a Roma nell'età dell'unione delle corone (1580-1640),* in *Roma y España,* a cura di Hernando Sánchez, pp. 847-873.

40. N. Alessandrini, *Vida, história e negócios dos mercadores italianos no Portugal dos Filipes*, in *Portugal na Monarquia Hispânica. Dinâmicas de integração e conflito*, a cura di P. Cardim, L. Freire Costa, M. Soares Cunha, Lisbon, Cham Red Columnaria, 2013, pp. 107-134; Ead., *La presenza genovese a Lisbona nell'Unione delle Corone*, in *Génova y la monarquía hispánica (1528-1713),* a cura di M. Herrero Sánchez, Y.R. Ben Yessef Garfia, C. Bitossi, D. Puncuh, Genova, Società Ligure di Storia Patria, 2011, vol. I, pp. 73-98; Ead., S. De Cavi, *A antiga igreja de Nossa Senhora do Loreto da nação italiana em Lisboa (1518-1651) dados arquivísticos e algumas hipóteses sobre o edifício de Filippo Terzi*, in «Revista de História da Arte», 11 (2014), pp. 51-67. L'inventario dell'Archivio della chiesa

È evidente comunque che il teatro degli eventi politici e militari internazionali – la guerra nei Paesi Bassi e, contemporaneamente, l'annessione del Portogallo, l'apertura del fronte atlantico e i progetti di espansione in Oriente, ovverosia lo zenit dell'universalismo ispanico – andava componendo e ricomponendo tutta la composita costellazione delle nazioni e, con essa, delle loro chiese e istituzioni assistenziali all'interno della Monarchia spagnola in quegli anni. La parola *costellazione* sembra il termine più consono a definirle, considerato l'ampio spettro di legami e interconnessioni che le teneva insieme. Fu una costellazione in continuo movimento e mutamento nel cui processo di configurazione influirono volta a volta il diverso ruolo politico e religioso delle città capitali dei domini della Corona, il grado di complessità delle loro relazioni con il monarca, la densità delle rispettive glorie artistiche e religiose che potevano contribuire all'esaltazione della magnificenza della città e della comunità degli spagnoli che vi era presente. Ma è evidente anche che, tra la fine degli anni Settanta e gli anni Ottanta del secolo XVI, in concomitanza con la proiezione imperiale della Monarchia, si ebbe un vero e proprio picco di nuove fondazioni, che infittì la rete di ospedali e confraternite di nazionali.

Spazi urbani, ma anche sociali, politici e cerimoniali, di attività diplomatiche, cure mediche ed erogazione di servizi, di aggregazione identitaria e reciprocità di reti clientelari, ospedali e confraternite di nazione, e con essi anche i monasteri e i conservatori loro omologhi femminili, consentivano un riconoscimento pubblico delle diverse comunità di origine nelle maggiori città capitali d'Europa e del Nuovo Mondo dei domini della Monarchia ispanica, rafforzando le solidarietà interne e contribuendo alla loro urbanizzazione nella comunità di accoglienza. All'interno di queste istituzioni, attori e attrici poterono attivare strategie per il futuro e di interrelazione in una realtà fisica e sociale nuova, in cui le norme in uso nelle proprie comunità nazionali di origine e quelle delle comunità di accoglienza potevano essere ridisegnate e interagire fra loro con ampi margini di discrezionalità e originalità.

Organizzate per lo più in forme gerarchico-verticali, governate come erano dalle élite mercantili e finanziarie delle rispettive nazioni, tali istituzioni offrivano servizi di cura e accoglienza sia ai naturali che risiedevano

di Nossa Senhora do Loreto è ora on-line e consultabile al link http://www.fcsh.unl.pt/arquivoloreto/histigreja.html [data di consultazione: 28/02/2020].

in città, sia a quelli che vi si trovavano solo di passaggio. Accorciavano o modificavano le distanze tra le loro città e comunità di origine e i nuovi spazi di accoglienza; fornivano servizi terapeutici e opportunità di sociabilità e aggregazione identitaria, forme di autolegittimazione e riconoscimento politico formalmente riconosciute dall'autorità regia, la cui visibilità si proiettava sia all'interno del gruppo sia all'esterno, specie nel loro rispettivo patrimonio simbolico di culti e apparati festivi. Veicolavano le rispettive devozioni nazionali degli spagnoli per s. Giacomo, ad esempio, o verso s. Antonio per i portoghesi, s. Andrea per i fiamminghi o s. Pietro per gli italiani, rinsaldando i legami di appartenenza originari e al contempo contribuendo a configurare trame relazionali tra stranieri e naturali nelle realtà urbane di accoglienza.[41] Nei rispettivi scenari urbani si affermarono tra i principali punti di forza attraverso cui passò la possibilità di integrazione per vasti segmenti cetuali e frange intermedie della popolazione nei territori della Monarchia, in un complesso universo di fitti legami e relazioni, alleanze politiche, nazionali e transnazionali, che contribuirono a rinsaldare sia i legami di appartenenza originari, sia più dense trame relazionali tra stranieri e naturali, influenzando scelte rilevanti per la vita pubblica e l'identità europea.

Sono aspetti, questi, che la storiografia invero ha messo in luce da tempo. Pure, viste nelle loro varie e complesse interconnessioni, specie se inquadrate complessivamente nel sistema della Monarchia spagnola e non come singolo caso di studio, lo studio di queste istituzioni può offrire ancora qualche nuovo margine di riflessione. Emerge, come è evidente, e come abbiamo provato a sottolineare, innanzitutto la contemporaneità degli scenari (Roma, Milano, Napoli, Madrid, Lisbona, Anversa), ma anche, come proveremo qui di seguito a vedere, l'intreccio complesso di relazioni sociali che vi si addensarono e le forti ed evidenti interdipendenze e interconnessioni tra attori, produzione teorica e processi politici che le riguardarono. Emerge anche – ed è quello che vorrei soprattutto sottolineare – la dimensione operativa del disegno universalistico che fu proprio della Monarchia spagnola, le pratiche di legittimazione e di integrazione *tra* le

41. Sull'associazionismo religioso delle nazioni straniere cfr. anche A. Crespo Solana, *Nación extranjera y cofradía de mercaderes: el rostro piadoso de la integración social,* in *Los extranjeros en la España moderna,* a cura di M.B. Villar García e P. Pezzi Cristóbal, Málaga, Gráficas Digarza, 2003, vol. II, pp. 175-187, che pure offre molti dati e spunti di riflessione, se pure per un periodo successivo a quello affrontato qui.

nazioni attivate da alcune delle sue élite a corte negli ultimi anni di Filippo II e oltre. Emerge cioè, al di là della volontà promozionale di questo o quel viceré o governatore, una dimensione che trascende la volontà dei singoli per assumere quella operativa del disegno "universalistico" di Filippo II attivato dal gruppo ministeriale a lui più vicino in quegli anni, un gruppo di potere, omogeneo per età, formazione, carriere, lealtà e obiettivi politici, che agì in una rete di relazioni che andremo ora a ricostruire, tentando di incrociare fonti differenti e l'interdipendenza dei contesti.

## 3. *Attori e pratiche in rete: Juan de Zúñiga e il suo* net-work

Protagonista principale a Roma e a Napoli di molte di queste fondazioni era stato *el comendador mayor* Juan de Zúñiga y Requesens, principe di Pietrapersia, figlio dell'ayo di Filippo II, considerato attualmente dalla storiografia il maggiore interprete della politica spagnola a Roma e nella Penisola e fine analista di quella estera negli anni Settanta-Ottanta del Cinquecento, anni segnati da forti cambiamenti e da eventi dirimenti come Lepanto, San Bartolomeo, l'annessione del Portogallo, la mondializzazione della Monarchia, il configurarsi del conflitto anglo-spagnolo.[42]

Come suo fratello Luís de Requesens, anche lui prima ambasciatore a Roma (1563-1572), poi luogotenente generale della flotta di Juan de Austria nel Mediterraneo e vincitore a Lepanto, successivamente, tra il 1572 e il '73, governatore di Milano e, infine, luogotenente nei Paesi Bassi, Juan de Zúñiga aveva condiviso col giovane principe Filippo una parte dell'infanzia, la formazione e un lungo apprendistato cortigiano sotto la guida di suo padre Juan de Zúñiga Avellaneda y Velasco, che di Filippo era stato il precettore. Luís aveva accompagnato il principe nel 1549, nel viaggio tra l'Italia e le Fiandre; Juan fece parte del seguito di Filippo in Inghilterra, nel 1554.[43] Dagli inizi degli anni Sessanta e fino al 1568, quando rag-

42. M.A. Visceglia, *Politica internazionale, fazioni e partiti nella curia romana del tardo Cinquecento,* in «Rivista storica italiana», 127/3 (2015), pp. 721-769.

43. Sui due fratelli Requesens y Zúñiga e la loro traitettoria familiare e politica si vedano rispettivamente J.M. March, *El Comendador Mayor de Castilla Don Luis de Requesens en el gobierno de Milán. 1571-1573. Estudio y narración documentada de fuentes inéditas,* Madrid, Ministerio de Asuntos Exteriores, 1943; M. Rivero Rodríguez, *Requesens y Zúñiga, Luís de,* DBE, vol. 43, pp. 173-176; C.J. Hernando Sánchez, *Zúñiga y Requesens, Juan Bautista Silvestre de,* DBE, vol. 50, pp. 1020-1027 e V. Ricci, *La Monarchia Cattolica*

giunse il fratello a Roma per affiancarlo come agente diplomatico presso la Santa Sede e, dal 1572, nel ruolo di ambasciatore, Juan frequentò a Madrid l'Accademia letteraria presieduta dal III duca d'Alba D. Fernando. Fu qui che entrò in relazione con altri giovani nobili membri dell'Accademia, tra i quali Cristóbal de Moura, un *hidalgo* portoghese cameriere maggiore del re e membro del Consiglio di Stato; Juan de Idíaquez, ambasciatore a Genova dal 1573 e in seguito segretario del re e consigliere di Stato; il conte di Portalegre Juan de Silva, ascritto nel personale della casa reale sin dal 1538; il conte di Olivares D. Enrique de Guzmán, che come Zúñiga aveva seguito Filippo II in Inghilterra e fu poi ambasciatore a Roma (1582-91), viceré di Sicilia (1591-95) e di Napoli (1595-99) e dal 1601 membro del Consiglio di Stato e *contador mayor de cuentas*; il marchese di Velada Gómez Dávila, ambasciatore al concilio provinciale di Toledo nel 1582, precettore e maggiordomo maggiore del principe Filippo e della infanta Isabel Clara Eugenia (1585-87) e membro del Consiglio di Stato (1593-98). All'interno dell'Accademia essi condivisero l'interesse per i libri e le conversazioni letterarie, la cultura umanistica e la predilezione per la matematica e l'architettura come aspetto indissolubile della magnificenza aristocratica, amicizia e lealtà politica, oltre che un comune e prestigioso *cursus honorum* nelle più alte cariche della Monarchia.[44]

Zúñiga, Idíaquez, il marchese di Velada e il conte di Olivares mantennero tra loro per tutto il corso della vita relazioni strettissime, basate su legami familiari e affinità politiche consolidate da obiettivi condivisi. Della stessa generazione – erano tutti nati tra il 1539 e i primi mesi del 1540 –, essi costituirono a corte un gruppo di potere omogeneo per età, formazione e schieramento politico. Carriere parallele localizzate tra Roma, Milano, Genova, Napoli, le Fiandre e Madrid, forti relazioni interpersonali e rapporti di fedeltà, un'ampia rete di contatti e una fitta corrispondenza rafforzarono ancor più il loro sodalizio, nelle cui trame venne

*nel governo degli Stati Italiani. Il ruolo dei fratelli Luis de Requesens e Juan de Zúñiga, cavalieri di Santiago,* Cassino, Francesco Ciolfi, 2011.

44. F. Bouza, *Corte es decepción: Don Juan de Silva, Conde de Portalegre,* in *La corte de Felipe II,* a cura di J. Martínez Millán, Madrid, *Alianza Editorial*, 1994, pp. 451-502; Id., *Palabra e imagen en la corte. Cultura oral y visual de la nobleza en el Siglo de Oro*, Madrid, Abada Editores, 2003. Dati biografici su tutti i membri dell'Accademia e altro sono in S. Martínez Hernández, *El Marqués de Velada y la corte en los reinados de Felipe II y Felipe III: nobleza cortesana y cultura política en la España del Siglo de Oro,* Valladolid, Junta de Castilla y León, 2004.

delineandosi l'idea della *maquina universal* della Monarchia fondata su un confessionalismo religioso autonomo rispetto alla politica pontificia e sul rafforzamento della giurisdizione regia rispetto sia alle relazioni con la Chiesa sia alle pastoie e gli ostacoli giuridici interposti dalle altre componenti il corpo politico. Furono tra i più risoluti difensori delle prerogative regie, distinguendosi in tutte le cariche di governo che assunsero, sia a corte sia nei diversi domini della Corona, e per le scelte politiche particolarmente aggressive nei confronti delle primazie ecclesiastiche. Dopo la morte del principe d'Eboli, la caduta in disgrazia del duca d'Alba, la morte del Medinacœli e soprattutto dopo l'arresto di Antonio Pérez, questi "nuovi favoriti del re", che a corte avevano sempre costituito una sorta di fazione mediana tra ebolisti e albisti, ebbero poi un peso crescente nel protagonismo cortigiano e nel governo quotidiano della *Monarquía*. Tutti entrarono a far parte della *Junta de Noche,* l'organo che dal 1580 prese sempre più decisioni operative negli ultimi anni di vita di Filippo II e all'interno del quale riuscirono ad attivare pratiche politiche ampiamente ispirate alla scuola dell'umanesimo giuridico.[45]

Seguendo a nostra volta la trama delle loro relazioni sul filo della rete epistolare di Zúñiga, oggi – come è noto – smembrata tra i quattro poli delle biblioteche *Francisco de Zubálburu* e dell'*Instituto Valencia de Don Juan* di Madrid, della *British Library* di Londra e del fondo *Edouard Favre* della Biblioteca Pubblica di Ginevra, a causa delle vicende ottocentesche legate alla dispersione del patrimonio dei Velada e del fondo documentale *Altamira* che ne faceva parte,[46] è possibile verificare come l'interesse per la cultura medica e la questione degli ospedali, dell'assistenza alle fasce

45. È d'obbligo il riferimento a G. Parker, *Felipe II. La biografía definitiva,* Barcelona, Ed. Planeta, 2013[2], pp. 758-810. Sul sistema delle *Juntas* con cui Filippo II resse gli ultimi anni del suo governo si vedano anche F. Benigno, *L'ombra del Re. Ministri e lotta politica nella Spagna del Seicento*, Venezia, Marsilio, 1992, pp. 12-18; A. Feros Carrasco, *El viejo monarca y los nuevos favoritos: los discursos sobre la privanza en el reinado de Felipe II,* in «Studia historica. Historia moderna», 17 (1997), pp. 11-36; G. Muto, «*Mutation di corte, novità di ordini, nova pratica* di *servitori*»: *la* " privanza" *nella trattatistica politica spagnola e napoletana della prima età moderna,* in *Con la ragione e col cuore. Studi dedicati a Carlo Capra*, a cura di S. Levati, M. Meriggi, Milano, FrancoAngeli, 2008, 139-182.

46. Sulle vicende che portarono alla dispersione dell'importante fondo documentario si vedano F. Bouza, *Guardar papeles y quemarlos en tiempos de Felipe II. La documentación de Juan de Zúñiga (un capítulo para la historia del Fondo Altamira),* in «Reales Sitios», I parte, 129 (1996), pp. 2-15; II parte, 131(1997), pp. 18-34; E. Bort Tormo, *Don*

disagiate della nazione spagnola, intesa nel senso ampio di cui si diceva all'inizio di queste pagine, e della loro integrazione sui nuovi territori di insediamento fossero un tema notevole delle loro considerazioni e di quella legittimazione pragmatica della loro concezione della *Monarquía Universal* di cui, per altri versi, la storiografia pure ha discusso.[47] Vogliamo sostenere cioè che il processo di confessionalizzazione promosso da Filippo II per mantenere connessi tra loro i regni e i territori ereditati o conquistati e inserirli in una grande Monarchia si basò anche su certe forme di adesione identitaria e di coordinamento *tra* le diverse comunità nazionali, in senso sia gerarchico-verticale sia di genere, quali quelle messe in atto dai suoi ministri, e in particolare da Zúñiga e i suoi sodali, col favore e l'appoggio della Corona e che rientrarono in una più generale «strategia imperiale» volta ad attivare elementi di stabilità interna e assicurare l'integrazione tra i suoi diversi domini usando la beneficenza, l'assistenza e le politiche mediche come strumento di governo.

Fu proprio l'alto grado di coesione e interazione tra gli interlocutori di Juan de Zúñiga e il suo personale e indiscusso ruolo di connettore di una vasta rete relazionale a consolidare il progetto originario delle diverse istituzioni nazionali viste finora. Il protagonismo dei loro promotori non si limitò, infatti, all'atto fondativo, né alle sole pratiche di beneficenza che di norma vi erano abbinate. Il loro fu piuttosto un protagonismo "attivo" permanente che, alla proposta teorica e operativa sottesa all'avvio di quelle istituzioni, fece seguire negli anni a venire un impegno costante, condiviso da tutti i membri del gruppo, di tutela e rafforzamento di quella costellazione assistenziale, cui quegli stessi protagonisti accompagnarono una pressione neanche tanto sottile affinché il re ne garantisse il patronato regio e, soprattutto, un cospicuo sostegno finanziario. Secondo gli usi della scrittura cortigiana ricorrono, infatti, frequentemente nelle loro relazioni epistolari, accanto allo scambio di notizie su affari diplomatici e militari della massima rilevanza per la Monarchia, anche richieste di informazioni, opinioni, scambi di favori, raccomandazioni ed esortazioni a esse relati-

*Juan de Zúñiga y Requesens:1577-1578-1579*, in *Felipe II y su tiempo,* a cura di J.M. Pereira Iglesias, Cádiz, Universidad de Cádiz, 1999, pp. 423-429.

47. Oltre all'ormai "classico" H.G. Koenigsberger, *La práctica del imperio*, Madrid, Alianza, 1969, si vedano pure A. Pagden, *Signori del mondo. Ideologie dell'impero in Spagna, Gran Bretagna e Francia. 1500-1800*, trad. it., Bologna, il Mulino, 2005, pp. 65-114; J. Martínez Millán, *Reflexiones en torno a los escritos políticos e históricos de Francisco de Quevedo,* in «La Perinola», 18 (2014), pp. 103-141.

ve. Mittenti e destinatari delle lettere si informavano reciprocamente sulle condizioni delle nuove istituzioni di cui erano stati promotori. Esortarono in più di una circostanza il nuovo ambasciatore spagnolo a Roma o il nuovo governatore di Milano, subentrati loro nella medesima carica, a seguirne le sorti, affidandole alla loro protezione. Vi costruirono intorno una rete di solide relazioni e un network di patronato transnazionale, che rafforzò il loro potere personale e quello del proprio gruppo a corte, unito oltre che da legami familiari e clientelari anche da un linguaggio politico condiviso e una solida concezione pragmatica e culturale del dominio della dinastia.

Come emerge da quelle carte, l'idea di ampliare la rete delle istituzioni finalizzate all'assistenza nel senso più ampio del termine di quei membri della nazione spagnola che, come soprattutto i militari, potevano trovarsi momentaneamente e involontariamente fuori i confini della propria nazione con problemi di ordine sanitario, sociale ed economico, era maturata tra il 1575 e il '76, nel contesto della crisi politica di Genova e della ribellione nelle Fiandre.

Il decreto di sospensione dei pagamenti ai creditori, emanato da Filippo II il primo settembre del 1575 a seguito della pesante crisi finanziaria della Monarchia, aveva colpito duramente i banchieri genovesi nelle cui mani era allora il 63,2% degli *asientos*. A quella data lo scontro armato tra nobili Vecchi e nobili Nuovi che aveva insanguinato la Repubblica nei mesi precedenti era stato sospeso, ma il provvedimento colpiva ora duramente gli interessi dei nobili Vecchi. Diffusasi la notizia, essa ebbe un effetto esplosivo e, per una sorta di effetto domino, generò incertezze e instabilità economiche diffuse. L'ambasciatore spagnolo Juan de Idíaquez da mesi era impegnato a tenere sotto stretto controllo la situazione perché, come ebbero a dire tutti gli osservatori dell'epoca, dalla quiete di Genova poteva dipendere la pace per tutta l'Italia. Con queste parole si espresse lo stesso Filippo II, nel maggio del 1575, in una lettera al conte di Monteagudo, suo ambasciatore presso la corte imperiale di Massimiliano II, a riguardo della questione genovese, dal momento che vi era «allí un fuego – si legge nella lettera – tal que podría ser principio de muy grandes daños y inconvenientes en Italia».[48]

48. BL, *Add* 28416, *Copies and drafts of letters from Don Juan de Idíaquez, Ambassador at Genoa, to Philip II, Don Juan... (1573-1587),* Antonio Hurtado de Mendoza, II conte di Monteagudo a Filippo II, maggio 1575, c. 10r. Sulla rivolta a Genova del 1575 cfr. A. Pacini, *Grandes estrategias y pequeñas intrigas: Génova y la Monarquía católica de Carlos V a Felipe II,* in «Hispania», 219 (2005), pp. 21-44; R. Savelli, *La Repubblica oligarchica. Legislazione, istituzioni e ceti a Genova nel Cinquecento*, Milano, Giuffré, 1981;

Evitato l'intervento dell'apparato militare spagnolo ritenuto, a ragione, carico di incognite, la via d'uscita fu trovata sul piano giuridico con la emanazione delle *Leges Novae,* frutto di un intenso lavoro diplomatico svolto dai rappresentanti del papa, del re di Spagna e dell'imperatore. Furono quelli mesi di frenetica corrispondenza tra l'ambasciatore a Genova Idíaquez, Sancho Padilla, che lo affiancava come legato straordinario, il governatore di Milano Antonio de Guzmán marchese di Ayamonte, il viceré di Napoli cardinale Granvelle, l'ambasciatore dell'imperatore Antonio Hurtado de Mendoza e Zúñiga che, come ambasciatore spagnolo a Roma, fu al centro di tutta questa rete diplomatica, raccogliendo carte e memoriali con informazioni, pareri e proposte di varia matrice e provenienza.[49] Gli equilibri di Genova erano evidentemente strategici in funzione della difesa di Milano e soprattutto del rifornimento delle milizie in transito da lì verso le Fiandre, ma era ora la crisi a catena generata dal congelamento dei crediti dei banchieri liguri a destare le maggiori preoccupazioni di instabilità politica e sociale. Tra le altre sue conseguenze esso aveva avuto, infatti, quella della paralisi dell'apparato militare spagnolo in Italia e la mancanza di risorse per il reclutamento e la paga dei soldati nelle Fiandre, proprio nella delicata fase del passaggio di consegne a don Juan de Austria, chiamato a sostituire Luís de Requesens, prematuramente scomparso nel marzo 1576.

A Genova la situazione era particolarmente critica. La sospensione degli *asientos* aveva paralizzato anche la normale riscossione delle rendite di monasteri e ospedali per lo più investite in titoli finanziari. Nel maggio del 1576 l'ambasciatore Idíaquez ne scriveva al re, partecipandogli le rimostranze dell'arcivescovo di Genova che aveva lamentato con lui «la estrema necesidad de los *monasterios, hospitales y pobres* aquien van saltando las limosnas sin los tengan otro caudal de que se sustentar y que agorano se essa de ver tanto el danno mientras con alguna speranca se van differiendo los pagamentos de una feria a otra, mas que ensiendo apretados a la paga serà cosa miserable». In più gli faceva presente il danno generale che in tutta la Repubblica incombeva soprattutto sulle frange sociali più deboli, esplicitamente da lui individuate nelle «muchas donzellas biudas y

C. Bitossi, *Il governo dei Magnifici: patriziato e politica a Genova tra Cinque e Seicento*, Genova, Ecig,1990; G. Doria, *Nobiltà e investimenti a Genova in età moderna,* Genova, Istituto di Storia Economica, 1995.

49. BL, *Add* 28416, cc. 10r-21v. Ampie tracce dello scambio epistolare tra Zúñiga e il marchese di Ayamonte si trovano in BZM, *Altamira* 66.

huerphanos y otre particulares que tenian toda su poca sustancia en poder de los contratatantes».[50]

Contemporaneamente, sempre nel maggio del '76, Giovanni Battista Lercari, l'ex doge genovese (1563-66) con alle spalle una vita politica e familiare in cui incarichi prestigiosi si erano intrecciati a estromissioni altrettanto esemplari, e, infine, intelligente e spregiudicato mediatore dell'accordo concluso a Genova tra nobili Vecchi e Nuovi con le *Leges Novae,* inviava a corte un altro memoriale. In esso egli riassumeva le impellenze della Repubblica a qualche mese dal varo del nuovo ordinamento del Consiglio dei Cento. In calce al suo ampio resoconto, Lercari sottolineò due punti: ricordava al re come l'anno prima questi avesse promesso lo stanziamento di una sovvenzione speciale di 10.000 scudi da distribuire tra i poveri della città e, al secondo punto, come l'ospedale grande di Genova fosse da tempo gravato a ricevere «los exercitos y armadas de V.M. y de muchos vassallos suyos gran carga». Sulla questione del pauperismo il Lercari aveva una lunga esperienza. Nel 1556, aveva disposto una cifra notevole nel banco di S. Giorgio per la distribuzione annuale di grano ai poveri della città. Ora per l'ospedale di Genova, grande collettore di invalidi e altri reduci di guerra provenienti dalle fila delle armate spagnole, egli chiedeva alla Corona di stanziare una dotazione annua di 500 salme di grano di Sicilia.[51]

A luglio del 1576, i veterani spagnoli delle Fiandre, alcuni dei quali reclamavano fino a sei anni di salario arretrato, si ammutinarono e dettero il sacco ad Aalst, una cittadina situata a 25 km ad ovest di Bruxelles. Non era uno dei tanti episodi della *furia* dell'esercito spagnolo, ma un vero e proprio atto di insubordinazione causato dal mancato pagamento della soldatesca e totalmente sfuggito di mano ai comandanti di quell'esercito. Era anche il segno di come truppe mal retribuite e poco o nulla assistite potessero rappresentare una grave minaccia per gli equilibri interni e un rischio politico e sociale tutto sommato fino ad allora sottovalutato.[52] Ed è in questa congiuntura, schiacciata tra la crisi economica e sociale di Genova e l'insorgenza dei militari nelle Fiandre, che presero le mosse

50. BL, *Add* 28416, cit., Don Juan de Idíaquez to Philip II, Genova, maggio 1576, c. 314.

51. BL, *Add* 28359, *Official Papers. Spanish (1565-1577), Estado, Diversos,* cc. 274r-277v. Sul personaggio: M. Cavanna Ciappina, *Lercari,Giovanni Battista,* DBI, 64, 2005, *ad vocem.*

52. Sugli effetti delle ribellioni e delle diserzioni dell'esercito spagnolo nelle Fiandre rinvio a G. Parker, *La rivoluzione militare. Le innovazioni militari e il sorgere dell'Occidente,* trad. it., Bologna, il Mulino, 1999², pp. 105-108.

una serie di decisioni operative riguardanti per l'appunto la fondazione del collegio per le orfane dei militari spagnoli a Milano (30 settembre 1578), ad opera del governatore, il marchese di Ayamonte Antonio de Guzmán, e il castellano Sancho Padilla, entrambi sodali di Zúñiga e suoi corrispondenti in quegli anni; le esortazioni che Zúñiga rivolse a Filippo II circa l'urgenza di individuare delle misure di sostegno per i poveri della nazione che affollavano la città di Roma (20 marzo 1578); l'interesse dello stesso Zúñiga per le strutture assitenziali per gli spagnoli a Napoli (1579-81); la nascita di un collegio per i figli dei soldati spagnoli (4 agosto 1582), istituito anche questo grazie al patrocinio del Padilla, dal 1580 subentrato al marchese di Ayamonte nella carica di governatore dello Stato di Milano, ovverosia di quella costellazione di ospedali e istituzioni di nazione di cui abbiamo testé delineato le dinamiche istituzionali fondative.[53] Esse tradussero sul piano operativo l'istanza di creare delle forme di tutela per le fasce disagiate e a rischio della comunità degli spagnoli che svolgevano il proprio servizio alla Corona fuori i confini della penisola iberica, anche allo scopo di facilitarne l'inserimento nelle comunità di accoglienza sui diversi territori della Monarchia.

Letti uno accanto all'altro, gli statuti di queste fondazioni rivelano oltre tutto non solo un'evidente contemporaneità, ma anche una straordinaria coincidenza di attori e pratiche comuni. Degli attori si è detto. Quanto alle pratiche basterà sottolineare come per tutte queste istituzioni della nazione spagnola (Milano, Malines, Napoli) fosse prevista una quota parte di finanziamento a carico della casse della Corona e un'altra costituita da un'imposta detratta direttamente dal salario di coloro ai quali i loro servizi erano destinati, una sorta cioè di contributo fiscale finalizzato alla creazione di un fondo previdenziale per l'assistenza e le cure mediche. Esse condividevano, inoltre, l'attenzione per forme e modalità di assistenza diversificate per maschi e femmine (Milano, Napoli), e l'obiettivo di una maggiore integrazione sul territorio dei propri assistiti, curandone ad esempio l'inserimento sociale e l'alfabetizzazione (Napoli, ospedale di S. Giacomo) o grazie la formazione e l'avvio al lavoro. A Milano, sia il collegio maschile di San Giacomo sia quello femminile contemplavano tra i loro obiettivi quello di trovare un adeguato collocamento per gli orfani e le orfane dei militari spagnoli che vi erano accolti, quando questi raggiungevano l'età adulta. Mentre i maschi furono per lo più indirizzati a entrare tra le fila del clero

53. Per questo si torni a vedere la tab. 1 a p. 24 del testo.

o ad arruolarsi nell'esercito, per le fanciulle era previsto, al di là da della tradizionale collocazione in monastero o in matrimonio, anche la sistemazione al servizio di qualche famiglia del patriziato locale.[54]

Di tutta questa intricata rete di attori e pratiche è sempre il commendatore maggiore Juan de Zúñiga la figura di maggiore spicco. Era stato Juan de Zúñiga nel dicembre del 1570, in qualità allora di ambasciatore spagnolo presso la Santa Sede, a negoziare con il Pontefice, su ordine di Filippo II, la questione della riduzione e l'accorpamento degli ospedali in Castiglia.[55] Dal 1582 nella carica di ambasciatore a Roma gli subentrò il conte di Olivares su cui, dietro insistenza dello stesso Filippo II, Zúñiga esercitò una sorta di protettorato continuando ad occuparsi degli affari diplomatici avviati durante il suo mandato in virtù della grande esperienza accumulata proprio in quell'incarico. Tra il 1581 e il 1582 il ministro fu costantemente consultato dal re per gli affari romani e non solo romani. Mentre Zúñiga suggeriva, per esempio, al re di sollecitare il generale della Compagnia di Gesù affinché inviasse in Italia dei religiosi spagnoli da destinare all'assistenza spirituale dei militari di stanza nella Penisola, Filippo II gli rimetteva la questione dell'Ordine di Montesa e soprattutto gli consigliava di prendere una serie di decisioni operative, ma di fare in modo che sembrasse che fosse l'Olivares ad assumerle.[56] Si aprì così una lunga serie di scambi di favori e di pareri tra i due ministri e il sovrano.[57] Fu nel 1585 che da Madrid Zúñiga raccomandò alle attenzioni dell'Olivares il collegio delle vergini di Milano, complimentandosi per quanto fatto fino ad allora. «V[ostra] S[ignoria] ha hecho muy bien – egli scriveva – en ayudar al Colegio de Milan en la plaça de la Rota y quando yo lo procureparà in otro a rigori non estava tan muy informado del aprotension del Collegio ni sus.a tan questen hazelles como lo estuvo del presente».[58] Come viceré

54. Falciola, *Per una storia dell'assistenza a Milano,* pp. 192-193.

55. BL, *Add* 28407, *Letters of Juan de Zuniga Ambassador at Rome, 1570*, cc. 201r-203v. Sulla riforma degli ospedali nel Regno di Castiglia si rinvia a J. García Oro, *M.J. Portela Silva, Felipe II y el problema hospitalario: reforma y patronato*, in «Cuadernos de historia moderna», 25 (2000), pp. 87-124.

56. Diverse testimonianze in tal senso nella corrispondenza di Filippo II, per cui si veda BL, *Add* 28357, *Drafts of letters of Philip II,* cc. 99, 468, Lettere di Filippo II a Zúñiga. Lisbona, agosto 1581.

57. Visceglia, *Politica internazionale, fazioni e partiti nella curia romana*, p. 748.

58. BZM, *Altamira,* 73, D. 71/1. Lettera di Juan de Zúñiga al conte di Olivares. Copia del 15 genaio 1585.

di Napoli, Zúñiga seguì le sorti dell'ospedale degli Incurabili, segnalandolo ai favori e all'attenzione di Giulio Antonio Santori, cardinale di Santa Severina, papabile in tutti i conclavi di fine Cinquecento e sostenuto dal conte di Olivares in quelli del 1590-91. A lui, nel 1581, Zúñiga raccomandò l'ospedale napoletano chiedendogli di ricordarlo soprattutto nelle sue ultime volontà, saldandone così sin da allora gli interessi e i legami personali con quelli della fazione spagnola a Roma.[59] Zúñiga avanzò la causa dell'ospedale anche al re, chiedendogli sia di intervenire direttamente con nuove sovvenzioni in favore dell'istituto, sia di essere autorizzato a sottoporre la stessa richiesta al Parlamento del Regno di Napoli «que hagan a esta Casa (de que tanto beneficio reciben) alguna buena elemosina».[60]

Fu Zúñiga in definitiva a tenere le fila del gruppo, in virtù delle sue cariche politiche e della totale fiducia che riponeva in lui il monarca, oltre che delle sue indubbie capacità diplomatiche e del pieno controllo delle strategie cortigiane di simulazione e dissimulazione, che egli aveva evidenziato fin dalla mediazione operata a Roma tra Pio V e suo fratello Luís all'epoca degli scontri col Borromeo riguardo la giurisdizione su scuole e confraternite di Milano.[61] Fu Zúñiga, in seguito, il principale attore di una serie di scelte operative, concordate come è ovvio e condivise con il re, ed

59. BL, *Add* 28413, *Register of letters of Juan de Zúñiga Ambassador at Rome Spanish,* vol. VI, cc. 222v-223v. Lettera di Juan de Zúñiga al cardinale di Santa Severina. Napoli, 8 dicembre 1581. Sul Santori cfr. S. Ricci, *Il Sommo Inquisitore. Giulio Antonio Santori tra autobiogrfia e storia (1532-1602),* Roma, Salerno Editrice, 2002. Per il suo schieramento con la fazione spagnola e i legami personali intrecciati soprattutto con l'Olivares negli anni della sua ambasciata a Roma si veda M.A. Visceglia, *Morte e elezione del papa. Norme, riti e conflitti,* Roma, Viella, 2013, pp. 350-354.

60. BL, *Add* 28360, *Official Papers. Spanish, II (1578-1588),* cc. 279v-280r.

61. Cfr. D.L. Serrano, *Correspondencia diplomática entre España y la Santa Sede durante el Pontificado de San Pío V*, Madrid, Escuela Española de Historia y Arquelogía en Rome, 1914, vol. II, pp. LXVII ss. Nel corso delle trattative per la ricomposizione del conflitto di giurisdizione tra il governatore di Milano e il pontefice, nell'agosto del 1573 Zúñiga si spinse a dire: «Borromeo es un santo, pero el mas engañado y terible en estas cosas que creo que hay en el mundo». Questa e altre testimonianze sul suo ruolo nella questione sono riportate in CODOIN, *Correspondencia de Felipe II con los hermanos Don Luís de Requesens y Don Juan de Zúñiga,*vol. CII, pp. 225 s., 269, 370 s., 414-6. Sui conflitti giurisdizionali a Milano durante il pontificato del Ghislieri si rinvia a M.C. Giannini, *Tra politica, fiscalità e religione: Filippo II di Spagna e la pubblicazione della bolla In Coena Domini (1567-1570),* in «Annali dell'istituto Storico Italo-Germanico in Trento», 23 (1997), pp. 83-152 e, più in generale, a *Pio V nella società e nella politica del suo tempo,* a cura di M. Guasco e A. Torre, Bologna, il Mulino, 2005.

entrate poi tra loro in connessione grazie alla straordinaria ampiezza della sua rete relazionale. La precedente comune frequentazione dell'accademia albista, la continua e regolare corrispondenza epistolare, una condivisa esposizione nelle più alte cariche di governo, consolidarono le istanze centralistiche della Corona e il *net-work* di Zúñiga intorno a questa serie di pratiche e iniziative che avevano, tra gli altri scopi, quello di una legittimazione pragmatica della Monarchia e la continuità di una linea politica centrata sulla «concezione "forte" di un'Italia spagnola "unificata" dal re Cattolico come arbitro tra i principi italiani».[62] L'idea di definire in maniera inclusiva e flessibile il senso di appartenenza alla nazione spagnola e le identità dei diversi *reynos* della Corona, di favorire attivamente l'integrazione *tra* le diverse comunità nazionali e fornire servizi sociali e di cura ai sudditi della Monarchia, che per vari motivi potevano trovarsi fuori i propri rispettivi confini naturali, vi trovava di certo larga applicazione. Vi trovavano straordinaria consonanza le riflessioni di Fadrique Furió Ceriol, l'umanista e "politico pratico" di origini valenziane che dal 1574 affiancò il Requesens, fratello di Zúñiga, nel governatorato dei Paesi Bassi. Nel suo famoso trattato sul *Consejo y consejeros del príncipe*, pubblicato ad Anversa nel 1559, tradotto in varie lingue e più volte ristampato, Ceriol dette molto risalto all'opportunità di includere nel buon governo dei territori dell'impero l'esercizio della "beneficenza", intesa non come "liberalità" privata del consigliere del principe, ma come iniziativa "pubblica" indirizzata all'avanzamento del bene comune.[63] Vi trovavano ancora ampi margini di realizzazione la politica regalista della Corona e l'emulazione con lo Stato ecclesiastico. Molte di queste fondazioni presero slancio, infatti, sul piano competitivo con Roma, la città più cosmopolita del mondo occidentale, da sempre crocevia di genti di varia provenienza e punto di osservazione obbligato della mobilità delle persone e delle dinamiche di interazione tra nativi e forestieri nel lungo periodo.[64] A Roma, proprio in

62. Visceglia, *Politica internazionale, fazioni e partiti nella curia romana*, p. 726. Sulla centralità di Juan de Zúñiga nel controllo della politica italiana degli anni Settanta-Ottanta del XVI secolo si veda anche M. Rivero Rodríguez, *Felipe II y el gobierno de Italia*, Madrid, Sociedad Estatal para la Conmemoración de los Centenarios de Felipe II y Carlos V, 1998, pp. 123-130.

63. Cito dall'edizione di F.F. Ceriol, *Il Consiglio e i consiglieri del Principe*, a cura di L. D'Ascia, Roma, Bulzoni, 2007, p. 133.

64. Cfr. L. Fiorani, A. Prosperi, *Una città plurale*, in *Storia d'Italia. Annali*, 16, *Roma, la città del papa. Vita civile e religiosa dal giubileo di Bonifacio VIII al giubileo di papa*

quegli anni, tra il 1573 e il 1584, papa Gregorio XIII si stava facendo promotore di molte nuove iniziative a favore dell'integrazione degli stranieri e si mostrò particolarmente sensibile al sostegno dell'insieme delle attività assistenziali e di quelle delle istituzioni nazionali in particolare.[65]

## 4. *Per una geopolitica reticolare dell'assistenza (1591-1754)*

Negli anni a venire la confraternita della Resurrezione che Zúñiga aveva fondato a Roma nel marzo del 1579 continuò a essere al centro di varie istanze operative anche dopo la morte del suo ideatore avvenuta nel novembre del 1586. Ma perché quegli obiettivi potessero trovare stabilità e continuità era necessario che il re, oltre a garantire il suo patronato, assicurasse anche un cospicuo sostegno finanziario. Bisognava cioè dirottarvi mezzi e risorse che, con la disfatta della flotta in Inghilterra e la ripresa della guerra nelle Fiandre, risultarono gli uni e le altre, invece, inadeguate rispetto alle aspettative.

Il problema, che era evidentemente di ordine più complesso, riguardando tutto il sistema di interventi e servizi sociali e di cura che si stava delineando nella progettualità di governo della Monarchia, veniva colto con grande efficacia alla fine degli anni Novanta da Juan Fernández de Velasco, connestabile di Castiglia, duca di Frías e conte de Haro. Formatosi nelle lettere, più che nell'esercizio delle armi, nell'ambiente italiano dove era arrivato giovanissimo al servizio del padre del duca di Osuna, quando questi fu nominato viceré di Napoli nel 1582, in sostituzione di Zúñiga, il connestabile maturò le sue prime esperienze politiche nell'orbita e col

*Wojtyla*, a cura di Iid., Torino, Einaudi, 2000, pp. XXIII-XXXI. Dell'ampia letteratura sulla presenza degli stranieri a Roma si vedano almeno *Venire a Roma, restare a Roma. Forestieri e stranieri fra Quattro e Settecento*, a cura di S. Cabibbo, A. Serra, Roma, RomaTrE-Press, 2017; I. Fosi, *Inquisition, Conversion, and Foreigners in Baroque Rome*, Leiden-Boston, Brill, 2020.

65. Sulle scelte operative adottate durante il pontificato di Gregorio XIII e le istituzioni di nazione, in particolare, cfr. P. Ventura, *L'arciconfraternita dello Spirito santo dei napoletani a Roma tra XVI e XVIII secolo*, Roma, Aracne, 2009; A. Serra, *Le confraternite nazionali "italiane" a Roma (secoli XVII-XVIII). Territori, devozioni, identità*, in *Italia sacra. Le raccolte di vite dei santi e l'*inventio *delle regioni (secc. XV-XVIII)*, a cura di T. Caliò, M. Duranti, R. Michetti, Roma, Viella, 2013, pp. 25-54; *Chiese e* nationes *a Roma: dalla Scandinavia ai Balcani. Secoli XV-XVIII*, a cura di A. Molnár, G. Pizzorusso, M. Sanfilippo, Roma, Viella, 2017.

favore dei ministri di Filippo II entrati a far parte della *Junta de Noche* e in qualche maniera ne seguì le orme. Nel corso dei suoi numerosi e prestigiosi incarichi fu interprete di scelte particolarmente ostili verso le primazie ecclesiastiche, sulla scia dell'operato di Luís de Requesens e del marchese di Ayamonte che prima di lui avevano ricoperto il ruolo di governatore dello Stato di Milano. Come ha scritto Manuel Rivero, in tutto il corso della prestigiosa carriera, culminata con la presidenza del Consiglio d'Italia nel 1601, Velasco mostrò sempre grande attitudine a coagulare intorno a sé una fazione coesa da legami familiari e vincoli clientelari, e unita da una concezione fortemente regalista e antiromana della Monarchia coerente, come si è visto, con tutta una linea d'opinione che risaliva almeno agli anni Settanta del XVI secolo.[66]

Velasco aveva idee molto chiare anche in merito alla riforma degli ospedali e del sistema di cure. Il 14 settembre 1598, di certo non ancora raggiunto dalla notizia della morte di Filippo II avvenuta proprio il giorno prima, da Milano, dove a quel tempo era governatore, egli scrisse al segretario Juan de Idíaquez per mettere al corrente il re sui preparativi per il viaggio in Spagna della principessa Margherita, futura consorte di Filippo III, e di sua madre, l'arciduchessa María Anna. Si tratta di una lettera piuttosto lunga che toccava altre rilevanti questioni diplomatiche e soprattutto i dispositivi per la sicurezza delle due illustri ospiti e che a un certo punto apriva una parentesi sull'argomento appunto degli ospedali. Scrisse il duca di Frías a Juan de Idíaquez: «Supplico V. Signoria di riferire a Sua Maestà che con le sovvenzioni a questi ospedali deve *allargar molto la mano* e non dimenticare che essi sono necessari per sollevar l'animo della gente di guerra e la povertà dei sudditi».[67] Poveri e militari dovevano essere, quindi, anche per Velasco, come per Zúñiga, Velada, Ayamonte e Olivares, e come

66. M. Rivero Rodríguez, *Espiritualidad, controversias jurisdiccionales y confección de una política católica hispana: La presidencia de Italia del condestable de Castilla (1601-1611),* in *La corte en Europa: Política y Religión (siglos XVI-XVIII),* a cura di J. Martínez Millán, M. Rivero Rodríguez, G. Versteegen, Madrid, Polifemo, 2012, vol. I, pp. 645-668. Al duca di Frías e alle forme del suo mecenatismo artistico in particolare sono dedicati gli studi di J. Montero Delgado, C.A. González Sánchez, P. Rueda Ramírez, R. Alonso Moral, *De todos los ingenios los mejores. El Condestable Juan Fernández de Velasco y Tovar, V Duque de Frías (c. 1550-1613)*, Sevilla, Real Maestranza de Caballería de Sevilla y Real Academia Sevillana de Buenas Letras, 2014.

67. «Supplico a V.S. que *con las provisiones destos hospedages,* en que *Sua Maestà deve alargar mucho la mano*, no se olviden escusen los que son menester para sobrellevar la hambre de la gente de guerra, y pobreça destos suditos, que en lo uno y lo otro sempleará

aveva sostenuto Fadrique Ceriol nel trattato sul *Consejo y consejeros del príncipe*, al centro delle politiche sociali della Corona. E, in realtà, la Corona in quegli anni non fece mai venir meno il suo sostegno al riguardo, anche se le risorse messe a disposizione furono evidentemente molto al di sotto delle effettive esigenze.

La confraternita della Resurrezione della nazione spagnola voluta da Zúñiga a Roma nel 1579 poté contare sempre sul sostegno della Corona. Oltre ad assumersi l'onere del salario del procuratore, tra il 1589 e il 1615 questa stornò sul suo bilancio la somma di 3.700 scudi erogata in più *tranches*.[68] Filippo III la raccomandava, inoltre, caldamente all'attenzione dei suoi ambasciatori a Roma, in quanto simbolo e spazio di aggregazione della nazione.[69] Ma è evidente anche come oramai, sul volgere del secondo decennio del secolo XVII, la prospettiva assistenziale e della cura delle categorie sociali a rischio, che era stata lo scopo precipuo del suo fondatore, avesse ceduto il passo ad altri obiettivi, afferenti piuttosto l'aggregazione identitaria intorno al patrimonio dei simboli festivi e cultuali della nazione. È lo stesso Filippo III a scriverne al marchese d'Aytona ambasciatore a Roma nell'aprile del 1607, raccomandandogli « l'archicofradía, como representante del cuerpo entero de la nación española » con una serie di istruzioni precise concernenti il riassetto del bilancio mediante il recupero di vecchi crediti e soprattutto il restauro delle insegne familiari dei monumenti funebri degli alti dignitari e dei pontefici di origine spagnola cui conferire rinnovata magnificenza e decoro per il prestigio della Corona e della intera nazione.[70]

Nel 1591 la confraternita era stata intanto elevata da Gregorio XIV al grado di arciconfraternita, vedendosi così attribuita la facoltà di aggregare le istituzioni analoghe che ne avessero fatto richiesta e ai cui iscritti potevano essere estesi le indulgenze e gli altri benefici spirituali di cui era in possesso.

muy bien el cuydado de V.S. y mi importunacion». BL, *Add* 28.392, *Letters from Milan, Spanish, 1580-1601,cc.* 281r-283v: 282v. Il corsivo nel testo è mio.

68. UVaDOC, Ms. 271, *Papeles varios de Iglesias*, cc. 394r-399v: *Memorial de la Archicofradia de la Resurreccion de Españoles de Roma* [s.d. ma successivo al 1707], consultato su http://uvadoc.uva.es/handle/10324/429 [data consultazione: 25 febbraio 2016].

69. *Istruzioni di Filippo III ai suoi Ambasciatori a Roma (1598-1621),* a cura di S. Giordano, Roma, Pubblicazioni degli Archivi di Stato, 2006, Informazione sulla corte di Roma per il conte di Castro (Roma, 31 maggio 1609), p. 192.

70. BEESS, Ms. 240, ff. 35-45. Despacho de S. M., de 9 de abril de 1607, tocante a varias cosas pertenecientes a la Archicofradía de la Resurrección, representante del cuerpo entero de la nación.

Per altro verso, almeno teoricamente, essa avrebbe goduto di una superiorità gerarchica su di esse, oltre che di una fonte di reddito assicurata, dal momento che le confraternite aggregate dovevano versare all'arciconfraternita madre la somma di dieci scudi d'oro, un importo che col tempo rappresentò una delle voci più consistenti del suo bilancio.[71] La rete di confraternite aggregate che, attraverso tale meccanismo, si formò tra la fine del Cinquecento e l'inizio del Seicento divenne ben presto assai notevole. Nei primi decenni del secolo XVII erano già 84 le confraternite che risultavano associate all'arciconfraternita della Resurrezione di Roma.[72] Vi si aggregò dapprima, nel novembre del 1592, su istanza dell'ambasciatore spagnolo a Roma il duca di Sessa, la confraternita de la Resurrección sita nella chiesa di S. Francesco di Paola che si trovava a Siviglia, nel barrio de la Carretería.[73] Altre aggregazioni della prima ora furono quelle della confraternita del Santissimo Sacramento, situata nella città di Puerto de Santa María, iscrittasi nel 1592[74] e, nello stesso anno, della confraternita de la Vera Cruz di Palencia.[75] Nel 1594 si unirono la confraternita del Santo Entierro di Cristo nella parrocchia di S. Gil, a Granada, che aveva presentato istanza di aggregazione anch'essa tra le prime[76] e la confraternita dei Disciplini fondata a Milano nel 1587 dal cardinale Gaspare Visconti.[77] Nel corso del secolo successivo si aggregarono

71. F. Anisson Bibliopola, *Vixariensis, praxis et saecularis in tres partes distribuita,* Lione, Officina Anissoniana, 1671, pp. 102 s.

72. Fernández Alonso, *Santiago de los Españoles y la Archicofradía de la Santísima Resurrección,* p. 293. A causa della chiusura al pubblico dell'Archivo della Iglesia Nacional de España, prima per i lavori di riordino e ristrutturazione che vi erano in corso e ora, nel momento in cui sto per licenziare il lavoro, per l'emergenza Covid-19, non ho potuto visionare le fonti che l'Autore cita alla nt. 44, con l'elenco delle confraternite aggregate. Le informazioni che seguono nel testo sono state raccolte, quindi, attraverso altre tipologie documentarie.

73. J. Bermejo y Carballo, *Glorias religiosas de Sevilla ó noticia histórico-descriptiva de todas las cofradias*, Sevilla, Librería del Salvador, 1882, pp. 434-436.

74. F. Artacho y Peìrez-Blaìzquez, *Caballeros Veinticuatro de la Ilustre Archicofradìa del Santísimo Sacramento de la muy noble ciudad y gran Puerto de Santa Marìa, siglos XVI-XIX,* Siviglia, Fabiola de Publicaciones Hispalenses, 2001, p. 21.

75. Notizia reperita al link http://www.semanasantapalencia.com/cofradiasd.php?d=1[data di consultazione: 06/01/2020].

76. AHN, *Consejos,* leg. 2701, exp. 16, ff. 73r-74v. Per la storia della confraternita cfr. F.J. Crespo Muñoz e A.M. Crespo, *Nuevos datos históricos sobre la Cofradía de la Soledad* y *Descendimiento* del *Señor* de *Granada en el siglo XVI*, in «Chronica Nova», 42 (2016), pp. 197-216.

77. Cr. F. Repishiti, *Pellegrino Tibaldi e la pianta esagonale della chiesa di San Rocco dei Miracoli a Milano,* in «Arte lombarda», 1-2 (2015), pp. 163-166.

via via la confraternita de la Resurrección y Asunción de Nuestra Señora, istituita nella chiesa di S. Maria nella città di Lorca, in Spagna, nel 1601 e affiliata alla omonima arciconfraternita di Roma nel 1603;[78] la confraternita di Nuestra Señora de la Fuencisla, sita nella chiesa parrocchiale di S. Marco, nella città di Segovia, che ottenne l'aggregazione con bolla pontificia del 18 novembre 1604;[79] la confraternita del Santo Entierro y Resurrección costituitasi nel febbraio del 1601 nella parrocchia di Santa Cruz de Écija, in Andalusia, la cui associazione alla omonima arciconfraternita romana fu approvata il 13 settembre 1616;[80] l'arciconfraternita della Resurrezione di Napoli, che si trovava vicino il monastero di Suor Orsola, fondata nel 1591 ed affiliata a quella romana nel dicembre del 1636;[81] la confraternita del Santísimo Sacramento de Santa Fé nella *Nueva España*, annessa all'arciconfraternita romana nel maggio 1645, grazie alla istanza che Francisco de Vides inviò all'allora ambasciatore spagnolo a Roma, il conte di Sirvela Juan Vélasco de la Cueva;[82] la confraternita del SS.mo Sacramento della *nación española* di Napoli, fondata nel 1614 dal viceré conte di Lemos Pedro Fernández de Castro e aggregatasi a quella romana il 29 maggio 1652;[83] la confraternita de la Resurrección, cui si aggiunse poi la denominazione del SS. Christo de la Columna, nella parrocchia di S. Antonio della città di Cadíz, ascritta all'arciconfraternita romana il 9 aprile 1662;[84] la confraternita de la Virgen de Guadalupe, fondata nel convento di S. Francisco di Ciudad de México nel 1675 e aggregata all'arciconfraternita della nazione spagnola di Roma nello stesso anno.[85] Nel 1706 ottenne l'annessione all'arciconfraternita romana

78. D. Munuera Rico, E. Sánchez Abadíe, M. Muñoz Clares, *Perspectivas de la Semana Santa de Lorca*, Murcia, Editora Regional de Murcia, 2005, p. 26.

79. T. Baeza Gonzales, *Historia de la milagrosa imágen de María Santísima de la Fuencisla, patrona de Segovia,* Segovia, Imprenta de P. Ondero, 1864, pp. 108 s.

80. https://tabernacofrade.net/web/hermandad-del-resucitado-ecija/ [data di consultazione: 3/01/2020].

81. *Regole della Venerabile Arciconfraternita sotto il titolo della SS. Risurrezione di N.S. Gesù Cristo eretta in Napoli,* Napoli,1808, p. 8.

82. Cfr. http://santafedigital.es/?p=2387 [data di consultazione: 12/12/2019].

83. R. Borrelli, *Memorie storiche della chiesa di S. Giacomo dei nobili spagnuoli e sue dipendenze,* Napoli, Francesco Giannini & Figli, 1903, p. 92.

84. *Constituciones, reglas y estatutos de la cofradia del SS.mo Christo de la Columna, sita en la iglesia parroquia auxiliar de S. Antonio de Padua,* Cádiz, Imprenta Real de Marina, 1754.

85. M. Espinosa, *Las cofradías en el convento de San Francisco de la ciudad de México y la organización social novohispana s. XVII,* Tesis de Licenciatura in Histo-

anche la confraternita intitolata a Nuestra Señora del Acebo in Cangas del Narcea, nelle Asturie;[86] ed ancora, nel 1754, la confraternita di S. Giovanni Evangelista, nella omonima cappella della chiesa della SS.ma Concezione, che si trovava nella città di Laguna, a Tenerife, nelle isole Canarie.[87]

L'analisi della distribuzione geografica delle confraternite che si aggregarono a quella romana della nazione spagnola rivela l'estensione del loro raggio d'azione. Ho sintetizzato questi dati nella Tabella 2.

Come è evidente, col tempo si era venuta costituendo una vera e propria rete caritativa e devozionale ramificata in molti dei domini europei ed extraeuropei della Monarchia che poté fornire un ponte di comunicazione tra i suoi membri all'interno di un network transnazionale. Per entrare nella "costellazione" ogni confraternita doveva dichiarare che non vi fossero sul luogo altre confraternite che già godevano della medesima prerogativa. In cambio esse accedevano alla condivisione del sistema di indulgenze conferite all'arciconfraternita maggiore. Tale privilegio includeva la concessione della indulgenza plenaria a tutti i confratelli al momento della loro iscrizione e l'ammissione alle altre indulgenze previste per la partecipazione ai diversi momenti liturgici della vita associativa. La città di Roma era sede, come è noto, di molte altre arciconfraternite e sodalizi ad estensione reticolare di questo tipo, in grado potenzialmente di mettere in connessione il centro romano con le varie periferie della Chiesa cattolica e quella del Ss.mo Sacramento in S. Maria sopra Minerva, le cui aggregate erano diverse migliaia, è solo un esempio.[88] La costellazione del sistema assistenziale facente capo all'arciconfraternita della Resurrezione aveva, però, la peculiarità di aggregare tra loro i membri della nazione spagnola residenti nei diversi domini della Corona attorno a una idea condivisa e promossa dalla Corona stessa di solidarietà e integrazione incentrata su un medesimo

ria; Universitat Autónoma de México, 1991, p. 76, consultata su https://www.academia.edu/24010869/Las_cofrad%C3%ADas_en_el_convento_de_San_Francisco_de_la_ciudad_de_M%C3%A9xico_y_la_organizaci%C3%B3n_social_novohispana_s._XVII [data di consultazione: 05/01/2020].

86. F. Fernández Álvarez, *Santuarios marianos de Asturias*, Madrid, Ediciones Encuentro, 1990, p. 87.

87. J. Vieira y Clavijo, *Noticias de la historia general de las Islas de Canaria,* Madrid, Blas Román, 1772-1783, vol. IV, p. 297.

88. M.H. Froeschlé-Chopard, *Dieu pour tous et Dieu pour soi. Histoire des confréries et de leurs images à l'époque moderne*, Paris, L'Harmattan, 2006, pp. 179-181.

Tab. 2. Confraternite aggregate all'arciconfraternita della Resurrección della nazione spagnola a Roma

| Titolo | Data di aggregazione | Luogo |
|---|---|---|
| Resurrección | 1592 | Siviglia |
| SS.mo Sacramento | 1592 | Puerto de Santa María (Andalucía) |
| Vera Cruz | 1592 | Palencia |
| Nuestra Señora de la Soledad y Entierro de Cristo | 1594 | Granada |
| Disciplini | 1594 | Milano |
| Resurrección y Asunción de Nuestra Señora | 1603 | Lorca |
| Nuestra Señora de la Fuencisla | 1604 | Segovia |
| Santo Entierro y Resurrección | 1616 | Écija (Andalucía) |
| Resurrezione | 1636 | Napoli |
| SS. mo Sacramento | 1645 | Santa Fe (Nueva España) |
| SS. mo Sacramento della *Nación Española* | 1652 | Napoli |
| Resurrección y Christo de la Columna | 1662 | Cadíz |
| Virgen de Guadalupe | 1675 | Ciudad de México (Nueva España) |
| Nuestra Señora del Acebo | 1706 | Cangas del Narcea (Asturie) |
| S. Giovanni Evangelista | 1754 | Laguna (Tenerife-Canarie) |

patrimonio simbolico di riti e cerimonie religiose che dovevano glorificare il carattere universale e provvidenziale della Monarchia ispanica.

Già alla fine degli anni Novanta del Cinquecento, però, col cambiamento dei rapporti di forza internazionali e degli equilibri fazionari alla corte di Madrid maturati con la successione al trono di Filippo III, la riapertura del fronte di guerra nelle Fiandre e la necessità per la Corona di dirottare risorse finanziarie sempre più cospicue verso obiettivi militari sensibili, le prospettive di un suo impegno diretto nella costruzione di un sistema integrato di interventi e servizi sociali sui territori si erano fortemente ridimensionate. Non venne meno comunque l'idea dell'assistenza e tutela dei poveri, dei militari, delle donne in difficoltà, delle nazioni che componevano la Monarchia. Altri attori e altri protagonisti monopolizzarono la questione dell'assistenza collegandola al lato spirituale della redenzione morale, nel contesto di una nuova fase dei rapporti tra Monarchia e Santa Sede e della dialettica tra i due universalismi – quello della *Monarquía* cattolica e quello romano-pontificio – e del senso stesso della missione di difesa della Chiesa e dell'ortodossia di cui la Corona si era investita.[89]

Ma per comprenderli bisognerà seguire altri fili di altre reti.

89. J. Martínez Millán, *Evolución política y religiosa de la Monarquía Hispana durante el siglo XVII*, in «Carthaginensia. Revista de estudios e investigación», 31 (2015), pp. 215-250.

# 2. Tra Bruxelles, Lisbona, Madrid: le buone pratiche della Monarchia

## 1. *In fuga dai Paesi Bassi: pellegrine in tempo di guerra*

Nel 1627 veniva pubblicato a Lisbona, per i tipi di Peter van Craesbeeck, un volume alquanto originale nel panorama editoriale dell'epoca. Si tratta di un libro scritto in lingua castigliana, di piccolo formato, recante la firma della badessa del monastero di N. Señora de la Quietación in Alcântara, suor Catalina dello Spirito Santo.[1] Lo stampatore van Craesbeeck era il capostipite di una famiglia di editori fuggita dalle guerre di religione nelle Fiandre, naturalizzato in Portogallo col nome Pedro, che a Lisbona, nel 1592, aveva impiantato una delle prime e più importanti tipografie di quel paese tanto da essere insignito nel 1620 del titolo di stampatore regio.[2] Il libro narrava la storia delle monache clarisse esuli dalle Fiandre negli anni Settanta-Ottanta del XVI secolo, delle persecuzioni che avevano subito in quelle terre, dei saccheggi e delle devastazioni consumate da gruppi di ribelli e dalle truppe del principe d'Orange negli oltre sessanta conventi francescani, maschili e femminili, dislocati sia nelle province del nord,

1. Cathalina del Spiritu Sancto, *Relación de como se ha fundado en Alcanatara de Portugal iunto a Lisboa el muy devoto monasterio de N.S. de la Quietación ... para las monjas peregrinas de Santa Clara ... venidas de la provincia de Alemania Baxa, despues las hereges las aver perseguido, y desterriado de tíerras por quatro vezes,* Lisboa, por Pedro Craesbeeck, Impressor del Rey, 1627. Il testo ha attratto l'attenzione anche di D. Donahue, *Foundation Narattives,* in *The Routledge Research Companion to Early Modern Spanish Women Writers,* a cura di N. Romero-Díaz e A.J. Cruz, New Jork, Routledge, 2018, pp. 299-314.

2. Sull'attività tipografica della famiglia Craesbeeck rinvio a J.J. A. Dias, *Craesbeeck, uma dinastia de impressores em Portugal: elementos para o seu estudo*, Lisboa, Associação Portuguesa de Livreiros, 1996.

soprattutto in Olanda e Zelanda, sia in quelle meridionali del Brabante e dell'Artois, e del mirabolante viaggio che le aveva condotte fino a Lisbona dove, nel 1582, dopo anni di angosce e pericoli, avevano trovato finalmente accoglienza e stabilità prima in una casa privata e poi, per intercessione dell'imperatrice María d'Austria e di sua figlia l'infanta Margherita, presso il monastero di Nostra Signora della Gloria.

La narrazione voleva commuovere e far partecipi i lettori di una stagione di lotte e battaglie in cui delle donne, e delle donne religiose, avevano combattuto in difesa della propria identità di fede. Finalizzato alla costruzione e alla valorizzazione della memoria del monastero de la Quietación di Lisbona quale luogo di pace e di rifugio per delle pellegrine in fuga dagli orrori della guerra che si stava ancora combattendo nelle Fiandre, il libro può a tutti gli effetti essere considerato comunque un emblema del transfert culturale in atto tra area fiamminga, Portogallo e Spagna e di quel processo di integrazione tra le sue diverse componenti nazionali anche per questa via promosso dalla Monarchia ispanica in quegli anni. Esso costituisce al contempo un pregevole esempio di scrittura di storia, assai diverso dalle consuete storie fondative di autori e autrici provenienti dal mondo ecclesiastico e dalle coeve e più note cronache e memorie monastiche femminili, per lo più di impianto annalistico o attinenti il genere agiografico o della mistica.[3] Il libro di Catalina è piuttosto un resoconto, dettagliato e puntuale, a tratti intriso di forte emotività, delle atrocità della guerra e degli eventi drammatici che avevano costretto tante donne ad abbandonare i monasteri e le loro città d'origine per l'avanzata dei ribelli. Vi abbondano i riferimenti precisi e accurati ai turbolenti avvenimenti di quegli anni, inserendosi in maniera alquanto singolare in quella vera e propria "esplosione di scritture" e "iperattività informativa", di cui si è parlato a proposito dell'esorbitante numero di libelli, avvisi, gazzette, *relaciones*

3. Si vedano, per esempio, *Le cronache di santa Cecilia. Un monastero femminile a Roma in età moderna,* a cura di A. Lirosi, Roma, Viella, 2009; *«Carche di dolore e bisognose d'aita». Le memorie di Fulvia Caracciolo, monaca di S. Gregorio Armeno (1589). Studio e testo critico di fonti del Cinquecento,* a cura di A. Valerio, Napoli, Fridericiana Editrice Universitaria, 2012 e le considerazioni di M. Caffiero, *Le scritture della memoria femminile a Roma in età moderna:la produzione monastica*, in *Memoria, famiglia, identità tra Italia e Europa nell'età moderna*, a cura di G. Ciappelli, Bologna, il Mulino, 2009, pp. 235-268 e R. Fresu, *Cronache monastiche e alfabetizzazione femminile a Roma nella prima età moderna*: *percorsi di analisi linguistica,* in «Rhesis. International Journal of Linguistics, Philology, and Literature», 6/1 (2015), pp. 16-36.

*de sucesos* che invasero il mercato editoriale e il sistema della diffusione delle informazioni durante la guerra dei Trent'Anni e su cui si è di recente appuntata l'attenzione storiografica.[4] Nel panorama complessivo di quella vasta produzione di notizie elaborata all'interno di schemi interpretativi omologati, destinata a un pubblico di fruitori dell'informazione militare e storica e, più in generale, di curiosi la cui attenzione era tutta rivolta verso i fatti eclatanti e clamorosi, il libro di Catalina si staglia per alcune sue peculiarità, prima fra tutte quella di costituire una riscrittura al femminile della rivolta nelle Fiandre. L'autrice intreccia la componente narrativa con un notevole intento persuasivo. Mette l'accento sulle circostanze ed emozioni a più alto tasso drammatico: le sofferenze, le violenze, le paure, la fame, gli oltraggi, il saccheggio e l'esilio patiti da un gruppo di religiose in fuga, vere e proprie "profughe di guerra".[5] Ne esalta lo spirito di sacrificio e la capacità di sopportazione del pericolo. La loro peregrinazione diventa, nel racconto di Catalina, la rappresentazione di un calvario lungo il quale i motivi religiosi si mescolano con quelli politici e ideologici di legittimazione della causa spagnola e di rilancio del cattolicesimo nel centro Europa. Il libro è notevole, però, anche per il disegno compositivo che vi si riscontra, l'autenticità della testimonianza, la consapevolezza con cui l'autrice attinge e lavora sulle fonti documentarie, raccontando l'accaduto con spirito di osservazione, aderenza ai fatti e attenzione al dettaglio. Ci troviamo cioè di fronte a una particolare tipologia stilistica, di cui si ha qualche altro esempio in scritture elaborate e diffuse soprattutto all'interno di monasteri femminili dislocati nelle nuove aree di frontiera, europee ed extraeuropee del cattolicesimo, destinate all'elaborazione della memoria storica *tout court* e della memoria civica e della nazione in particolare.[6]

4. Al livello di interrelazione tra guerra dei Trent'Anni, comunicazione politica e informazione è dedicata la sezione monografica *Guerra dei Trent'Anni e informazione,* a cura di F. de Vivo e M.A. Visceglia, in «Rivista storica italiana», 130/3 (2018), pp. 828-1041.

5. Sul fenomeno dei rifugiati per motivi religiosi il rinvio è a N. Terpstra, *Religious Refugees in the Early Modern World. An Alternative History of the Reformation,* Cambridge, Cambridge University Press, 2015.

6. Cfr. T. Plebani, *Le scritture delle donne in Europa. Pratiche quotidiane e ambizioni letterarie (secoli XIII-XX)*, Roma, Carocci, 2019, pp. 143-147. Questa particolare tipologia di scrittura è al centro dei contributi di D. Solfaroli Camillocci, *Ginevra, la Riforma e suor Jeanne de Jussie. La* petite chronique *di una clarissa intorno alla metà del Cinquecento* e U. Strasser, *Una profetessa in tempo di guerra: il caso di Maria Anna Lindmayr*, nel volume *I monasteri femminili come centri di cultura fra Rinascimento e Barocco*, a cura di

Il racconto di Catalina prende avvio dai fatti del 1572, quando una squadra dei "Pezzenti del Mare", il gruppo di ribelli olandesi che vivevano come dei corsari ed erano votati a un intransigente calvinismo al comando di Lumey de la Marck, fece irruzione nella città di Delft e saccheggiò il convento dei frati francescani. Continua con la narrazione dei fatti analoghi accaduti ad Haarlem e, una dopo l'altra, nelle settimane e nei mesi successivi, in altre città delle province di Olanda e Zelanda, a Gouda, Leiden, Dordrecht, Zierikzee, Middelburg e Zutphen. Il testo ci parla di come, in cerca di denaro o di altro bottino, i rivoltosi profanarono le chiese e irruppero nei conventi, allontanandovi i religiosi e mettendo a ferro e a fuoco altari, reliquiari e immagini sacre. Quando raggiunsero la piccola città di Alkmaar, saccheggiarono il monastero delle francescane scalze e profanarono le sepolture poste in chiesa, sotto l'altare, facendo scempio dei cadaveri. Appena un paio di giorni prima, avvertite del loro imminente arrivo e allertate da quanto già accaduto altrove, le monache, alcune delle quali saranno quelle che poi daranno vita al monastero di N. Señora de la Quietación a Lisbona, avevano nottetempo abbandonato il convento, rannicchiate su un carro assieme alle loro semplici mobilia, e avevano cercato rifugio prima ad Haarlem e poi ad Amsterdam dove, grazie all'ospitalità del locale monastero delle francescane scalze e alla pietà e devozione dell'élite cattolica della città, poterono trovare una sistemazione e un rifugio sicuri per sei anni. Ma intanto – riferiva ancora Catalina – l'avanzata dei rivoltosi continuava. Il 13 luglio 1572 fu presa d'assalto la cittadella di Gorinchem, catturati e torturati i frati francescani tra le grida e le risa di scherno dei soldati «y era veer una confusión horrenda – asserì l'autrice –, los santos religiosos cantando y los soldatos y el pueblo dando grandes rizas y vozerias de escarneo».[7] Quanti, pur sotto la pressione delle minacce e torture inflitte loro dai soldati, non vollero rinnegare il dogma della transustanziazione, vennero condannati dopo un processo sommario e giustiziati sulla forca al cospetto del comandante Lumey. Nel frattempo era sceso in campo anche l'esercito del principe d'Orange che occupò la città di Roermond, nella provincia di Limbourg in Olanda, dove il 23 luglio di quello stesso anno trovarono la morte ventisette frati certosini.

G. Pomata e G. Zarri, Roma, Edizioni di Storia e Letteratura, 2005 rispettivamente alle pp. 275-296 e 365-387.

7. Cathalina del Spiritu Sancto, *Relación,* p. 11v.

Il testo riferiva ancora della furia iconoclasta che nel 1577 travolse la provincia del Brabante, quando fu assaltato il convento dei francescani di Herentals e, nel 1580, quello della città di Diest. Amsterdam che aveva resistito fino ad allora, prestando ospitalità a religiose e religiosi in fuga da tutto il resto dell'Olanda, cinta d'assedio e costretta alla fame, si arrese nel luglio del 1578. Gli ecclesiastici non furono malmenati e massacrati come era accaduto altrove, ma fu loro imposto di spogliarsi dell'abito religioso. Ancora una volta la narrazione di Catalina si incentrò in particolare sulle peripezie di altre consorelle, in questo caso le francescane scalze originarie del monastero di Alkmaar, le quali dovettero abbandonare la città, riuscendo a raggiungere Anversa a bordo di una piccola imbarcazione. Qui si divisero: metà di loro trovò ospitalità nel monastero delle clarisse della città, le altre a Malines. Due anni dopo, nel 1580, anche Malines fu occupata dai calvinisti. Ai lettori l'autrice mostrava come con le spade sguainate, al grido di «guelt, guelt, dineros, dineros», i soldati avessero saccheggiato il convento dove le pellegrine francescane si erano rifugiate. Frugarono dappertutto – ella scriveva – perfino sotto le vesti delle monache in cerca di denaro. Qualcuna di loro subì un tentativo di stupro.[8] Riuscirono, però, ancora una volta, a mettersi in salvo grazie alla pietà di un gruppo di mercanti e di *hidalgos* di fede cattolica, e a ricongiungersi alle consorelle riparate ad Anversa e da lì, il 3 luglio 1581, ripartire alla volta di Rouen in Francia. Con l'aiuto di alcuni devoti e del loro padre confessore di origine inglese le pellegrine fiamminghe si imbarcarono per la penisola iberica. Approdarono a Santander il primo settembre. Da lì proseguirono a piedi in direzione di Bilbao. Secondo il racconto di Catalina fu qui, agli inizi del 1582, che le pellegrine in fuga dalle Fiandre decisero di mettersi sotto la protezione di Filippo II, che si trovava allora in Portogallo e riprendere, quindi, le loro peregrinazioni. Di nuovo in viaggio per mare sbarcarono, dopo dieci giorni di navigazione, nel porto di S. Martín, dove furono temporaneamente accolte nel vicino convento dei frati cappuccini di Arrábida. Arrivarono infine a Lisbona il primo marzo del 1582. Per volere del re le pellegrine di Alkmaar furono accolte nel monastero della Madre di Dio dove, nel mese di maggio, ricevettero la visita della sorella di Filippo II (I in Portogallo), l'imperatrice María d'Asburgo. Fu grazie alla sua intercessione e a quella di sua figlia Margherita, in quel momento in lizza per un possibile matrimonio con suo zio, il re Filippo II da poco vedovo della quarta moglie Anna

8. Cathalina del Spiritu Sancto, *Relación,* p. 19v.

d'Austria, che questi concesse loro la possibilità di insediarsi nel nuovo sito dedicato a Nostra Signora della Gloria. Nell'ottobre di quello stesso anno, in quel convento si unì a loro suor Catalina, l'autrice del nostro libro, reduce anche lei dal teatro di guerra dei Paesi Bassi. Figlia di Luís Carrillo, governatore della città di Hoogstraten nel Brabante, Catalina aveva preso i voti nel monastero delle clarisse di Hoochstat, ma il padre preoccupato per la piega presa dagli eventi volle che ella lasciasse quelle terre diventate insidiose e ne predispose il ritorno in Spagna. Di origine castigliana, Catalina conosceva bene quell'idioma, la qual cosa le consentì di fare da interprete e mediatrice linguistica tra le pellegrine di origine fiamminga, le autorità lisbonete e la corte degli Asburgo. L'11 dicembre 1582 fu lei alla guida del gruppo delle monache fiamminghe ricevute a palazzo dalla famiglia del re Filippo, sua sorella l'imperatrice María con i figli, il cardinale arciduca Alberto e l'infanta Margherita. L'insediamento delle monache fiamminghe di Lisbona otteneva così il patronato regio.

A Lisbona nei mesi e negli anni successivi arrivarono dalle Fiandre altre rifugiate, in fuga anche loro dai conventi di Alkmaar, Haarlem e Amsterdam. Nel monastero delle fiamminghe di Nossa Senhora da Glória trovarono anche loro un luogo di accoglienza e inclusione. Si trattava però ancora di una sistemazione temporanea, per essere il convento collocato in un'area insalubre della città con un clima decisamente nocivo alla salute di donne già tanto provate. Come raccontava suor Catalina, e come è confermato nelle fonti, quattro anni dopo, l'8 dicembre del 1586, col patrocinio del re le religiose fiamminghe poterono trasferirsi definitivamente nel nuovo complesso architettonico dedicato a N. Señora de la Quietación situato nella valle di Alcântara, all'epoca un sobborgo di Lisbona che le fonti descrivono come un luogo ameno e ricco di vegetazione, ideale per ospitare quante, in fuga dagli orrori della guerra, altro non chiedevano ora che raccogliersi nella quiete della preghiera e delle orazioni.[9]

La scelta del sito assumeva comunque anche un'altra valenza più evidente e manifesta, almeno agli occhi dei contemporanei, di carattere marcatamente politico. Alcântara era, infatti, il luogo in cui, il 4 ottobre del 1580, l'esercito spagnolo del duca d'Alba aveva riportato la vittoria su quello dei portoghesi ed era, quindi, con tutta evidenza un luogo simbolo per la Corona, assurto a emblema dell'aggregazione di quei territori alla

9. Cfr. l'immagine di copertina tratta dal pannello in *azulejos* raffigurante la *Vista Panorâmica de Lisboa* (sec. XVIII), attualmente nel Museo Nacional do Azulejo di Lisbona.

Monarchia asburgica e, con la presenza della chiesa e del monastero di N. Señora de la Quietación das Flamencas, anche di inclusione, protezione e accoglienza. A propria gloria, su quel sito, la Monarchia fece un ulteriore investimento allorché, nel 1606, fu avviata la costruzione, di fronte il monastero de la Quietación, del nuovo palazzo reale commissionato da Filippo III di Spagna all'architetto regio Teodósio de Frias e distrutto dal terremoto del 1755.[10]

## 2. *L'accoglienza a Lisbona: un investimento per la Monarquía Universal*

Come si è detto la *Relación* di suor Catalina trovava assoluta corrispondenza storica con quanto era realmente accaduto nelle Fiandre prima e in Portogallo poi tra la fine del Cinquecento e gli inizi del secolo successivo. Gli avvenimenti che vi vengono raccontati si inquadrano nel contesto di quella che Geoffrey Parker ha denominato la "Seconda rivolta" dei Paesi Bassi (1569-1576).[11] Molti sono i particolari e le coincidenze anche di date degli accadimenti che vi erano riportati. Ne sono degli esempi, tra gli altri, le notizie concernenti i martiri di Gorcum, trucidati per mano dei Pezzenti del mare il 9 luglio del 1572,[12] il resoconto del saccheggio ai danni del convento di S. Francesco nella città di Roermond (Ruremunda, nelle fonti dell'epoca) e l'esecuzione dei frati certosini ivi perpetrata il 23 luglio 1572.[13] A distanza di quasi cinquant'anni da quegli eventi – ricordiamo che il libro fu pubblicato nel 1627 – è assai improbabile che quel racconto si fondasse soltanto sulle testimonianze orali delle sopravvissute o sulla memoria dell'autrice. Molto verosimilmente per l'elaborazione di quello scritto Catalina ebbe accesso a delle fonti scritte – libelli, avvisi, cronache e *relación de sucesos* – che sappiamo circolavano in gran copia sul mercato

10. J.M. Simões, *O Convento das Flamengas, ao Calvário*, Faculdade de Letras da Universidade de Lisboa, Lisboa 1998, consultabile su *https://www.academia.edu/1785299/O_Convento_das_Flamegas_ao_Calv%C3%A1rio* [data di consultazione: 13/06/2019]; A. Honrado, *As* Flamengas *(da Ordem das Clarissas)*, in «Revista Lusófona de Ciência das religiões», 16-17 (2012), pp. 233-241.

11. G. Parker, *The Dutch Revolt*, Ithaca (NY), Cornell University Press, 1977.

12. Cathalina del Spiritu Sancto, *Relación*, pp. 10v-14r.

13. Ivi, p. 14r. Sulle "regole" che governavano il saccheggio e i bottini di guerra si veda G. Parker, *La rivoluzione militare. Le innovazioni militari e il sorgere dell'Occidente*, trad. it., Bologna, il Mulino, 1999², pp. 106-108.

della notizia e che anche una monaca di clausura poteva evidentemente procurarsi.[14] Più verosimilmente ancora era stato il *Theatrum Crudelitatum hæreticorum* di Verstegan la sua fonte più autorevole, un'opera che in quegli anni ispirò anche numerosi cicli iconografici sul tema dei nuovi martiri del cattolicesimo.[15]

Perché la storia di suor Catalina venisse pubblicata a distanza di tanti anni dai fatti che vi erano narrati, a chi il libro fosse destinato e in che modo, poi, esso abbia potuto trovare collocazione sul mercato della circolazione e della fruizione delle notizie è aspetto, però, a mio avviso più interessante da mettere in evidenza.

La storia delle pellegrine in fuga dall'"inferno" dei Paesi Bassi, come in qualche modo era e come veniva rappresentato ai cattolici vicini e lontani da quegli scenari, aveva "fatto notizia" sin da subito. Quando le religiose francescane fiamminghe dovettero abbandonare il monastero di Malines per rifugiarsi ad Anversa, il nunzio a Madrid Filippo Sega ne dette informazione al cardinal di Como Tolomeo Gallio, segretario particolare di Gregorio XIII, il 2 agosto del 1578, parlandogli delle espulsioni dei frati certosini da Bruges e delle monache da Malines.[16] E quando le pellegrine approdarono a Lisbona, il nunzio a Madrid Ludovico Taverna ne scrisse allo stesso cardinal

14. Ampia la letteratura su questi temi, per cui si vedano principalmente *España y el mundo Mediterráneo a través de las Relaciones de Sucesos (1500-1750),* a cura di P. Civil, F. Crémoux, J. S. Hermida, Salamanca, Edicion Universidad de Salamanca, 2008; M. Infelise, *Prima dei giornali: alle origini della pubblica informazione, secoli XVI e XVII*, Roma-Bari, Laterza, 2002; *Géneros editoriales y relaciones de sucesos en la Edad Moderna*, a cura di P. M. Cátedra García, Salamanca, Sociedad Internacional para el Estudio de las Relaciones de Sucesos: Universidad de Salamanca, 2013; *La invención de las noticias. Las relaciones de sucesos entre la literatura y la información (siglos XVI-XVIII),* a cura di G. Ciappelli e V. Nider, Trento, Università degli Studi di Trento, 2017; F. De Vivo e M.A. Visceglia, *Introduzione* a *Guerra dei Trent'anni e informazione,* a cura dei medesimi Autori, pp. 828-859.

15. R. Verstegan, *Theatrum Crudelitatum hæreticorum nostri temporis. Editio altera emendatior,* Amberes, Hadrianum Huberti 1604². Sull'opera del Verstegan come fonte letteraria e iconografica del tema del martirio si vedano A. Dillon, *The Construction of Martyrdom in the English Catholic Community, 1535-1603,* Farnham, Ashgate, 2002 e M.C. de Carlos Varona, *Fray Juan Sánchez Cotán y la cultura martirial de la Europa Moderna,* in «Tiempos modernos», numero monografico su *Estudios sobre la Iglesia en la Monarquía Hispánica,* a cura di F. Negredo del Cerro, 20/1 (2010), pp. 1-50.

16. J. Olarra Garmendia, M.L. Larramendi de Olarra, *Indices de la correspondencia entre la nunciatura en España y la Santa Sede, durante el reinado de Felipe II,* Madrid, Meastre, 1949, vol. I, p. 424, doc. 3354.

di Como, il 20 dicembre 1582, riferendogli che le monache fuggite dalle Fiandre erano giunte al cospetto di Filippo II, a Lisbona.[17]

Dopo la tregua dei dodici anni (1609-1621), che sancì *de facto* l'indipendenza delle province calviniste del Nord, con la ripresa della guerra e la pubblicazione della *Relación* di suor Catalina nel 1627, quei fatti, le notizie degli assalti e dei saccheggi perpetrati ai danni di chiese e monasteri, i patimenti e l'angoscia delle profughe, i pericoli in cui erano incorse, l'accoglienza ricevuta in Portogallo, la generosità e la compassione del sovrano e degli elementi femminili della famiglia asburgica misero in moto sentimenti ed emozioni in grado di influenzare la sfera del politico. Con quella tregua la Spagna aveva visto incrinarsi la propria reputazione.[18] Quando, nel 1627, fu pubblicato il libro di suor Catalina si era nel pieno di quella che Bireley ha definito «una vera e propria guerra santa», in cui divenne chiara la priorità accordata alla restaurazione religiosa anche rispetto agli interessi dinastici delle potenze impegnate in quella fase della guerra dei Trent'Anni (1627-1635).[19] Evocando l'importanza dei fattori religiosi all'origine delle motivazioni del conflitto, l'eco degli avvenimenti narrati da suor Catalina poté contribuire a rinsaldare il consenso e il processo di legittimazione della reincorporazione delle Fiandre alla Corona spagnola, favorire l'integrazione delle élite territoriali intorno alla *Monarquía* affiancandola nell'azione di ricattolicizzazione delle province meridionali dei Paesi Bassi. Grazie all'impatto della stampa quei fatti trovarono più ampia eco e risonanza, comunicarono l'idea della potenziale attrattività della reincorporazione di gruppi e territori fiamminghi nella Monarchia, servirono a fare notizia e a fornire notizie a loro volta a un pubblico assai più ampio, per così dire trasversale dal punto di vista sociologico oltre che "nazionale", di lettori che tra l'altro si trovavano sotto la pressione dell'emergenza bellica ancora in corso. Il racconto di quei fatti e il pathos emotivo che vi si creò attorno travalicarono i confini e i saperi locali, immettendo la memo-

17. Olarra Garmendia, Larramendi de Olarra, *Indices de la correspondencia,* vol. II, p. 44, doc. 5173. Sul cardinal di Como cfr. G. Brunelli, *Gallio, Tolomeo,* in DBI, 51, 1998, *ad vocem.*

18. Cfr. A. Spagnoletti, *La tregua di Anversa e la pace di Asti. Ovvero, come la Spagna perse la propria reputazione,* in «Dimensioni e problemi della ricerca storica», 2 (2009), pp. 163-186.

19. R.L. Bireley, *Religion and Politics in the Age of the Counter-reformation: Emperor Ferdinand II, William Lamormaini S.I., and the Formation of the Imperial Policy,* Chapel Hill, University of North Carolina Press, 1981.

ria di quegli avvenimenti nei circuiti del mercato del libro religioso e della comunicazione collettiva.

La notizia di quegli accadimenti non viaggiò comunque solo con la scrittura.[20] Nel 1626, ovverosia nello stesso anno in cui veniva concessa la licenza di stampa al libro di suor Catalina, veniva dato avvio al ciclo di 54 grandi tele con *Storie di s. Bruno e di venerabili certosini* per il chiostro della certosa del Paular vicino Segovia, opera del *pintor del rey* Vincenzo Carducci (in Spagna Carducho), l'artista di origine fiorentina che stava spopolando alla corte di Madrid, dove per tutta la prima metà del secolo ebbe un numero incredibilmente alto di commissioni per i palazzi reali, le chiese e i conventi della città.[21] Tra i 54 *retablos* del Paular, che grande fama si conquistarono presso i contemporanei e i viaggiatori stranieri e alla cui agiografia, secondo Roberto Longhi, attinsero ampiamente lo Zurbarán, il Ribalta, il Murillo, l'ultimo era quello raffigurante l'episodio riportato anche da suor Catalina relativo all'eccidio dei monaci di Roermond (fig. 4). Nel frattempo il racconto di Catalina trovava ulteriore eco nelle letture in pubblico, sui pulpiti e nelle chiese, rivolgendosi anche a chi non aveva accesso alla cultura scritta. Immagini e parole suscitarono emozioni tra vaste frange di pubblico. Entrarono in maniera determinante nello scambio sociale e nella comunicazione politica, contribuendo a diffondere l'idea della *Monarquía* protesa non solo nella difesa del cattolicesimo nel cuore dell'Europa, ma all'altezza anche di creare al suo interno stabilità politica e spazi di accoglienza e integrazione tra le nazioni che la comprendevano. Quel racconto poté legittimare l'impegno militare, offrendo una copertura ideologica alle motivazioni e alla conduzione della guerra in grado di giustificare le scelte politiche in quel momento in corso. Le pratiche di accoglienza e integrazione da essa attivate, basate sul principio della difesa e consolidamento del cattolicesimo, dentro e fuori le Fiandre, poterono a loro volta fare notizia presentandosi come tratto peculiare della magnanimità e della generosità del re nell'esercizio effettivo delle sue politiche di governo.[22]

20. Per un approccio metodologico al tema si vedano le molte riflessioni di A. Pettegree, *L'invenzione delle notizie: come il mondo arrivò a conoscersi*, Torino, Einaudi, 2015 e la discussione che sul libro ha svolto M. Rospocher, *L'invenzione delle notizie? Informazione e comunicazione nell'Europa moderna*, in «Storica», XXII (2016), pp. 95-115.

21. F. Sricchia Santoro, *Carducci (in Spagna Carducho), Vincenzo,* in DBI, vol. 20 (1977), *ad vocem.*

22. Sull'uso della religione come copertura delle radici profonde della guerra dei Trent'anni si è molto scritto in questi anni. Per una sintesi del dibattito si rinvia a F. Negredo

Fig. 4. Vincenzo Carducho, *El martirio de los cartujos de Roermond*, Madrid, Museo del Prado.

Molte trame e altri fili si intrecciavano in quella storia: il racconto della comunità delle pellegrine in fuga dalla guerra poteva essere letto come metafora della immagine della Chiesa, vera sposa di Cristo, aggredita dall'eresia e il martirio delle pellegrine, accanto a quello dei confratelli francescani di Gorcum e dei certosini di Roermond, caricava di senso la lotta dei cattolici nel mondo e, nello specifico, quella dei gruppi fiammingo-portoghesi – élite mercantili e militari, unite tra loro da forti vincoli di natura strategico-finanziaria – impegnati sul fronte della guerra nei Paesi Bassi.[23] La loro storia si inseriva nel contesto più ampio della letteratura e dell'iconografia martiriale che dalla fine del secolo XVI si erano affermate in molti settori della cultura cattolica e, in particolare, nella agiografia e nella rappresentazione iconografica dei santi spagnoli, grazie all'azione di gesuiti e oratoriani e a cui l'epica religiosa, che andava accompagnando l'espansione oltreoceano e la ripresa delle guerre religiose nel cuore dell'Europa, aveva conferito nuova linfa ed elementi assolutamente originali, primo fra tutti quello di un inedito protagonismo e un singolare modello di santità ed eroicità femminili.[24]

Come ha osservato Fernando Bouza, Filippo II aveva dedicato un'attenzione minuziosa alla stampa dei libri, facendone non solo una forma di

del Cerro, *¿Una guerra de religión o una religión para la guerra? El elemento confesional en la Guerra de los Treinta Años,* in «Hipogrifo», 7/2 (2019), pp. 511-525.

23. Su questi gruppi, che furono tra i principali attori delle relazioni economiche tra la *Monarquía hispánica* e i Paesi Bassi tra Cinque e Seicento, si vedano almeno *Familia, religión y negocio: el sefardismo en las relaciones entre el mundo ibérico y los Países Bajos en la Edad Moderna,* a cura di J. Contreras Contreras, B.J. García García, J.I. Pulido Serrano,Madrid, Fundación Carlos de Amberes: Ministerio de Asuntos Exteriores, 2003; J.I. Pulido Serrano, *La penetración de los portugueses en la economia española durante la segunda mitad del siglo XVI,* in *Más que negocios Simón Ruiz, un banquero español del siglo XVI entre las penínsulas ibérica e italiana*, a cura del medesimo Autore, Madrid, Iberoamericana Vervuert, 2017. Sugli aspetti politico-militari delle relazioni tra la penisola iberica e i Paesi Bassi il rinvio è a A. Esteban Estríngana, *Guerra y finanzas en los Países Bajos católicos: de Farnesio a Espínola, 1592-1630*, Madrid, Ediciones del Laberinto, 2002.

24. Cfr. M. Gotor, *Le canonizzazioni dei santi spagnoli nella Roma barocca,* in *Roma y España. Un crisol de la cultura europea,* a cura di C. J. Hernando Sánchez, Madrid, Sociedad Estatal para la acción cultural exterior, 2007, vol. II, pp. 620-639 e per il modello eroico della santità femminile, in particolare, C. Vincent-Cassy, *Les saintes vierges et martyres dans l'Espagne du XVIIe siècle. Culte et image,* Madrid, Casa de Velásquez, 2011; *Héroïsme féminin, héroïnes et femmes illustres, XVI^e^ et XVII^e^ siècles: Une représentation sans fiction*, a cura di G. Schrenck, A.E. Spica, P. Thouvenin, Paris, Classiques Garnier, 2019.

esercizio del potere sui territori e sui suoi vassalli, ma anche una specifica modalità della politica di omogeneizzazione religiosa e mediazione culturale e linguistica sostenuta congiuntamente nei Paesi Bassi e in Portogallo. Dagli anni Settanta del Cinquecento il re adottò delle vere e proprie strategie editoriali che, come vedremo anche nell'ultimo capitolo, investirono ampi settori del sapere e della politica.[25] Come altri, anche il libro di Catalina si collocava all'interno di un genere letterario e di un contesto politico e storico-culturale non del tutto originale, anzi piuttosto risalente nell'orbita dell'azione di governo della *Monarquía.* Patrocinato da una nobildonna portoghese, la contessa di Calheta Maria de Vasconcelos, esso portava la dedica a suor Margherita de la Cruz, la figlia dell'imperatrice María che intanto, morta sua madre, aveva preso i voti nel monastero delle Descalzas Reales di Madrid.[26] Fu pubblicato dal più operoso fra gli stampatori regi attivi a Lisbona in quegli anni, anche lui tra l'altro di origine fiamminga ed esule in Portogallo per motivi politici e religiosi. Da più punti di vista la *Relación* di suor Catalina era dunque soprattutto l'esito di una costruzione politico-culturale e, una volta immessa nei circuiti della comunicazione a stampa, partecipò di quel medesimo processo di legittimazione del potere asburgico e di integrazione *tra* le nazioni e di aggregazione territoriale dei diversi *reynos* al nucleo centrale castigliano che sostanziava la politica della *Unión de las armas* condotta anche in Portogallo dal conte duca d'Olivares.[27] A differenza di altri scritti, però, il libro in questione costituiva una testimonianza valorizzata dalla autenticità del racconto e dalla sua puntuale corrispondenza con quanto era realmente accaduto. Si accreditava, quindi, agli occhi di una fascia di pubblico per altri versi esclusa o ai margini della comunicazione politica *tout court,* apportando elementi specifici e decisivi alla politica di legittimazione della Monarchia.

Non fu questa, tra l'altro, l'unica modalità di investimento e di progettualità politica della Corona nei confronti della comunità delle religiose

25. F. Bouza, *Imagen y propaganda. Capítulos de historia cultural del reinado de Felipe II,* Madrid, Ediciones Akal, 1998; Id., *Portugal no tempo dos Filipes. Política, cultura, representações (1580-1668),* Lisboa, Edições Cosmos, 2000 e le considerazioni svolte al riguardo da J.-F. Schaub, *Une histoire culturelle comme histoire politique (note critique)*, in «Annales HSS», 4-5 (2001), pp. 981-997.

26. M. Sánchez, *Where Palace and Convent met: The Descalzas Reales in Madrid*, in «Sixteenth century journal: the journal of Early Modern Studies», 1 (2015), pp. 3-28.

27. J.-F. Schaub, *Le Portugal au temps du comte-duc d'Olivares (1621-1640.) Le conflit de juridictions comme exercice de la politique,* Madrid, Casa de Velázquez, 2001.

fiamminghe a Lisbona. Filippo III elargì, infatti, somme cospicue per i lavori di edificazione del monastero e, quando con carta del 6 aprile 1618 vietò che in esso accanto alle religiose fiamminghe fossero ammesse novizie di origine portoghese, ricordò come il monastero N. Señora de la Quietación avesse fruito di donazioni straordinarie per la grande commozione suscitata allora dalle persecuzioni subite dai cattolici nelle Fiandre e dalle profanazioni dei conventi ivi verificatesi, ma che la pietà regia non poteva essere estesa a tutte le comunità religiose di cui la capitale lisboneta pullulava.[28] Quando poi, nel 1619, Filippo III risiedette a Lisbona, si recò in visita nel monastero di N. Señora de la Quietación in Alcântara per ben quattro volte,[29] certo con l'idea che tutto questo potesse favorirne l'integrazione sul territorio lusitano che le aveva accolte, oltre che con l'altrettanto ovvia conseguenza di esaltare in questo modo la magnanimità e la "proiezione universalistica" della *Monarquía.*

## 3. *La corte di Isabel Clara Eugenia e la confessionalizzazione dell'accoglienza: un* net-work *al femminile (1598-1621)*

Itinerari transfrontalieri, mediazione linguistica, accoglienza e integrazione tra le nazioni e le élite territoriali della Monarchia, tutti temi che abbiamo visto al centro della storia delle fiamminghe esuli in Portogallo, rivisitavano con linguaggi originali molti dei temi che nei decenni precedenti avevano sostanziato l'ideologia e le prassi di legittimazione della *Monarquía Universal* e dei suoi fautori tra i membri della *Junta de Noche* che lavorò fianco a fianco di Filippo II nei suoi ultimi anni. Lo facevano certo, come si è detto, con linguaggi profondamente rinnovati e intrisi di religiosità militante, in cui era il modello della eroicità delle sante martiri ad imporsi come dominante, un modello condiviso per vie essenzialmen-

28. Cfr. *Collecção Chronologica da Legislação Portugueza 1613-1619,* digitalizzata nella banca dati: Ius Lusitaniae. Fontes históricas do Direito Português ora disponibile sul sito del Progetto *O Governo dos Outros. Imaginários Políticos no Império Português (1496-1961)*, a cura di P. Cardim, Â. Barreto Xavier, C. Nogueira da Silva: http://www.governodosoutros.ics.ul.pt/?menu=consulta&id_partes=95&id_normas=20428&accao=ver [Data di consultazione: 28/07/ 2019].

29. G. González Dávila, *Monarquia de España. Historia de la vida y hechos del inclito monarca, amado y santo D. Felipe tercero*, Madrid, Joachin de Ibarra Impresor de Camara de S. M., 1771, p. 171.

te femminili anche in certi ambienti cortigiani liminali ai due rami della dinastia asburgica spagnola, essenzialmente ostili al pacifismo del *valido* Lerma e alla ricerca di nuove modalità di legittimazione per la cessione della sovranità agli arciduchi Alberto e Isabella e la restaurazione del cattolicesimo nei Paesi Bassi.[30]

L'esaltazione del martirio si intrecciò comunque a un'altra idea e ad altre pratiche dell'accoglienza e della integrazione tra le varie componenti della Monarchia e fu associata a una concezione della sovranità connotata dai tratti del cattolicesimo militante. Essa si diffuse attraverso nuovi network relazionali e altri attori, o per meglio dire attrici, come adesso andremo meglio a dire, coagulatisi intorno ai baluardi e alle nuove frontiere della difesa del cattolicesimo, lungo un asse localizzato tra Madrid, Lisbona e i Paesi Bassi spagnoli. L'epicentro di quest'altra rete di relazioni, che mise al centro delle proprie pratiche i temi dell'assistenza ai marginali e dell'accoglienza dei profughi e delle profughe delle guerre di religione, attraverso forme e simboli fortemente ispirati alla fase eroica del cattolicesimo e a una ostentata volontà di conquista o riconquista religiosa, ebbe il suo epicentro a Bruxelles, alla corte di Isabel Clara Eugenia.[31]

Fu su esplicito invito della governatrice dei Paesi Bassi Isabel Clara Eugenia che nel dicembre del 1606 suor Ana de Jesús, al secolo Ana de Lobera Torres (1545-1621), si mise in viaggio da Parigi alla volta di Bruxelles, dove arrivò il 22 gennaio 1607. Ana era stata il braccio destro di Teresa d'Avila nell'attività di promozione e diffusione delle carmelitane scalze in Spagna (Salamanca, Veas, Toledo, Granada) e, alla morte della fondatrice, aveva portato la riforma teresiana in Francia, attraverso la non facile esperienza delle prime fondazioni riformate di Poitiers, Parigi, Digione e Amiens. A Parigi, dove allora svolgeva le funzioni di priora, Ana fu raggiunta da una lettera della Infanta, recapitatele da suor Magdalena de S. Jéronimo, la vera mediatrice "operativa" di tutta questa rete relazionale, in cui Isabel Clara Eugenia le chiedeva di presentarsi a Bruxelles per aprire

30. Sull'importanza del circolo femminile delle Asburgo alla corte di Filippo III si vedano gli studi di M. Sánchez, *The Empress, the Queen and the Nun. Women and power at the Court of Philip III of Spain*, Baltimore, Johns Hopkins University Press, 1998; Ead., *Mujeres, piedad e influencia política en la corte,* in *La monarquía de Felipe III*, a cura di J. Martínez Millán, vol. III, *Corte y reinos*, Madrid, Fundación Mapfre, Instituto de Cultura, 2008, pp. 146-162.

31. Cfr. *Isabel Clara Eugenia. Soberanía femenina en las cortes de Madrid y Bruselas*, a cura di C. Van Whye, Madrid, Centro de Estudios Europa Hispánica, 2011.

un monastero ispirato al Carmelo teresiano.[32] L'opera fu avviata e il monastero di S. Anna e S. Giuseppe venne inaugurato nell'aprile del 1607. Fu eretto a fianco del palazzo degli arciduchi e, con quello aperto a Mons di lì a poco, assurse ben presto a simbolo della ricattolicizzazione delle province fiamminghe meridionali. Si conquistò anche un'altra particolarità, quella cioè di essere un luogo di sperimentazione attiva dell'integrazione delle élite transnazionali della Monarchia, uno spazio di frontiera e di mediazione linguistica, che accolse religiose francesi, spagnole e fiamminghe delle più illustri famiglie spesso legate alla corte e alle dame d'onore d'Isabel, in cui la fondatrice suor Ana de Jesús poté dedicarsi alla traduzione in francese e in latino degli scritti teresiani.[33]

Nello stesso network gravitò anche suor Luisa de Carvajal y Mendoza (Jaraicejo-Cáceres 1566 - Londra 1614).[34] Entrata giovanissima nella casa reale di Isabel Clara Eugenia e Catalina Micaela a Madrid, al seguito di una zia materna, María Chacón, aya delle due infante, Luisa prese i voti come terziaria nel 1593. Nel 1598 si trovava nel monastero delle Descalzas Reales di Madrid, nei mesi in cui vi soggiornò l'infanta Isabel Clara Eugenia prima del matrimonio con l'arciduca Alberto, avendo modo così di rafforzare le sue relazioni con le altre donne di casa d'Austria.[35] Dopo aver seguito la corte di Filippo III a Valladolid, e mentre in lei maturava un'ardente aspirazione al martirio, come testimonia l'epistolario e la sua ricca produzione letteraria, Luisa nel dicembre 1604 si recò in missione in

32. Sulla introduzione della riforma carmelitana in Francia e nelle Fiandre rinvio a Á. Atienza López, *"Queriendo dar a entender al mundo cómo el fuego de Santa Teresa había abrasado la mayor parte del orbe". El discurso de la expansión,* in «Libros de la Corte.es», 7/3 (2015), pp. 31-50.

33. Á. Manrique, *Vida de la venerable Madre Ana de Iesus,* Bruselas, Lucas Meerbleck,1632. Sugli aspetti storico-culturali della composizione della biografia di Ana de Jesus ha scritto Á. Atienza López, *La intervención femenina sobre la escritura masculina: Beatriz de la Concepción y la memoria de Ana de Jesús*, in *La santa "encantadora". Cinquecento anni dalla nascita di Teresa d'Ávila*, a cura di M. Caffiero, Á. Atienza López, A. Lirosi, numero monografico di «Dimensioni e problemi della ricerca storica», 2 (2017), pp. 65-96. Sul personaggio e il suo ruolo nella propagazione delle carmelitane scalze in Francia e a Bruxelles si veda S. Mostaccio, *Scrittura e militanza: due stagioni di donne cattoliche nei Paesi Bassi Spagnoli (secc. XVI e XVII)*, in «Storia delle Donne», 11 (2015), pp. 109-128. Disponibile all'indirizzo: http://www.fupress.net/index.php/sdd/article/view/17998 [Data di consultazione: 16/06/ 2019].

34. A.J. Cruz, *The Life and Writings of Luisa de Carvajal y Mendoza*, Toronto, Centre for Reformation and Renaissance Studies, 2014.

35. Sánchez, *The Empress, The Queen and the Nun.*

Inghilterra dove l'anno successivo collaborò alla fondazione di un noviziato per i giovani della Compagnia di Gesù.

Animata da quello spirito di riconquista al cattolicesimo di cui abbiamo detto e di cui i gesuiti, di cui ella fu discepola, furono i maggiori interpreti, Luisa in Inghilterra non si contentò di vivere all'ombra dell'ambasciata di Spagna. Fissò la propria dimora a Londra in una casa con altre fanciulle, alla quale diede poi fisionomia istituzionale di congregazione della Vergine Maria. Prestò la sua opera di assistenza nelle carceri e alle donne ospedalizzate. Svolse azione di proselitismo tra i suoi vicini. Si impegnò attivamente nella diffusione di libri cattolici.[36] Finanziò parte di queste sue attività grazie alla beneficenza di alcuni suoi devoti cui ella faceva recapitare in Spagna le reliquie dei martiri inglesi. In Inghilterra conobbe anche il carcere e per ben due volte, nel 1608 e nel 1613, con l'accusa di cospirazione. Ma intanto non allentò mai i suoi contatti con la corte asburgica e con la sua rete di informatori, né tanto meno rinunciò alle relazioni epistolari che furono estesissime. Tra i suoi corrispondenti abituali, oltre una schiera di gesuiti come Luís de la Puente, Robert Persons, Joseph Creswell ed Henry Walpole, che era stato suo direttore spirituale, vi furono anche l'infanta Isabel Clara Eugenia, intanto trasferitasi a Bruxelles come governatrice dei Paesi Bassi spagnoli, e suor Magdalena de S. Jeronimo, con cui scambiò notizie e incoraggiamenti circa la propagazione delle carmelitane scalze nelle Fiandre ad opera di Ana de Jesús e la possibilità di fondare in Inghilterra un monastero femminile. Con loro scambiò opinioni circa la politica spagnola nelle Fiandre e l'alleanza dell'Inghilterra con il Palatinato, sempre identificando la causa dei cattolici inglesi con la ragion di stato della corona asburgica.[37] Quando morì nel 1615, fu Magdalena de S. Jeronimo, insieme al vescovo di Mondoñedo Pedro Zorrilla, a riportarne le spoglie in patria per darne sepoltura nel monastero reale dell'Encarnación di Madrid. E fu un'altra monaca, suor Mariana de San José (Manzanedo y Maldonado, 1568-1638) fondatrice del medesimo monastero dell'Encarnación, che di Luisa de Carvajal perorò la causa di beatificazione a Urbano VIII nel 1628, esaltandone il modello per eccellenza di donna, di santa e di martire, quale simbolo del binomio fede e politica di cui la Monarchia di Spagna si face-

36. F.J. Bouza Álavarez, *Contrarreforma y tipografia. ¿Nada más que rosarios en sus manos*?, in «Cuadernos de Historia Moderna», 16 (1995), pp. 73-87.

37. Cfr. Luisa de Carvajal y Mendoza, *Epistolario y Poesias,* ed. a cura di J. Gonzalez Maranon e C.M. Abad, Madrid, Atlas, 1965.

va portatrice. La causa di beatificazione di Luisa de Carvajal ebbe anche un'altra promotrice nel monastero reale dell'Encarnación nella persona di suor Aldonza del Santissimo Sacramento, al secolo Aldonza de Zúñiga, la figlia del conte di Miranda Juan, viceré di Napoli, la quale ne scrisse ripetutamente al cardinale Francesco Barberini, nipote del papa.[38]

C'è un altro particolare della biografia di Luisa de Carvajal che val la pena rimarcare. Nell'estate del 1602, Luisa si era assai energicamente prodigata per facilitare il trasferimento di alcune giovani cattoliche inglesi dai Paesi Bassi, dove erano temporaneamente rifugiate, nel monastero di S. Brígida a Lisbona in cui qualche anno prima avevano trovato collocazione le monache inglesi di Sión, i cui trascorsi erano stati molto simili a quelli delle pellegrine fiamminghe del monastero di N. Señora de la Quietación che abbiamo appena ripercorso. Anche le monache di Sión avevano dato alle stampe, nel 1594, una *Relación* col racconto delle loro peregrinazioni tradotta dall'inglese in castigliano grazie all'interessamento del gesuita Robert Persons, uno dei corrispondenti di Luisa de Carvajal, che ne aveva affidato l'incarico a un sacerdote inglese del collegio gesuitico di Valladolid. Nella *Relación* esse raccontavano di come, esiliate dall'Inghilterra ai tempi di Enrico VIII, avevano vagato per trentasette anni da un monastero all'altro, tra le città di Anversa e Malines nei Paesi Bassi, e Rouen in Francia. Da Rouen, assediata e poi occupata dalle truppe di Antonio di Borbone duca di Vendôme nel 1562, temendo le ritorsioni degli ugonotti, per essere la loro chiesa un rinomato luogo di raccolta dei cattolici più zelanti, e del Vendôme stesso che, a loro avviso, teneva le fila del partito dei *politiques* francesi, le monache avevano maturato la decisione di emigrare ancora una volta. Tra mille peripezie e difficoltà, il pericolo di essere individuate da navi inglesi durante la traversata del canale della Manica, le minacce subite per estorcere loro fino all'ultimo scudo che erano riuscite a racimolare per far fronte al viaggio, erano infine sbarcate a Lisbona, il 20 maggio del 1594, dove i governatori della città e l'arcivescovo Miguel de Castro

38. Sull'epistolario delle religiose del monastero reale dell'Encarnación di Madrid si vedano i lavori di M.L. Sánchez Hernández, *Vida cotidiana y coordenadas socio-religiosas en el epistolario de Mariana de San José (1603-1638)*, in *Memoria e comunitá femminili, Spagna e Italia secc. XV-XVII/ Memoria y comunidades femeninas, España e Italia siglos XV-XVII*, a cura di G. Zarri e N. Baranda Leturio, Firenze, Firenze University Press, 2011, pp. 87-109; Ead., *Servidoras de Dios, leales al Papa: las monjas de los Monasterios Reales,* in «Libros de la Corte.es», 1 (2014), pp. 219-230, su https://repositorio.uam.es/handle/10486/662499 [data di consultazione: 16/06/2019].

garantirono loro protezione e ospitalità.[39] Lo comunicava al segretario di Filippo II Juan de Idiáquez il conte de Portalegre Juan de Silva, governatore del Portogallo, riferendogli che dodici monache inglesi in fuga dalle persecuzioni in atto nei Paesi Bassi contro i cattolici erano approdate qualche giorno prima a Lisbona.[40] Grazie alla protezione del re e alla munificenza di una nobildonna locale, dal 1599 le religiose inglesi di Sión poterono finalmente disporre di una sede propria intitolata a S. Brigida in cui, negli anni a venire, furono accolte via via anche altre rifugiate cattoliche in fuga dall'Inghilterra.[41]

Di tutto il suo prodigo impegno per sostenerne la causa presso le corti di Filippo III a Valladolid e di sua sorella Isabel a Bruxelles, dell'accoglienza offerta ad alcune di loro a Valladolid lungo il viaggio che le avrebbe condotte infine a Lisbona, della generosa ospitalità che qui ricevettero ad opera di numerose devote, Luisa de Carvajal fece sempre regolarmente partecipe la sua fitta rete di corrispondenti, e tra questi soprattutto ne scrisse a Magdalena de S. Jeronimo per chiederne l'appoggio presso l'arciduchessa Isabel Clara Eugenia.[42]

Suor Magdalena de S. Jeronimo è l'altro connettore di questa rete relazionale quasi esclusivamente spagnola ed esclusivamente femminile che

39. *Relación del monasterio de Sion de Inglaterra, que estaban en Roan de Francia, al padre Roberto Personio de la Compañia de Jesus, de su salida de aquella ciudad y llegada à Lisboa de Portugal, traduzida de ingles en castellano por Carlos Dractan, sacerdote ingles del Colegio de Valladolid,* Madrid, por la biuda de P. Madrigal, 1594. Digitalizzato e disponibile all'indirizzo: http://bdh-rd.bne.es/viewer.vm?id=0000171556&page=1 [Data di consultazione: 21/06/ 2019]. La storia delle monache inglesi di Syon è al centro del saggio di E. Perry, *Petitioning for Patronage: An Illuminated Tale of Exile from Syon Abbey, Lisbon,* in *The English Convents in Exile, 1600-1800. Communities, Culture and Identity,* a cura di C. Bowden e J.E. Kelly, Milton Park, Taylor & Francis Group, 2017, pp. 159-174.

40. A. De Vargas-Zúñiga y Montero de Espinosa e B. Cuartero y Huerta, *Índice de la Coleccion de Luis* de *Salazar y Castro,* Madrid, Real Academia de la Historia, tom.47, p. 52, doc. 73.770.

41. Per la storia del monastero rinvio al sito http://patrimoniocultural.cm-lisboa.pt/lxconventos/ficha.aspx?t=i&id=603 [Data di consultazione: 21/06/ 2019].

42. In particolare le lettere inviate a Magdalena de San Jerónimo da Valladolid in data: 11 gennaio 1602; 24 agosto 1602; 7 settembre 1602; 25 gennaio 1603; 16 novembre 1603. Cito dall'edizione online dell'epistolario di Luisa de Carvajal, disponibile sul sito http://www.cervantesvirtual.com/obra-visor/epistolario-de-luisa-de-carvajal-y-mendoza--0/html/ [Data di consultazione: 24/06/ 2019]. Per questo episodio della vita di Luisa e altro si veda anche il profilo tracciato da M.N. Pinillos Iglesias, *Hilando oro. Vida de Luisa de Carvajal,* Madrid, Ed. del Laberinto, 2001.

gravitò intorno la corte di Isabel Clara Eugenia a Bruxelles. Caratterizzata da una forte dedizione e lealtà dinastica e dalla militanza attiva, essa trovava nell'idea della guerra giusta contro l'eresia e i suoi frutti, nell'esaltazione della difesa della fede fino al martirio, nella pratica e nelle azioni caritative verso i soldati e le donne a rischio i suoi fondamenti ed elementi di maggior condivisione.

Nel grafico sottostante ho raccolto i dati concernenti la rete dei contatti epistolari creata da Isabel Clara Eugenia intorno a questi temi.

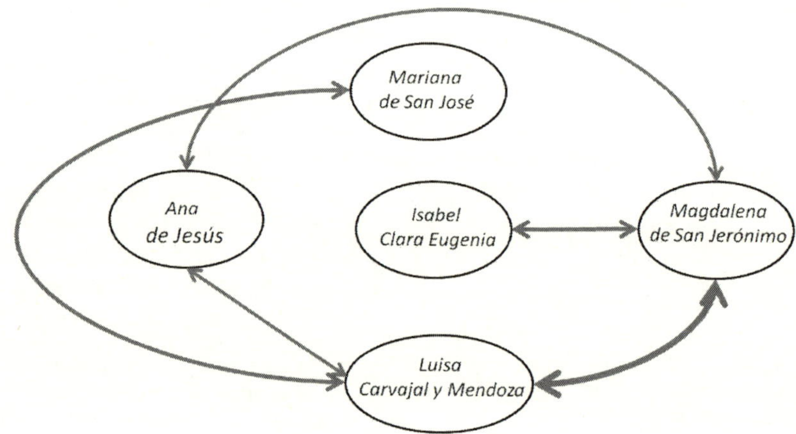


Grafico 1. Network degli scambi epistolari

Scarse e ancora lacunose le notizie sulle origini Magdalena de S. Jeronimo.[43] Di lei, al secolo Beatriz de Zamudio, sappiamo che godette di una straordinaria capacità e libertà di movimento tra le corti di Filippo II e poi quelle dei suoi figli, Filippo III a Valladolid e Isabel Clara Eugenia a Bruxelles. Nel 1598 Magdalena fondò a Valladolid la Casa Pía de Arrepentidas, un ritiro per le donne che avessero voluto riscattarsi dalla marginalità e dalla prostituzione, avvalendosi delle donazioni di due gentildonne,

43. Elementi per una sua biografia in G. Dopico Black, *Public bodies, private parts: The virgins and Magdalens of Magdalena de San Gerónimo,* in «Journal of Spanish Cultural Studies», 2/1 (2001), pp. 81-96.

Isabel Díez y e Maria de Zúñiga.[44] Due anni dopo iniziarono i suoi viaggi da e verso le corti di Valladolid e Bruxelles, ove ricoprì diversi incarichi, tra cui dapprima quello di *dueña de cámara* dell'arciduchessa Isabel Clara Eugenia. Avviava, intanto, anche nelle Fiandre una serie di attività caritative tra cui l'assistenza dei soldati negli ospedali di Gand e Bruxelles. Da Gand, il 17 agosto 1600, Isabel Clara Eugenia scrisse al duca di Lerma per raccomandargliela e a suo fratello, il re Filippo III, per farle assegnare una pensione, dal momento che – come ella dichiarava – Magdalena aveva già svolto «tan buena obra como curar à los heridos en el hospital, en que ha aiudado mucho».[45] Una richiesta che la Governatrice rinnovò nell'aprile del 1602, ritenendo che con un congruo sussidio Magdalena avrebbe potuto potenziare sia le attività della Casa de Arrepentidas di Valladolid sia quanto ella andava svolgendo in prima linea, nei Paesi Bassi, in soccorso dei soldati poveri e infermi.[46]

Nel 1604 Magdalena era di nuovo a Valladolid con l'incarico di riportare in Spagna le spoglie e le reliquie dei martiri della Legión Tebana, depositati poi parte nella cattedrale di Valladolid, parte in una cappella annessa alla chiesa della sua fondazione per le donne pentite.[47] L'anno dopo si recò di nuovo nelle Fiandre. Il 2 agosto del 1605, Isabel scrisse, infatti, al duca di Lerma che Magdalena era arrivata a Bruxelles da un mese, portandole notizie sue e di «toda vuestra gente ... e de las fiestas» che si tenevano a corte.[48] Nel 1606, come già detto, Magdalena era a Parigi, su incarico di Isabel Clara Eugenia. Qui prese contatti con suor Ana de Jesús sollecitandone l'impegno ai fini della costituzione di un ramo delle carmelitane scalze a Bruxelles. Era di nuovo nelle Fiandre tra il 1607 e il 1610, quando Isabel la raccomandò più volte al duca di Lerma perché fosse garantita a

44. M. Torremocha Hernández, *De la mancebía a la clausura. La casa de recogidas de Magdalena de San Jerónimo y el convento de San Felipe de la Penitencia (Valladolid, siglos XVI-XIX)*, Valladolid, Universidad de Valladolid, 2014.

45. *Correspondencia de la Infanta Archiduquesa Doña Isabel Clara Eugenia de Austria con el Duque de Lerma y otros personajes*, edizione a cura e con *Introduzione* di A. Rodríguez Villa, Madrid, Real Academia de la Historia, 1906, p. 22.

46. *Correspondencia de la Infanta Archiduquesa Doña Isabel Clara Eugenia,* a cura di Rodríguez Villa, p. 60.

47. E. Wattenberg, *El estandarte de San Mauricio,* in «Revista Atticus», 3 (2012), pp. 81-85. Disponibile in rete all'indirizzo http://revistaatticus.es/old/Revistas/Revista_Atticus_TRES.pdf [Data di consultazione: 25/06/ 2019].

48. *Correspondencia de la Infanta Archiduquesa Doña Isabel Clara Eugenia,* a cura di Rodríguez Villa, pp. 139 s.

lei una giusta mercede e alla nipote il matrimonio con Juan Hurtado de Mendoza per il quale caldeggiava l'assegnazione di un ufficio di segretario presso la corte di suo fratello Filippo III.[49]

È mia opinione che nel corso dei suoi molti spostamenti tra la Spagna, la Francia e le Fiandre Magdalena, avvalendosi del suo abito religioso di terziaria e dei lasciapassare che sollecitamente le venivano rilasciati, si fosse fatta carico anche del trasferimento di oggetti, lettere, dati "sensibili" e informazioni militari da una corte all'altra.[50] Una tale circostanza veniva riferita più o meno velatamente dalla stessa Isabel al duca di Lerma quando, il 7 settembre 1607, gli comunicò la partenza imminente di Magdalena da Bruxelles alla volta di Madrid, dove intanto si era di nuovo trasferita la corte di Filippo III, per una spedizione preparata a lungo e accuratamente dalla stessa Isabel. Magdalena portava con sé un carico di reliquie e doni per i sovrani e una cassa piena di libri e di stampe per la cugina che – ella raccomandava – sarebbe stato opportuno non venissero aperte fino al suo arrivo nel convento di San Lorenzo.[51] In quell'occasione l'arciduchessa raccomandò anche al duca di far sì che Magdalena tornasse poi al massimo entro sei mesi a Bruxelles, per il gran bisogno che si aveva di lei nella conduzione dell'ospedale.[52]

L'azione militante di suor Magdalena de S. Jeronimo ebbe il suo epilogo nella stesura di un breve trattato, dal titolo *Razón y forma de la galera,* incentrato sulla necessità di stabilire delle forme di cura e di segregazione per le donne. Il testo fu pubblicato in due distinte edizioni, a Valladolid e a Salamanca, entrambe nel 1608, con qualche lieve difformità tra loro.[53]

49. Ivi, pp. 182, 251.

50. Ai viaggi delle religiose è dedicato il numero monografico *Tra confini religiosi. Mobilità femminile dal tardo medioevo all'età contemporanea*, a cura di X. von Tippelskirch e S. Villani, di «Genesis», XVI/2 (2017).

51. *Correspondencia de la Infanta Archiduquesa Doña Isabel Clara Eugenia,* a cura di Rodríguez Villa, p. 181.

52. De Vargas- Zúñiga y Montero de Espinosa e Cuartero y Huerta, *Índice de la Coleccion de Luis* de *Salazar y Castro,* tom. V, doc. 9.760, consultabile on-line sul sito http://www.rah.es/wp-content/uploads/2016/11/SalazaryCastro_22_nov_2016.pdf [data di consultazione: 28 luglio 2019].

53. Magdalena de S. Jeronimo, *Razón y forma de la galera, y casa real que el Rey... manda hazer en estos Reynos, para castigo de las mugeres vagantes, y ladronas, alcahuetas, hechizeras, y otras semejantes,* Salamanca, Artus Taberniel, 1608 ed Ead., Valladolid, Francisco Fernández de Córdoba, 1608.

Per lo più tacciato di costituire una proposta di grande *renfermement* di prostitute e vagabonde, e altre categorie di donne, come le eretiche e le prostitute, considerate a rischio di marginalità sociale o assimilabili alla povertà,[54] il libro di Magdalena nasceva in realtà in un contesto fortemente operativo, oltre che intriso di aspirazioni edificanti. Memore della sua esperienza di assistenza alle ex prostitute avviata già diversi anni addietro presso la Casa Pía de Arrepentidas a Valladolid e delle cure prestate ai soldati ammalatisi sui campi di battaglia nelle Fiandre per le ferite riportate, così come per le conseguenze della sifilide che in quei contesti di elevata promiscuità dilagava, Magdalena sollevava con grande lucidità il problema della prevenzione sanitaria dai rischi della infezione del morbo, oltre che la questione morale. Principale motivo della istituzione di un sistema di accoglienza esclusivamente femminile sarebbe stato cioè – ella sosteneva – quello di creare dei luoghi di isolamento per le donne portatrici del "mal francese" o "napoletano", come veniva denominato, per contenere la diffusione del contagio ed evitare il pericolo di un'epidemia:

> Que como muchas están dañadas, inficionan y pegan mil enfermedades asquerosas y contagiosas a los tristes hombres, que, sin reparar ni temer esto, se juntan con ellas; y éstos, juntándose con otras o con sus mujeres, si son casados, les pegan la misma lacra; y así, una de éstas contaminada basta para contaminar mucha gente. Y cuanta verdad sea esto lo muestran bien, por nuestros pecados, el Hospital de la Resurrección y los demás, donde se toman sudores y unciones, que para cada cama hay mil ombre.[55]

Il progetto di Magdalena riguardo le "buone pratiche" della Corona da attivare nei confronti delle donne a rischio di povertà ed emarginazione sociale, condiviso tra Madrid e Bruxelles nelle corti rispettivamente di Filippo III e Isabel Clara Eugenia, oscillava tra assistenza e controllo, accoglienza e isolamento, igiene sanitaria e sorveglianza. Introduceva tra l'altro un criterio per certi versi nuovo nel panorama delle finalità assistenziali e di cura di quella vasta costellazione di ospedali, conventi e confraternite disseminati nei tanti territori della *Monarquía*, quello cioè della prevenzione igienico-sanitaria come principio selettivo giustificativo delle pratiche di accoglienza che vi venivano attivate ai fini anche della tutela della salute collettiva.

54. Così, per esempio, E. Lacarra Lanz, *Magdalena de San Jerónimo: ¿muger contra mugeres?*, in *Actas del primer congreso anglo-hispano* (Huelva, 24-31 marzo 1992), II, *Literaturas*, a cura di A. Deyermond e R. Penny, Madrid, Castalia, 1993, pp. 175-189.

55. Magdalena de S. Jeronimo, *Razón y forma de la galera*, p. 51.

# 3. Dalle pratiche alla teoria

## 1. *Gli* arbitristas *spagnoli*

Nello scritto *Razón y forma de la galera* (1608), Magdalena de S. Jeronimo aveva immesso nel circuito dell'informazione rivolta a un più vasto pubblico di lettori la questione della necessità politica per la Corona di aprire dei centri di ricezione e isolamento per le donne in situazioni di disagio sociale ed economico. Nelle sue argomentazioni ella si era avvalsa dell'esperienza maturata nel corso di tanti anni di attività assistenziale e di cura prestata in diversi ospedali e conservatori di ex prostitute dislocati tra la Spagna e i Paesi Bassi, che l'aveva indotta a contemplare e a sistematizzare dal punto di vista teorico molte delle scelte operative già adottate nelle istituzioni di cui aveva avuto conoscenza diretta. Magdalena addebitava alle *malas mujeres* la causa della decadenza morale della Spagna, i problemi di ordine pubblico che si verificavano nei contesti urbani, ma anche degli scarsi livelli di igiene sanitaria che ugualmente vi si potevano riscontrare, concependo perciò per loro degli appositi reclusori. Fornì a tale scopo una serie dettagliata di linee guida utili alla fabbrica e alla gestione di una galera per sole donne, dalle indicazioni costruttive – avrebbe dovuto essere una «casa fuerte y bien cerrada [...] que no tenga ventana» –, alle raccomandazioni concrete sugli aspetti della vita quotidiana delle recluse, come il taglio dei capelli, le prescrizioni alimentari, l'obbligo di lavoro, le punizioni da infliggere in caso di accertata disobbedienza.[1]

1. Magdalena de S. Jeronimo, *Razón y forma de la galera, y casa real que el Rey.... manda hazer en estos Reynos, para castigo de las mugeres vagantes, y ladronas, alcahuetas, hechizeras, y otras semejantes,* Salamanca, Artus Taberniel, 1608, p. 16.

Non si trattava di idee nuove. Erano, come si è visto, diversi decenni che sulla scia di quella ondata fondativa di ospedali, conventi e confraternite delle nazioni che aveva coinvolto tutti i domini della Corona asburgica in Europa, e non solo, i temi riguardanti l'assistenza medico-ospedaliera, il riordino e il potenziamento dei servizi e dei rimedi socio-terapeutici per quanti si trovassero lontano dai propri luoghi di origine, l'allestimento di ospedali militari, l'accoglienza e l'integrazione tra le nazioni e l'accoglienza eccezionale riservata alle rifugiate dalle guerre di religione avevano assunto la loro centralità nelle pratiche politiche e nelle scelte operative di molti degli uomini di governo della *Monarquía.* Tali pratiche collocavano sul piano operativo le costruzioni ideali e le aspirazioni "universalistiche" della Monarchia. Altre volte esse traslarono dal piano pragmatico e operativo a quello teorico, ove poterono trovare una più ampia e coerente organizzazione per aggregarsi intorno alla rappresentazione di un coerente processo di rafforzamento del potere della Corona fondato sulla promozione della carità, la cura e la mutua assistenza tra i membri della nazione e delle élite territoriali dei vari domini.

Molte delle pratiche di cui parliamo si ispiravano ai classici latini e alla tradizione dell'umanesimo giuridico della scuola di Salamanca, sui cui testi Zúñiga, Velada, Olivares e gli altri membri dell'accademia letteraria del duca d'Alba avevano ragionato e discusso negli anni della loro formazione facendone anche in seguito il nerbo delle loro letture e delle loro biblioteche itineranti.[2] Alcuni di quei principii, come l'idea di Luís Vives (*De subventione pauperum,* 1526) di separare lo spazio terapeutico per gli infermi da quello dell'assistenza a poveri e marginali, prevedendo per questi ultimi strategie operative differenziate per sesso ed età, tra cui l'istruzione e l'avviamento al lavoro, trovarono applicazione – come si è visto – nelle fondazioni di Milano, Napoli e Roma di cui il gruppo di ministri del re più vicini anche a Zúñiga si era fatto promotore.[3]

2. Cfr. S. Martínez Hernández, *El Marqués de Velada y la corte en los reinados de Felipe II y Felipe III: nobleza cortesana y cultura política en la España del Siglo de Oro,* Valladolid, Junta de Castilla y León, 2004; Id., *Gusto, afición y bibliofilia. Prácticas de lectura en la nobleza española: a propósito de los marqueses de Velada y los libros,* in *La memoria de los libros: estudios sobre la historia del escrito y de la lectura en Europa y América,* a cura di P.M. Cátedra García, M.I. Páiz Hernández, M.L. López-Vidriero Abello, Madrid, Cilengua, 2004, pp. 781-801.

3. Della bibliografia davvero amplissima sull'argomento ci limitiamo a segnalare J.A. Maravall, *Utopía e reformismo en la España de los Austrias,* Madrid, Siglo XXI, 1982.

Per molti versi, però, ed è quello che vorrei ora principalmente evidenziare, le decisioni operative prese all'interno delle reti di relazioni personali e istituzionali facenti capo a Zúñiga, tra Roma, Napoli, Milano e Madrid, e alla corte di Isabel Clara Eugenia nei Paesi Bassi spagnoli anticiparono l'esplicitazione teorica delle questioni messe in campo. Una di queste determinazioni, e tra le più originali, riguardò la creazione di un sistema assicurativo previdenziale per i militari e le loro famiglie, come abbiamo visto realizzato nelle strutture per le figlie e i figli dei soldati spagnoli che furono aperte a Milano, Napoli, Lisbona e a Malines. Altre, come quella della individuazione nella povertà e nella prostituzione, nei soldati e nei reduci di guerra delle situazioni e delle fasce sociali ad alto rischio di pericolosità collettiva, o della promozione del ruolo delle confraternite dei laici nell'assistenza con funzioni e competenze autonome rispetto alle autorità ecclesiastiche, che pure abbiamo visto attivate a Milano, Napoli e Roma, trovarono anch'esse di lì a poco dei promotori sul piano teorico. Fu alla fine degli anni Settanta del Cinquecento che si andò, infatti, diffondendo l'idea, in certi settori del pensiero degli *arbitristas,* che la tutela delle frange più deboli del corpo sociale dovesse essere una finalità preminente dell'azione di governo della Monarchia. Il principio della "giustizia distributiva" vi fu elevato a principio regolatore di tutto il sistema di relazioni tra la Corona e i sudditi. Concepita come una norma inalienabile, deputata a sostanziare il patto di reciproca connessione tra il re e i suoi *Reynos*, secondo alcuni di questi autori la giustizia distributiva del principe doveva trovare attuazione nell'elargizione del suo favore non solo nella forma dell'assegnazione di nomine e prebende tra le élite di governo, ma anche (e soprattutto) lungo le linee trasversali transnazionali e della distinzione tra i sessi delle parti deboli del corpo sociale.[4]

Da questo punto di vista, sui temi dell'integrazione e dell'assistenza, gli anni a cavallo tra XVI e XVII secolo furono almeno altrettanto densi di proposte e progetti sul piano teorico quanto lo erano stati sul piano operativo. Il 6 gennaio del 1576 il canonico Miguel de Giginta presentò alle *Cortes* di Castiglia un *Memorial* in cui, sulla scia dei tanti discorsi sulle necessità di una distinzione tra "veri" e "falsi" poveri, avanzava l'idea della separazione della questione dei poveri e del loro trattamento rispetto a quella degli infermi, prevedendo l'attivazione di istituzioni di accoglien-

4. Cfr. B. Carceles De Gea, *La "Justicia Distributiva" en el siglo XVII (Aproximación político-constitucional*, in «Chronica Nova», 14 (1984-85), pp. 93-122.

za e cura differenziate per le due categorie. Non sorprende che una copia del *Memorial* si trovasse, insieme ad altri *Advertimientos* e *Informaciones* concernenti l'organizzazione degli ospedali di Roma, Napoli e Madrid, tra le carte raccolte da Zúñiga e da lui incluse nella più vasta documentazione che andò predisponendo sull'argomento sin dagli anni dell'ambasciata a Roma.[5] Il testo del Giginta, rivisto e ampliato, fu pubblicato a Coimbra, col titolo *Tratado de remedio de los pobres,* alla fine del 1579 e conobbe un'immediata e ampia circolazione. Fu lo stesso Giginta a sottoporlo all'attenzione dell'allora viceré di Napoli Juan de Zúñiga, scrivendogli da Madrid, il 4 gennaio del 1582, per informarlo di come il suo progetto sui poveri avesse incontrato l'approvazione e il compiacimento del sovrano e appellandosi al contempo al suo favore affinché al momento opportuno non avesse fatto mancare il suo favore e il suo sostegno al progetto, per esser «cosa de tanto serviçio de Dios y tan deseada de su Magstad y de todo el pueblo muchos años».[6] La sua proposta trovò rapida ricezione sia nei circoli politici più vicini al re sia presso le élite di governo urbano dei territori anche perché essa pareva offrire un piano di facile applicazione a costi relativamente bassi. Miguel de Giginta prospettò, infatti, di istituire delle Case di Misericordia in cui raccogliere i veri poveri, quelli costretti all'accattonaggio per mancanza di alternative, da tenere impegnati nella esecuzione di lavori di manifattura tessile il cui ricavato avrebbe potuto costituire una fonte di autofinanziamento della fondazione. Introduceva anche, come pure è stato notato, il principio dell'utilità sociale di tali istituzioni ai fini della prevenzione sia del crimine sia dei rischi epidemici connessi alla povertà e al vagabondaggio dei marginali.[7]

5. BUG, *Collection Édouard Favre*, vol. LXVII, *Recueil de lettres et de pièces diverses relatives ... à l'organisation des hôpitaux et des asiles destinés aux pauvres de Madrid et à diverses affaires religieuses ou ecclésiastiques, 1570-1597*, Advertimientos del canónigo Giginta cerca del acogimiento de los pobres que trata, y sus hospitales generales; s.l. s.d., cc. 122r-123v.

6. BUG, *Collection Édouard Favre*, vol. XXII, *Recueils de lettres originales, en espagnol, en italien ou en latin adressé à D. Juan de Zúñiga, ambassadeur d'Espagne à Rome, puis vice-roi de Naples, de 1570 à 1578,* Lettre de Giginta (Miguel de), 1582, c. 57r.

7. Oltre al classico lavoro di B. Geremek, *Uomini senza padrone: poveri e marginali tra medioevo e età moderna*, Torino, Einaudi, 1992 si veda più specificatamente A. Alvar Ezquerra, *Más sobre Giginta en la corte del rey católico,* in *Giginta. De la charité au programme social,* a cura di A. Pagès, Perpignan, Presses universitaires de Perpignan, 2017, pp. 47-85, online al link https://books.openedition.org/pupvd/3594?lang=it, [data di consultazione: 18/08/2019].

Il libro di Miguel Giginta viene in genere considerato, insieme al trattato intitolato *Amparo de los legítimos pobres y reformación de los figidos* dato alle stampe a Madrid, nel 1598, da Christóbal Perez de Herrera, l'apporto teorico al progetto di riforma dell'assistenza di Filippo II incentrato sulla mediazione tra un approccio compassionevole verso i poveri e la necessità di emanciparli socialmente oltre che spiritualmente. Vi convergevano le esigenze della tradizionale dottrina della carità e le misure riformiste delle nuove politiche sulla indigenza della Corona, tracciando un modello in qualche modo distinto da quanto, prima i teologi di Salamanca (Domingo de Soto, Lorenzo de Villavicencio) e poi il partito di corte dei gesuiti (Pedro de Ribadeneyra), pure andarono elaborando in materia.[8]

Nato a Salamanca nel 1556, al servizio come medico della corte sin dal 1577, protomedico delle galere di Spagna nel 1581, fondatore l'anno successivo di un ospedale nell'isola di San Miguel nelle Azzorre, Perez de Herrera aveva evidentemente accumulato diverse esperienze sul campo prima di dare alle stampe la sua opera prima. Fu medico della casa reale e, alla morte di Filippo II, seguì la corte prima a Valladolid, poi di nuovo a Madrid dove ricoprì la carica di procuratore generale degli alberghi dei poveri del Regno fino alla sua morte avvenuta nel 1620.[9]

Nell'*Amparo de los pobres* e in altri scritti successivi indirizzati alcuni a Filippo III, altri al *valido* Lerma,[10] Perez de Herrera raccolse molte delle istanze operative già realizzate, per esempio, nelle città di Vittoria, Valencia, Lisbona e negli ospedali di San Martín e San Ginés a Madrid agli inizi del secolo, mutuate a loro volta dalla tipologia architettonica

8. Il rinvio rispettivamente è a J.M. Garrán Martínez, *La prohibición de la mendicidad. La controversia entre Domingo de Soto y Juan de Robles en Salamanca (1545),* Salamanca, Ediciones Universidad Salamanca, 2004 e J. Martínez Millán, *La crisis del "partido castellano" y la transformación de la Monarquía Hispana en el cambio de reinado de Felipe II a Felipe III,* in «Cuadernos de Historia Moderna. Anejos», 2 (2003), pp. 11-38.

9. Cfr. M. Cavillac, *La reformación de los pobres y el círculo del doctor Pérez de Herrera (1595-1598),* in *Felipe II (1527-1598): Europa y la monarquía católica,* a cura di J. Martínez Millán, Madrid, Parteluz, 1998, pp. 197-204; M. Carreño Rivero, *Pobres vagabundas en el Proyecto de recogimiento de pobres y reforma social de Cristóbal Pérez de Herrera,* in «Revista Complutense de Educación», 8/1 (1997), pp. 19-41.

10. Sono in BNE, R/28762, 4,7-8. Cfr. anche C. Perez de Herrera, *Carta apologética al doctor Luis de Valle,* Madrid, 1 novembre 1610, riportata in CODOIN, vol. XVIII, pp. 564-574 e Aa.Vv., *Biblioteca escojida de medecina y cirujía, ó Coleccion de las mejores obras de esta ciencia,* Madrid, Imprenta de la viuda de Jordan é hijos,1846, tom. IV, pp. 117-165.

dei grandi ospedali delle città italiane di Siena e Milano nel Quattrocento.[11] Il testo si focalizzava sulla necessità di istituire nei maggiori centri urbani, e in primo luogo a Madrid, un grande albergo dove accogliere i poveri, onde sottrarli sia al rischio sociale del vagabondaggio e della mendicità, sia al rischio sanitario delle epidemie e provvedere in tal modo a una serie di esigenze primarie di sicurezza, sanità e ordine pubblico. L'autore forniva indicazioni precise sulle caratteristiche costruttive di tali alberghi, che avrebbero dovuto presentare delle camere dalle volte ribassate se posizionate su un largo cortile interno per trattenere il calore, con le volte ampie se ubicate in un luogo umido in modo da agevolare la circolazione dell'aria, la cui manutenzione e pulizia sarebbe stata a totale carico di quanti vi erano alloggiati.

Nel testo Perez de Herrera sostenne soprattutto con ampiezza di argomentazioni l'eventualità di realizzare strutture sanitarie e forme di prevenzione e di assistenza medica differenziate per sesso e fasce d'età. Gli orfani tra i sei e i dieci anni avrebbero potuto essere collocati a servizio o in forme di apprendistato al lavoro presso le case o le botteghe di privati cittadini di onorata rispettabilità. Nella fascia di età superiore (10-14 anni) si sarebbe dovuto prevedere l'avvio alla vita religiosa in conventi e monasteri per le fanciulle oppure, per i ragazzi, un addestramento militare in appositi seminari o il lavoro nelle armerie e nelle manifatture tessili, come già si sperimentava nel seminario di S. Isabel la Real di Madrid e nelle Fiandre e come si sarebbe potuto replicare in strutture analoghe da impiantare nelle principali città di Siviglia, Lisbona, Barcellona. Perez de Herrera intervenne altresì sull'opportunità di allestire per la reclusione delle donne sorprese in flagranza di prostituzione, vagabondaggio o nell'esercizio di pratiche ascrivibili a quanto la Chiesa condannava come "magia e fattucchieria" delle strutture concepite come case di lavoro per la filatura del cotone e della lana, gestite e amministrate da qualche confraternita del luogo sul modello della Casa de Arrepentidas di Valladolid, dove – lo ricordiamo per inciso e come rilevava lo stesso Perez de Herrera – Magdalena de S. Jeronimo svolse il suo noviziato di apostolato sociale.[12] Asserì, infine, la

11. G. Piccinni, *I modelli ospedalieri e la loro circolazione dall'Italia all'Europa alla fine del Medioevo,* in *Civitas Bendita: encrucijada de las relaciones sociales y encrucijada de las relaciones sociales y de poder en la ciudad medieval,* a cura di G. Cavero Domínguez, Léon, Universidad de Léon, 2016, pp. 9-26.

12. C. Perez de Herrera, *Amparo de los legítimos pobres y reformación de los figidos,* Madrid, Luís Sanchez, 1598, p. 143v.

necessità di assistere i militari congedati dall'esercito per raggiunti limiti di età o per le mutilazioni riportate in guerra, equiparandoli ad altre categorie di indigenti, ma individuando per loro una serie particolare di incentivi, *benefit* e altre forme di gratificazione sociale ed economica al pari, se non in misura superiore, ai privilegi concessi agli ecclesiastici. A questo riguardo egli scriveva:

> Y pues ay tantos premios para los ecclesiasticos (como es justo que los ministros de Dios los tengan) y tañtas dignidades, colegios y prerogativas para los que professan letras [...], serà muy justo, que para la gente de guerra aya algun descanso y premio, asi para los que en este exercicio han enfermado, como para los que estan inutiles por estar sin braços o piena, como para aquellos a quien la vejez tiene impossibilitados para servir.[13]

Si delineava così un piano di previdenza e assistenza sociale per i militari e i reduci di guerra che Perez de Herrera distingueva almeno in due categorie: i soldati semplici, nei quali includeva anche la "gente di mare", e i soldati "di qualità", ovverosia i quadri dei comandi militari, per i quali egli prevedeva livelli di risarcimento differenziati a seconda che essi fossero incorsi in malattie e rischi generici, tra cui l'anzianità di servizio, o in situazioni di gravi danneggiamenti specifici (ferite o mutilazioni di guerra). Individuava anche come fonti di finanziamento del sistema la possibilità per la Corona di attingere alle rendite dei feudi degli Ordini militari e a quote parte delle pensioni ecclesiastiche e delle entrate degli spogli vescovili e del Consiglio delle Indie.[14]

Per la stesura dell'*Amparo*, Perez de Herrera utilizzò il genere letterario dell'emblematica, introdotto nella trattatistica giuridica e politica dall'umanista italiano Andrea Alciati negli anni Trenta del Cinquecento. Le immagini, e il testo esplicativo che l'accompagnavano, facilitavano la trasmissione e la diffusione dei contenuti, garantendo anche al pamphlet di Herrera un'ampia circolazione.[15] Il nono discorso, dedicato per l'appunto alle questioni *Del Exercido y amparo de la milicia,* presenta

13. Perez de Herrera, *Amparo de los legítimos pobres*, p. 168v.

14. Si vedano al riguardo le considerazioni svolte da M.A. Gonzales de San Segundo, *Un precedente del Estado Asistencial (El "Amparo de la Milicia" en la Obra del Doctor Cristóbal Pérez de Herrera),* in «Revista de estudios políticos», 49 (1986), pp. 243-257.

15. Cfr. R. Fernandez Delgado, *La emblemática y el pensamiento económico español de finales del siglo XVI y principos del XVII,* in «Estudios de economía aplicada», 32/1 (2014), pp. 43-66: 55 s.

un emblema con l'immagine di San Michele Arcangelo che scaccia Lucifero dal cielo, il cui ordine simbolico rinvia alla giustificazione della guerra, quando essa è rivolta contro scellerati ed eretici per la diffusione della fede e il rafforzamento e la *reputación* della *nación española* (fig. 5). L'immagine di soldati, raffigurati ai piedi del Cristo risorto in un momento di riposo dopo la battaglia, con le armi e gli elmi deposti in terra, fu preposta come anteporta del testo degli statuti della confraternita della Resurrezione istituita a Roma da Juan de Zúñiga, nell'edizione del 1603 (fig. 6). Essa rinviava a quel medesimo ordine simbolico della "guerra giusta"[16] qui intrecciato a quello del "buon soldato" di matrice gesuitica, su cui andava esercitandosi la produzione teorica dei religiosi fornendo anch'essa per il suo verso motivazioni profonde e spazi di legittimazione al disegno dell'universalismo imperiale.[17]

Messe a confronto tra loro le due immagini danno conto, inoltre e soprattutto – aggiungerei – ai fini del nostro discorso, della loro stretta interdipendenza e di una condivisa appartenenza alla medesima rete di relazioni, uomini e pratiche politiche e culturali percorsa dai flussi materiali e simbolici sopra descritti e in costante connessione e riconfigurazione. Consiglieri e ministri del re utilizzarono spesso, come è stato osservato, il linguaggio degli *arbitristas*. Ma è vero anche il contrario: gli *arbitristas* al momento della stesura dei loro testi si appropriarono ampiamente delle pratiche politiche e del pensiero di quanti nei *consejos* e nelle *juntas* di governo quelle decisioni avevano adottato nel merito.[18] L'ondata fondativa di ospedali, conventi e confraternite delle nazioni che aveva coinvolto tutti i domini della *Monarquía* ispanica, e di cui abbiamo estesamente discusso nelle pagine precedenti, fu dunque seguita da un altrettanto diffuso processo di legittimazione teorica che in virtù della forza della comunicazione

16. Per una introduzione alla vasta bibliografia sul tema della guerra giusta cfr. D. Lazzarich, *Guerra e pensiero politico. Percorsi novecenteschi*, Napoli, Istituto Studi Filosofici, 2009 e, in particolare, D. Quaglioni, *Guerra e diritto nel Cinquecento: i trattatisti del «jus militari»*, in *Studi di storia del diritto medievale e moderno*, a cura di F. Liotta, Bologna, Monduzzi, 2007, vol. II, pp. 191-210.

17. Sul modello del "soldato cristiano" si rinvia a G. Civale, *Guerrieri di Cristo. Inquisitori, gesuiti e soldati alla battaglia di Lepanto,* Milano, Unicopli, 2009; A. Boltanski, *Forger le «soldat chrétien». L'encadrement catholique des troupes pontificales et royales en France en 1568-1569* , in «Revue historique», 669 (2014), pp. 51-85.

18. A. Dubet, *L'arbitrisme: un concept d'historien ?,* in «Cahiers du Centre de Recherches Historiques», 24 (2000), online al link https://journals.openedition.org/ccrh/2062 [data di consultazione: 5/09/2019].

Del exercicio y amparo de la milicia. 159

Para caſtigo de malos
Se mouio guerra en el cielo,
Y ſe aprouò la del ſuelo.
Y 3 AL



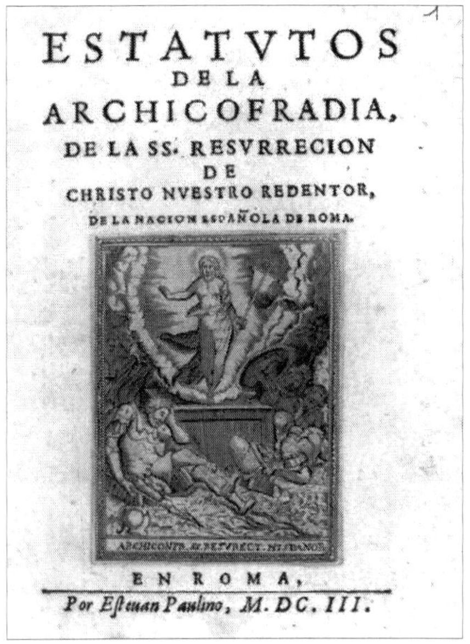
ESTATVTOS
DE LA
ARCHICOFRADIA,
DE LA SS. RESVRRECION
DE
CHRISTO NVESTRO REDENTOR,
DE LA NACION ESPAÑOLA DE ROMA.

EN ROMA,
Por Eſteuan Paulino, M.DC.III.

Fig. 5. C. Perez de Herrera, *Amparo de los legítimos pobres y reformación de los figidos*, Madrid, Luís Sanchez, 1598, p. 159.
Fig. 6. *Estatutos de la Archicofradía de la SS. Resurrección de Christo Nuestro Redentor, de la Nación Española de Roma*, Roma, Estevan Paulino, 1603, p. 1.

scritta avrebbe coagulato intorno alla Corona consensi e, almeno dal punto di vista quantitativo, azioni emulative operosamente attivate in molte altre strutture assistenziali, ma anche, come si vedrà, le ragioni del venir meno nel tempo di tali consensi e adesioni.

## 2. *"Spagnolizzare il mondo": le note di Tommaso Campanella su accoglienza e integrazione tra le nazioni*

In una delle sue opere più discusse e controverse, forse la più enigmatica come è stato detto, certamente comunque tra le più lette, la *Monarchia di Spagna,* Tommaso Campanella affrontò alcuni dei temi che abbiamo visto essere al centro delle pratiche di governo dei territori avviate dalla *Monarquía* ispanica fin dalla metà degli anni Settanta del Cinquecento in molti dei suoi domini europei ed extraeuropei. Non entrerò nel merito degli argomenti e delle discussioni che suscitò la circolazione del testo di Campanella, dapprima nella sua già ampia diffusione in forma manoscritta, poi nella prima stampa che l'estrapolazione dal testo del capitolo sui Paesi Bassi ebbe, in versione latina anonima, nel 1617 a Leiden in Germania,[19] in seguito nelle sue numerose edizioni e traduzioni, molte delle quali costellate di interpolazioni di passi tratti dalle opere di Giovanni Botero e principalmente dalla *Ragion di stato*.[20] Come è noto, il testo presenta ardui problemi filologici, oltre che di interpretazione storiografica, sovraccaricati dagli usi politici e fortemente ideologizzati che ne hanno nel tempo profondamente condizionato la lettura e la decodificazione. Anche la datazione del manoscritto originario è ancora molto controversa, per quanto si sia ora per lo più propensi a condividere la tesi avvalorata dagli studi di Germania Ernst circa la presenza di una versione breve del testo, che la studiosa data al 1595, e di una versione "maggiore" (per intenderci quella che Luigi Firpo collocò tra il 1600 e il 1601), che per la Ernst Campanella avrebbe scritto già nel 1598.[21] Per non dire della selva di contrastanti giudizi riguardanti l'antimachiavellismo, vero o presunto di Campanella, o piuttosto il suo machiavellismo "dissimulato",[22] oppure sul destino imperiale spagnolo e le attese profetiche che Campanella vi avrebbe riposto o piuttosto su un filoispanismo di circostanza, una sorta di *excusatio a posteriori* elaborata nell'ambito – ed è la tesi che sostenne a suo tempo Firpo – di una strategia autogiustificativa e difensiva messa in atto da Campanella dopo la congiura calabrese

19. Cfr. L. Firpo, *Appunti campanelliani, XXII: Un'opera che Campanella non scrisse: Il "Discorso sui Paesi Bassi"*, in «Giornale critico della Filosofia italiana», XXXIII (1952), pp. 331-343.

20. R. De Mattei, *La "Monarchia di Spagna" di Campanella e la "Ragion di Stato" di Botero*, in «Rendiconti della R. Accademia dei Lincei, Classe di scienze morali, storiche e filologiche», serie VI, vol. III (1927), pp. 432-485.

21. T. Campanella, *La Monarchia di Spagna. Prima versione giovanile,* a cura di G. Ernst, Napoli, Istituto Italiano per gli Studi Filosofici, 1989, pp. 7-17.

22. L. Addante, *Campanella e Machiavelli: indagine su un caso di dissimulazione,* in «Studi storici», 45/3 (2004), pp. 727-750. Sulla dissimulazione come strumento di lotta politica nel Seicento e, in particolare, sul nicodemismo di Campanella hanno scritto pagine importanti R. Villari, *Elogio della dissimulazione. La lotta politica nel Seicento*, Roma-Bari, Laterza, 1987; V. Frajese, *Profezia e machiavellismo. Il giovane Campanella*, Roma, Carocci, 2002.

del 1599,[23] della cui realtà storica, o per meglio dire delle cui dimensioni e dell'effettivo coinvolgimento attivo di Campanella, pure si è a più riprese dubitato.[24]

La sterminata bibliografia campanelliana dovrebbe giustamente scoraggiare chiunque dal cimentarsi con quel testo e far desistere da ulteriori considerazioni, ove non solidamente ponderate, se non fosse, come dicevo, per le analogie che alcuni dei "rimedi" proposti dal filosofo calabrese nella *Monarchia di Spagna* presentano con quelle pratiche dell'accoglienza e dell'integrazione tra le nazioni che la *Monarquía* aveva effettivamente attivato almeno due decenni prima che Campanella elaborasse il suo testo e che, mi sembra, vadano in questa sede sottolineate. Non è, quindi, sulle motivazioni politiche, nicodemitiche e/o strumentali ai fini processuali di quello scritto che qui ci interrogheremo, ma sulle fonti e le informazioni selezionate da Campanella per la stesura del testo. Ed è a queste che ci limiteremo.

Vediamole allora nel dettaglio.

Nel VII capitolo della versione "maggiore", secondo la definizione della Ernst, della *Monarchia di Spagna* (1598), incentrato sul *Modo d'usar con gli ecclesiastici* Campanella scriveva:

> *Doveria [il Re di Spagna] edificare ospedali* e altre stanze pie e collegii curare, in modo che se ne possa servire la milizia, facendo di quelli seminari di soldati, e tessitori di vele, e cusitori, e fabbri d'arsenale, e con indulgenze nutricarli, secondo si dirà appresso.[25]

Si tratta, con ogni evidenza, di una affermazione molto vicina alle opinioni ed esortazioni circa la necessità di potenziare i servizi di accoglienza e di cure per i militari e quanti altri si trovavano in condizioni di indigenza o precarietà lontano dalle proprie comunità di origine che erano circolate tra i protagonisti di quella fitta rete di relazioni e di le-

23. L. Firpo, *Ricerche campanelliane*, Firenze, Biblioteca Sansoni, 1947.

24. Ha ricostruito il percorso di queste molte e contraddittorie tappe, che hanno segnato la riflessione storico-critica sulla "cosiddetta congiura di Campanella", L. Addante, *Tommaso Campanella. Il filosofo immaginato, interpretato, falsato,* Roma-Bari, Laterza, 2018. Fa il punto ora sulla rivolta del 1599, contestualizzandola all'interno di un più vasto moto di agitazioni e insurrezioni che si susseguirono nel sistema imperiale spagnolo in quegli anni, G. Brancaccio, *Calabria ribelle. Tommaso Campanella e la rivolta politica del 1599,* Milano, FrancoAngeli, 2019.

25. Cito dall'edizione della *Monarchia di Spagna (1598-1600),* a cura di G. Ernst, p. 58, ora disponibile anche online sul sito http://www.iliesi.cnr.it/ATC/testi.php?vw=0&tp=1&iop=MonS2&pg=58&pt= [data di consultazione: 5 luglio 2019].

gami politici costituitasi intorno a Juan de Zúñiga e agli altri membri della *Junta de Noche* nella tarda età filippina. Essi avevano fatto della fondazione di nuovi ospedali specie per i militari un punto nevralgico della loro azione politica dando vita, come già detto e come si avrà modo di analizzare più nel dettaglio nel prossimo capitolo, tra il 1578 e il 1598, a una vera e propria costellazione di ospedali, conventi e confraternite della nazione spagnola.

Il tema dell'unione delle nazioni e della organizzazione delle milizie è l'altro terreno su cui si riscontrano molte consonanze tra la *Monarchia di Spagna* dello Stilese e le pratiche di legittimazione e di integrazione *tra* le nazioni attivate negli ultimi anni di Filippo II da alcuni dei suoi più stretti consiglieri. Sia nella versione breve che in quella maggiore del testo, con poche e trascurabili difformità tra l'una e l'altra delle due stesure, a proposito della prudenza, regola basilare del governo sicuro, Campanella indicava l'opportunità per il re di Spagna di preservare il benessere e l'integrità di tutta la comunità politica tenendo insieme le identità multiple e tanto diverse tra loro che componevano i suoi domini, non solo con l'unità della religione e dei suoi predicatori, ma anche favorendo i matrimoni misti tra spagnoli e nativi.

> Con l'unioni politiche si deve forzare il Re ad unire i stati suoi tra sé e con l'altre nazioni, cioè con l'ottima religione, di cui strumento sono i predicatori.

E poco più avanti aggiungeva: «Dico dunque che, avendo il Re i suoi regni disuniti, debba unirli prima con l'unioni naturali, secondo con le politiche. Con le naturali, può concordare il sangue spagnolo».[26]

I termini "unione" e "concordia" ritornano più volte nell'analisi svolta dal filosofo calabrese. L'unione degli animi è "fatta dalla religione" – egli vi sosteneva. L'unione dei corpi riguarda sia la disciplina militare e la distribuzione di prebende e uffici, sia le politiche matrimoniali, che dovrebbero mirare a "spagnolizzare" le popolazioni dei tanti domini – «spagnolizzare le nazioni e insertare le semenze come si fanno gli alberi», egli più propriamente affermava – allo scopo di amplificare la dimensione universalistica del vasto impero.[27]

26. T. Campanella, *Monarchia di Spagna (1598-1600),* a cura di G. Ernst, p. 218, consultato online sul sito http://www.iliesi.cnr.it/ATC/testi.php?tp=1&vw=0&iop=MonS2&pg=218&pt= [data di consultazione: 9/7/ 2019].

27. Ivi, p. 220.

Un lungo capitolo, il XV, Campanella dedicava, infine, all'ordinamento *Della milizia,* in cui oltre a tornare sull'opportunità di «fomentar i matrimonii [...] in questo modo però, che le settentrionali, Germane ecc., piglino per mariti gli Spagnoli, e le Africane li Germani e Fiandresi, e le spagnole li Italiani [per far sì] che il re averà gente soldatesca in abbondanza»,[28] si confrontava anche più specificamente con il caso dei seminari, per uomini e per donne, e dei collegi di nazione. Ne riporto qui di seguito un ampio stralcio perché se ne colgano le molte analogie sia con la coeva letteratura su questi temi degli *arbitristas* spagnoli di quegli anni, come pure è stato notato,[29] sia, e ancora più a mio parere, con le varie scelte operative che in tal senso erano state intraprese in molti territori della Monarchia e sicuramente nel collegio di San Giacomo per gli orfani di militari spagnoli (1582), in quello per le orfane dei soldati spagnoli di Milano (1578) e, a Napoli, dove Campanella ne aveva potuto avere più diretta esperienza, nel conservatorio della Immacolata Concezione per le orfane dei militari spagnoli (1582).

Ecco quanto egli scriveva:

> E per le nazioni [e]strane fare un altro seminario, cioè tutto di figli di Mori o di Fiamenghi, e allevarli alla soldatesca, e poi servirsene come fa il Turco de i giannizzeri, e le donne povere anco nodrirle in seminario, che imparino a tessere le tele, e fare i vestimenti e i letti proprii dei soldati, e le vele delle navi, e altre cose simili, e poi, per non copular le parentele contro la religione e per farle più feconde, maritare si devono le Italiane con quelli del seminario di Fiandra o Spagna, ecc., perché così ancora non si faranno tanti religiosi disutili, onde ne viene male alla Chiesa, poiché non per devozione, ma per necessità fatti religiosi, diventano scandalosi, e ne viene male al Re, perché li mancano tanti vassalli, tributi e soldati, e d'ogni nazione se ne ponno allevare in questi seminari, *seu* serragli o collegii vogliam dirli. Le rendite poi per nodrirli saranno trovate dalli spedali e collegii instituiti sotto la cura d'uomini vecchi e da bene e religiosi, che predicando acquistaranno assai per essi.[30]

Per assicurare il reclutamento regolare per le truppe di uomini e dotazioni militari di supporto – vele per le navi, uniformi e biancheria per i sol-

28. Ivi, pp. 134-136.

29. Cfr. J.M. Headley, *The reception of Campanella's* Monarchia di Spagna *in Spain and the Empire,* in J.-L. Fournel et al., *Tommaso Campanella e l'attesa del secolo aureo,* Firenze, Leo S. Olschki, 1998, pp. 89-105.

30. Campanella, *Monarchia di Spagna (1598-1600)*, p. 138.

dati –, Campanella considerava, quindi, opportuna l'istituzione di collegi, o "seminari", in cui dare asilo a giovani da addestrare alla vita militare e a ragazze da avviare al lavoro nella tessitura. Nell'*Amparo de los legítimos pobres* apparso a Madrid nel 1598, e che quindi Campanella avrebbe potuto leggere sia che si accetti la stesura della versione maggiore della *Monarchia di Spagna* nel 1598, come proposto dalla Ernst, sia quella del 1600-1601 sostenuta da Firpo, Christóbal Perez de Herrera aveva caldeggiato la fondazione di istituti più o meno simili, che anch'egli denominava "seminari", in cui raccogliere i bambini poveri e gli orfani da indirizzare poi chi alla vita militare nell'esercito, chi alla marineria o, nel caso delle fanciulle, al lavoro nelle manifatture.[31] Anche Magdalena de S. Jeronimo, come pure si è visto, caldeggiò l'attivazione di istituti (galere) da destinare al lavoro forzato delle donne che si trovavano in contesti di rischio ed emarginazione sociale. La contaminazione, le commistioni, le influenze reciproche, le contiguità tra tutti questi testi, nei contenuti, nelle finalità e finanche nel lessico utilizzato, appaiono a mio avviso indiscutibili.

Alla fine del XVI secolo, dunque, l'idea che la *Monarquía universal* dovesse promuovere una integrazione trasversale, di genere e intercetuale, tra le diverse comunità nazionali e l'assistenza ai poveri e alle frange e segmenti più deboli del corpo sociale come strumento della propria azione di governo era ampiamente diffusa. Buona parte della cultura politica del tempo condivideva l'opinione che la prudenza del "buon Principe" si sarebbe dovuta misurare non solo sulla sua volontà e capacità di esercitare la giustizia o di organizzare la buona amministrazione, ma anche sulle effettive esperienze volte a impedire la sopraffazione dei deboli e a riutilizzarne il capitale simbolico e sociale in operazioni dalla evidente ricaduta pratica nell'arte del governo.[32] Campanella lo affermava a chiare lettere, scrivendo che per far grande l'impero «si devon proporre cose ammirabili che facciano il re di Spagna ammirabile in religione, prudenza, valore e profezia..., cose nove spettanti al Cristianesimo».[33] Si trattava, però, ed è quel che qui vorrei sottolineare, di un'idea in larga misura suscitata e corroborata dalla "lezione delle cose". Come ho già osservato, infatti, in quelle opere

31. Perez de Herrera, *Amparo de los legítimos pobres*, pp. 50-51.

32. Sulla presenza di questi temi nella cultura politica italiana del tempo rinvio a R. Villari, *Politica barocca. Inquietudini, mutamento e prudenza,* Roma-Bari, Laterza, 2010.

33. T. Campanella, *Monarchia di Spagna (1598-1600),* a cura di G. Ernst, pp. 52, 56, online sul sito http://www.iliesi.cnr.it/ATC/testi.php?tp=1&vw=0&iop=MonS2&pg=52&pt= [data di consultazione: 8/8/ 2019].

sia Perez de Herrera, sia Magdalena de S. Jeronimo, non avevano fatto altro che sistematizzare dal punto di vista teorico le scelte operative già messe in campo da Juan de Zúñiga e dagli altri protagonisti e protagoniste dell'ondata fondativa di enti assistenziali nei domini della Corona. E lo stesso può dirsi per Campanella la cui analisi politica si basava molto certo sulle sue letture sterminate, di Machiavelli in primis, ma pure, come anche è noto, sulle numerose corrispondenze, il "sentito dire", le opinioni che circolavano tra quanti, e furono in tanti, egli conobbe nel corso dei suoi spostamenti tra Napoli, Roma, Padova,Venezia e perfino in carcere. A Napoli, in particolare, egli poté entrare in contatto con diversi esponenti della politica spagnola e della cultura medica e scientifica europea.[34] A Napoli, in primo luogo, Campanella poté fare esperienza diretta di molte di queste pratiche ed esperienze. Nella *Monarchia di Spagna* egli raccomandò, per esempio, di avere cura dei soldati fornendo medicine e terapie ai feriti,[35] cosa che di fatto già si realizzava, come si è detto, nell'ospedale militare di Malines nelle Fiandre, istituito nel 1582, e nel S. Giacomo degli spagnoli a Napoli. Raccomandava anche di incentivare i matrimoni dei soldati, la cui prole avrebbe a sua volta alimentato le truppe di nuove leve, garantendo ai militari ammogliati di poter «stare su le fortezze per mantenere e non per scorrere, come stanno i soldati ammogliati nelle castella di Napoli», come egli aveva avuto appunto modo di constatare.[36]

Le sue teorie sulla Monarchia spagnola e sul destino universalistico cui essa avrebbe dovuto adempiere, sulla forza della religione e dei rimedi unitivi utili al conseguimento di tale fine, erano pratiche politiche che la Monarchia aveva in corso proprio da quando, tra gli anni Settanta-Novanta del Cinquecento, l'universalismo ispanico era arrivato allo zenit. Quando poi, nel corso degli anni Trenta del secolo successivo, sull'onda dei cambiamenti che si andarono determinando nei rapporti di forza tra le potenze europee e nel suo personale destino politico ed umano, Campanella con identico pragmatismo politico, fu indotto a rivolgersi alla Francia come nuovo soggetto politico cui assegnare un ruolo egemonico in un'Europa di stati sovrani, parlando ora delle cause del declino dell'universalismo

34. G. Ernst, *Tommaso Campanella. Il libro e il corpo della natura,* Roma-Bari, Laterza, 2002. Sulle fonti del pensiero politico di Campanella rinvio anche a L. Perini, *Tommaso Campanella tra monarchie e imperi*, in «Bruniana & Campanelliana», 13/1 (2007), pp. 191-204.

35. Campanella, *Monarchia di Spagna (1598-1600)*, p. 148.

36. Ivi, p. 136.

imperiale ritenette di poterle ravvisare, tra le altre, proprio nel fallimento di quelle politiche di integrazione tra le nazioni della Monarchia che egli aveva accomunato nella definizione di "rimedi unitivi".

> Lo secondo *(sic)* argomento, che l'Imperio austriaco spagnolo ha da mancare presto, è la dissunion di quello in molte membra con molta lontananza [...] Or io dico che, sendo questi ligami infedeli, e non avendo questo serpente giganteo il busto onde pendano le membra e in cui si uniscano, è facilissimo a rompersi in tanti pezzi minuti, che non possano portar fuoco né acqua.
> Il 4 *(sic)* argomento certissimo della presta ruina di Spagna è il mancamento di Spagna che non può dar più soldati e capitani in loro, perché le donne spagnole sono sterili libidinose [...] E non han saputo mai soccorrere a questa lor mancanza con favorir i matrimoni, e con spagnolizare le nazioni fedeli a loro, come faceano i Romani, che romanizavano il mondo facendo i popoli devoti, *socios nominis Romani* o *nominis Latini*, talché quando cresceano d'imperio, crescean anche de cittadini aggregati [...] E questo è causa evidente del mancamento di questa Monarchia, la qual quanto più cresce d'imperio, più manca di gente.[37]

Come è stato detto la cosiddetta "svolta degli anni Trenta" del Seicento di Campanella, con il definitivo passaggio al partito filofrancese che egli vi maturò, non fu una opportunistica ritrattazione, ma piuttosto l'esito di un'analisi politica. Che vi arrivasse per atteggiamenti nicodemitici o non, resta il fatto che egli individuò nella Francia l'unica forza politica in grado di riunire tutto il mondo cattolico sotto un'unica fede e una sola legge. La Monarchia ispanica, secondo Campanella, aveva fallito proprio in quello che, al volgere del secolo precedente, appariva il suo punto di forza, e cioè l'universalismo della sua proiezione politico-religiosa con il conseguente corollario della interconnessione tra le diverse comunità nazionali e della salvaguardia del cattolicesimo come pratiche ricorrenti dell'azione di governo dei territori e dell'equilibrio interno del sistema imperiale. La Corona non era riuscita cioè nell'obiettivo condiviso di "spagnolizzare" i territori controllati, non giungendo veramente a favorire, attraverso i matrimoni misti, l'avviamento dei giovani in situazioni di indigenza alla vita militare e delle ragazze al lavoro domestico e nelle manifatture, la distri-

37. T. Campanella, *Monarchia di Francia (1636),* edizione G. Ernst 1997, pp. 438, 448-452, consultato online all'indirizzo http://www.iliesi.cnr.it/ATC/testi.php?vw=&tp=1&iop=MonFr&pg=438&pt= [data di consultazione: 12/07/ 2019].

buzione di cariche e prebende tra le élite delle diverse comunità nazionali e l'accoglienza riservata ai profughi delle guerre di religione, a "vincere le distanze". I rimedi individuati e messi in pratica non erano bastati e l'elaborazione di una politica attiva di persuasione e rappresentazione non era comunque riuscita a smantellare o ridurre i limiti che separavano tra loro quelle identità plurime di cui la *Monarquía* per l'appunto si componeva.[38]

Considerazione questa che, se non aggiunge molto, e non poteva essere evidentemente altrimenti, all'importanza e alla straordinaria eco suscitata dal filosofo per secoli e secoli, corrobora però quanto si è andato qui finora dicendo su quelle che ho definito le "buone pratiche" della Monarchia ispanica nel tardo Cinquecento in materia di accoglienza e integrazione. Sulla loro maggiore o minore riuscita, sulla transizione da una dimensione locale dell'azione di governo a quella nazionale e trans-nazionale della Monarchia si misurò effettivamente parte della percezione e del giudizio politico su di essa espresso non solo dalla ristretta cerchia dei favoriti e dei ministri di corte, ma anche da osservatori e pensatori ad essa esterni. Il giudizio di Campanella al riguardo fu decisamente severo, ma le situazioni contingenti in cui egli lo maturò ne spiegano abbondantemente le ragioni.

Sono vicende d'altronde note, cui non credo di potere aggiungere altro.

Nelle pagine che seguono proverò piuttosto ad analizzare dal di dentro quella rete istituzionale *delle* nazioni e di assistenza *alle* nazioni presenti sui territori della Monarchia spagnola tra Cinque e Seicento, che Campanella di certo ben conosceva, le maglie dei loro assistiti negli ospedali, chiese, confraternite e collegi di nazione. Sarà un modo per provare ad analizzare, in un'ottica *micro* e in una prospettiva *dal basso,* le relazioni della Corona con le diverse comunità nazionali dei territori, il senso di appartenenza che vi si poté configurare, i limiti più o meno mobili e permeabili alla inclusione nella *nación española* delle popolazioni dei territori annessi, le relazioni tra comunità nazionali di origine e comunità locali di accoglienza. Per farlo occorrerà spostare l'attenzione dagli aspetti istituzionali a quelli relativi alle pratiche che vi furono effettivamente attivate.

38. Brancaccio, *Calabria ribelle,* pp. 302-316.

# 4. La nazione spagnola in Italia

## 1. *Precisazioni semantiche*

I due termini che abbiamo individuato per inquadrare le questioni che verremo affrontando in questo capitolo necessitano entrambi di qualche considerazione in via preliminare.

Cominciamo dal primo: nazione.

E cominciamo allora col precisare che, come si è già avuto modo di sottolineare nelle pagine precedenti, il temine "nazione" per tutta l'età moderna ebbe un significato polisemico, senza alcun connotato specifico di natura politico-giuridica come l'avrà in seguito dalla metà del secolo XVIII in poi. Per i secoli dell'età moderna esso mal si adatta ad includere quello che noi oggi più o meno agevolmente e comprensibilmente identifichiamo con il "sentimento nazionale", «l'union d'arme, di lingua, d'altare, di memorie, di sangue e di cor» di manzoniana memoria per intenderci. Occorrerà piuttosto chiarirsi su cosa si intendesse per nazione spagnola o per spagnoli a Milano o a Palermo nei secoli XVI-XVII all'interno di un mondo quale fu quello della *Monarquía* ispanica dai molteplici domini in cui coesistevano diverse identità e i criteri di appartenenza alle categorie di naturali e stranieri al loro interno poterono configurarsi in maniera assolutamente flessibile e contingente.

Come è noto, e come abbiamo già avuto modo di dire, rispetto al sistema e alle norme giuridiche, le modalità per l'identificazione dell'appartenenza alla nazione spagnola dentro e fuori i confini territoriali dei regni iberici della Corona furono assolutamente duttili e flessibili. Di norma essa indicò la condizione dei nativi dei *reynos* di Spagna (Castiglia, Aragona, Valencia, Paesi Baschi), ma a seconda dei contesti istituzionali, a seconda cioè che ci si riferisse alla sfera pubblica – politica o ecclesiastica che essa fosse –, o a quella familiare o corporativa, il criterio dell'appartenenza poté estendersi da quelli iberici anche agli altri domini peninsulari e insulari della Corona in Europa (Portogallo, Maiorca, Minorca, Sardegna) ed extra europei. Passando dal terreno giuridico a quello più ampio delle pratiche, assistenziali, culturali, politiche o identitarie che esse fossero, la possibilità di delimitare i confini dell'accezione semantica del termine si fa ancora più scivolosa, poiché più ampia fu la sua accezione. I criteri di definizione dell'essere "spagnolo" poterono variare cioè a seconda dei contesti, delle opportunità, del senso di appartenenza del soggetto al proprio ceto o al proprio ufficio o mansione e/o alla comunità d'origine e del suo livello di adesione identitaria alla comunità di accoglienza. E poterono volta a volta entrare in gioco uno o più di questi fattori.[1]

Mi spiego meglio con qualche esempio. Carlos Hernando Sánchez ha più volte messo in risalto come la memoria costruita intorno alla figura del Gran Capitano Gonzalo de Cordóba, attraverso gli elogi di poeti napoletani e castigliani, rappresentasse il suo valore spagnolo e italiano come simbolo di un'identità nazionale condivisa e di un'idea trionfante di legittimazione politica e culturale della presenza spagnola in Italia.[2] Un altro caso esemplare di protagonismo politico e identitario, almeno nel duplice campo italiano e spagnolo, è quello del marchese Ferrante d'Avalos (1489-1525), il Gran Pescara, discendente di seconda generazione di un antico lignaggio castigliano trapiantato a Napoli con il Magnanimo, che nel 1509 sposò a Ischia Vittoria Colonna, ed ebbe una fulgida carriera sempre nei gangli dell'esercito imperiale. Nonostante fosse nato a Napoli, nel 1489, il d'Avalos si considerò e volle sempre essere considerato uno spagnolo, parlò sempre la lingua spagnola, anche con sua moglie, e si circondò sempre di soldati e ufficiali spagnoli o italo-spagnoli.

Dobbiamo considerarlo spagnolo, come egli volle orgogliosamente costantemente rivendicare, o napoletano, come saranno i suoi discenden-

1. Sulla rilevanza che le dimensioni identitarie hanno assunto nelle scienze sociali rinvio alle considerazioni svolte da F. Benigno, *Identità,* in Id., *Parole nel tempo. Un lessico per pensare la storia,* Roma, Viella, 2013, pp. 31-56.

2. C.J. Hernando Sánchez, *Españoles e Italianos. Nación y lealtad en Reino de Nápoles durante las Guerras de Italia*, in *La Monarquía de las naciones. Patria, nación y naturalezza en la Monarquía de España,* a cura di A. Álvarez-Ossorio Alvariño e B.J. García García, Madrid, Fundación Carlos De Amberes, 2004, p. 443.

ti che chiesero e ottennero anche l'iscrizione al seggio nobile di Nido della capitale?[3]

Lo stesso potremmo dire del casato dei Mendoza, uomini d'arme arrivati a Napoli e nel Regno con la seconda ondata di lignaggi aragonesi, ma soprattutto in quella seconda fase castigliani, che si inserirono nelle élite amministrative e feudali meridionali durante il primo cinquantennio della presenza spagnola a Napoli. Nel giro di un paio di generazioni, grazie all'acquisizione del titolo nobiliare e a una serie di matrimoni con alcuni tra i più bei nomi dell'aristocrazia napoletana, essi portarono a compimento il loro processo di naturalizzazione nel Regno ove saranno poi presenti, per almeno altre due generazioni, ai vertici degli apparati politico-amministrativi locali.[4] Considerazioni analoghe andremo dipanando nelle pagine che seguono sui de Leyva, un casato di origine castigliana che scalò gli alti ranghi delle carriere politiche e militari nobilitandosi a Napoli e nel milanese senza mai discostarsi dalle proprie radici ispaniche. Così come potrebbe dirsi, ed è stato sostenuto da Gianvittorio Signorotto a proposito dei percorsi di tanti naturali lombardi ispanizzatisi, riguardo le carriere militari di molti esponenti dell'aristocrazia milanese, e prima fra tutti quella del principe Ercole Teodoro Trivulzio, le cui aspirazioni e destini nelle milizie si fecero sempre più "spagnoli".[5]

È che il termine "spagnolo" veniva utilizzato con una certa flessibilità ogni qualvolta ci si trovava a dover definire i criteri di selezione per la nomina a incarichi e uffici riservati ai membri della nazione spagnola nei territori italiani. In molti di quei casi fu soprattutto la lealtà e il servi-

3. G. De Caro, *Avalos, Ferdinando Francesco d', marchese di Pescara,* in DBI, vol. 4, *ad vocem* e online al link http://www.treccani.it/enciclopedia/avalos-ferdinando-francesco-d-marchese-di-pescara_(Dizionario-Biografico)/ [data di consultazione: 03/03/2020]. Sul successivo processo di radicamento e naturalizzazione del casato nel Regno rinvio a F. Luise, *I d'Avalos. Una grande famiglia aristocratica napoletana nel Settecento,* Napoli, Liguori, 2006.

4. Cfr. G. Muto, *Interessi cetuali e rappresentanza politica: i "seggi" e il patriziato napoletano nella prima metà del Cinquecento,* in *L'Italia di Carlo V. Guerra, religione e politica nel primo Cinquecento*, a cura di F. Cantù e M.A. Visceglia, Roma, Viella, 2003, pp. 615-637. Sul rapporto tra identità e appartenenze nazionali nel Regno di Napoli si veda A. Spagnoletti, *El concepto de naturaleza, nación y patria en Italia y el Reino de Nápoles con respecto a la Monarquía de los Austrias,* in *La Monarquía de las naciones*, a cura di Álvarez-Ossorio Alvariño e García García, pp. 483-504.

5. G. Signorotto, *Milano spagnola. Guerra, istituzioni, uomini di governo (1635-1666),* Milano, Sansoni Editore, 1996, pp. 131-185.

zio prestati dal candidato a definirne l'identità e l'inclusione negli spazi di privilegio che l'appartenenza alla nazione spagnola era in grado di garantire.[6]

Condizioni ineguali di appartenenza alla nazione spagnola si definirono poi, in maniera ancora diversa, nelle pratiche di accoglienza e assistenza attivate per i membri della nazione che si trovavano fuori dai confini natii. Come si è avuto già modo di osservare, e come vedremo meglio in questo capitolo, nella costellazione di ospedali, conventi e confraternite della nazione spagnola nei suoi vari domini, specie negli anni Settanta-Ottanta del Cinquecento, nel corso di quella che ho definito una vera e propria ondata fondativa, l'identità degli spagnoli fuori di Spagna, e di conseguenza le forme di tutela e di assistenza di volta in volta approntate nei loro riguardi, poterono connotarsi di tratti e aspetti variabili a seconda dei contesti. Al di là, infatti, delle norme statutarie, alla lente ravvicinata dell'elenco degli assistiti e dei servizi erogati da quelle istituzioni, soprattutto cioè cure mediche, pratiche di patrocinio legale, sepolture e maritaggi, appare indiscutibile come anche la categoria di spagnoli cui tali istituzioni offrivano le loro prestazioni si disegnasse volta a volta con ampi margini di discrezionalità e originalità. Essa arrivò a comprendere quanti erano nativi dei domini iberici della Monarchia, includendovi però anche oriundi e gruppi più disagiati, vedove, orfani, e soprattutto soldati e veterani dell'esercito reclutati un po' ovunque nei domini della Corona e non solo dal momento che, come è noto, i *tercios* spagnoli erano costituiti da soldati tedeschi, italiani e valloni.

Quanto al termine Italia esso non viene identificato né in uno spazio politico nazionale, e non poteva di certo esserlo, né nello spazio geografico della Penisola. Esso piuttosto si riferisce ai domini diretti della Monarchia spagnola nei primi due secoli dell'età moderna (Milano, Napoli e Sicilia, ad eccezione della Sardegna che era di pertinenza della Corona d'Aragona e su cui, in ogni caso, non abbiamo trovato documentazione utile) e indiretti, come la Repubblica di Genova che in quegli stessi due secoli ebbe un

6. Più ampie considerazioni sui limiti dell'appartenenza, relativamente alla *nación española,* ho svolto in E. Novi Chavarria, *I limiti della nazione. I confini della appartenenza identitaria spagnola nelle istituzioni della* Monarquía *(secc. XVI-XVII),* in *Fra le mura della modernità. Le rappresentazioni del limite dal Cinquecento ad oggi,* a cura di L. Scalisi e C.J. Hernando Sánchez, Roma, Viella, 2019, pp. 31-47. Sul processo di successiva burocratizzazione delle condizioni di cittadinanza si veda *Finis civitatis. Le frontiere della cittadinanza,* a cura di M. Aglietti, Roma, Edizioni di Storia e Letteratura, 2019.

legame a doppio filo con la Spagna. Si riferisce cioè a quello che Aurelio Musi in molti dei suoi studi ha definito "sottosistema Italia" per intendere una parte del sistema imperiale spagnolo caratterizzata dall'integrazione e dall'interdipendenza fra le sue differenti componenti, vitale soprattutto per la difesa mediterranea, le forniture militari sui teatri delle guerre europee e per la politica economica dell'intero complesso asburgico.[7] Uno spazio politico relativamente unitario, e al tempo stesso assai differenziato, in cui abbiamo creduto di potere individuare una connessione tra le linee direttrici della politica imperiale e le pratiche assistenziali di legittimazione di quelle stesse linee che a livello territoriale furono volta a volta attivate nei domini del sottosistema.

Abbiamo escluso da queste pagine di trattare il caso di Roma, già affrontato nelle pagine precedenti.[8]

E cominciamo da Genova, crocevia in quegli anni della politica europea tra Mediterraneo occidentale e Mediterraneo orientale, dove molti dei fili delle vicende che andremo percorrendo ebbero inizio.

## 2. *Repubblica di Genova*

### 2.1. *Genova*

Come si è detto fu nel contesto dei fatti di Genova e delle Fiandre che era maturata, tra il 1575 e il 1576, l'idea portata avanti con un approccio *tendenzialmente* sistemico da Juan de Zúñiga e dal suo *network* relazionale di razionalizzare la rete delle istituzioni finalizzate all'assistenza di quei membri della nazione spagnola che, come soprattutto i militari, potevano trovarsi momentaneamente e involontariamente lontano dal proprio luogo di origine necessitanti di cure mediche o comunque in condizioni di disagio sociale ed economico. Tra i sodali di Zúñiga, in quella che si rivelerà

7. A. Musi, *L'Italia dei viceré. Integrazione e resistenza nel sistema imperiale spagnolo*, Salerno, Avagliano, 2000.

8. Cfr. sopra capitolo I. Sulle prospettive recenti della storia ospedaliera di Roma si veda A. Esposito, *Gli archivi di ospedali e confraternite come fonti per la storia assistenziale e sociale di Roma,* in *Memorie dell'assistenza. Istituzioni e fonti ospedaliere in Italia e in Europa (secc. XIII-XVI),* a cura di S. Marino e G.T. Colesanti, Pisa, Pacini, 2019, pp. 207-216. Per il mondo medico romano il rinvio è a E. Andretta, *Roma medica. Anatomie d'un système médical au XVI*[e] *siècle,* Rome, École Française de Rome, 2011.

essere una delle pratiche di governo della Monarchia ispanica a più alto contenuto sociale vi fu, sin dalla prima ora, il governatore *ad interim* e capitano generale di Milano Sancho Padilla. E a ben vedere la sua sensibilità al problema era anche più risalente nel tempo.

Il primo ottobre 1571 Sancho Padilla, in quel momento ambasciatore spagnolo a Genova, aveva inviato a Filippo II un'accorata petizione. A suo dire occorreva che il re inviasse con la massima urgenza una sovvenzione per l'ospedale di Genova dove per ordine di don Juan de Austria avevano trovato accoglienza, e tra l'altro anche un'ottima assistenza medica, i soldati spagnoli *dolientes*, evitando così – aggiungeva in una nota in calce alla missiva – «no se vean morir por las calles los vassallos».[9] Due mesi dopo, il 12 dicembre, Padilla indirizzò a Filippo II un altro appello redatto con toni ancora più allarmati. L'affluenza di reduci e veterani delle armate spagnole a Genova si era evidentemente resa più drammatica. A volere scongiurare il rischio che si vedessero dei soldati spagnoli morire per strada, eventualità tanto più incresciosa considerato che si trovavano lì a Genova per servire il re, era necessario – scriveva il Padilla – coprire le spese finora affrontate dall'ospedale della Repubblica per la loro assistenza con una sovvenzione straordinaria di almeno 600 scudi. La risposta del Consiglio di Stato fu che al momento se ne potevano mettere a disposizione soltanto 300.[10] Nel giro di un mese Padilla tornò alla carica con la sua richiesta, scrivendo di nuovo al re il 24 gennaio del 1572 per perorare la causa dell'ospedale di Genova e delle grandi necessità in cui si trovavano i soldati spagnoli esposti continuamente al rischio – volle ribadire ancora una volta – di «morirse por las calles».[11] Ottenne una risposta ufficiale ben cinque mesi dopo, il 7 luglio del 1572. Questa volta sembrò però trattarsi di un impegno risolutivo: il Consiglio avrebbe devoluto a tale scopo 300 scudi l'anno dai costi ordinari dell'ambasciata.[12]

Destinatario di questo nuovo capitolo di spesa per le casse della Corona era l'ospedale maggiore di Genova, detto Pammatone dal nome della contrada dove esso era stato fondato nel 1423 per lascito testamentario del giureconsulto Bartolomeo Bosco allo scopo di accogliere malati e indigenti, ma che nel tempo aprì le sue porte anche ai bambini abbandona-

9. AGS, *Estado,* leg. 1401, f. 45r.
10. Ivi, leg. 1402, ff. 4r.5v.
11. Ivi, ff. 7r-8v.
12. Ivi, ff. 192r-193v.

ti. La sua realizzazione aveva preso il posto dei tanti piccoli ospedali di origine medievale sparsi per la città e si basava su concezioni mediche e architettoniche tra le più avanzate. A pianta cruciforme, coperta da grandi volte a crociera, la sua struttura era stata studiata, infatti, per promuovere la circolazione e la salubrità dell'aria ed evitare così il ristagno degli odori e dell'umidità, preservando in questo modo la salute dei degenti da una pluralità di agenti esterni di natura sia ambientale (igiene, qualità dell'aria) che socio-culturale, come la povertà e l'isolamento. Si ispirava a molti dei principi di quella cultura della prevenzione assai presente, fino a tutto il XVI secolo inoltrato, nella trattatistica medica italiana.[13] All'epoca dei fatti al centro della nostra attenzione il Pammatone era governato da 12 protettori di estrazione nobile e popolare designati ogni tre anni da un manipolo di elettori ecclesiastici graditi al governo della Repubblica e al suo finanziamento contribuiva, oltre che la carità degli Ordini regolari e di molti benefattori privati, anche una quota proveniente dalla tassazione stabilita dall'Ufficio dei poveri della Repubblica per sovvenire questo e altri enti assistenziali della città, in una singolare commistione di interessi politici e religiosi. Nell'ospedale trovavano ricovero pazienti genovesi e forestieri e tra questi, come si è visto, spesso anche soldatesche in transito.[14]

I rapporti tra Genova e Spagna si fondavano, come è noto, su una serie di cogenti reciproche necessità tenute insieme dalla triade "posizione strategica, armamento marittimo, denaro". Uomini e merci che dalla penisola iberica si spostavano verso l'Italia e l'Europa centro-occidentale dovevano necessariamente sbarcare a Genova e da lì proseguire lungo *el camino español*. A Genova, *porta de Italia* della *Monarquía* e chiave d'accesso per la conservazione dello stato di Milano e dei regni di Napoli e Sicilia, come si soleva ripetere in molti memoriali dell'epoca, arrivavano giovani

13. Si vedano al riguardo i contributi di M. Conforti e M.P. Donato raccolti nella sezione *Airs and Places* del volume *Conserving Health in Early Modern Culture. Bodies and Environments in Italy and England*, a cura di S. Cavallo, T. Storey, Manchester, Manchester University Press, 2017.

14. Per la storia del Pammatone ho consultato C. Carpaneto da Langasco, *Pammatone. Cinque secoli di vita ospedaliera,* Ospedali Civili, Genova, 1953; *L'antico Ospedale di Pammatone e il suo archivio dimenticato. XV-XX secolo. Un patrimonio all'origine del moderno San Martino,* a cura di G. Regesta ed E. Taddia, Viareggio, Museo dei Beni Culturali, 2009. In generale su culture e pratiche dell'assistenza a Genova cfr. E. Grendi, *La repubblica aristocratica dei genovesi. Politica, carità e commercio fra Cinque e Seicento,* Bologna, il Mulino, 1987.

reclute appena sbarcate dopo settimane di insidiosa navigazione nelle acque del golfo del Leone, marinai scampati a qualche naufragio, veterani sopravvissuti all'orrore della guerra nelle Fiandre. E viceversa. Da Genova partiva verso Madrid o alla volta di Bruxelles il denaro che doveva servire alla Corona per liquidare le loro paghe e finanziare quelle medesime imprese, una vera e propria *catena de oro*, come pure si diceva, che legò per oltre un secolo la città ligure alla Spagna.[15] Pur in assenza di un'istituzione formalizzata della nazione spagnola a Genova, quanti tra i soldati delle sue armate si trovarono in condizioni di necessità poterono trovare accoglienza nell'ospedale Pammatone e alle spese per la loro cura fecero fronte, come si è visto, su un piano di effettiva reciprocità di interessi, sia la corte di Madrid sia gli uffici della Repubblica.

Negli anni a venire l'evocazione dell'immagine dei soldati costretti a morire per strada se fosse venuto a mancare l'accoglienza offerta dal Pammatone fu portata ad argomento delle innumerevoli altre pressanti richieste di provvedere alla loro assistenza che da Genova giunsero a Madrid. Il 9 maggio 1574 fu ancora una volta l'ambasciatore Sancho Padilla a scriverne a Filippo II per sollecitare l'elargizione dei 200 scudi che sarebbero serviti, oltre che per le cure mediche, anche a coprire le spese necessarie alla tutela legale dei militari ricoverati presso l'ospedale maggiore di Genova.[16]

Nel 1574 il nuovo ambasciatore a Genova Juan de Idiáquez, anch'egli del *net-work* di Zúñiga e che da lì a poco si trovò a dover fronteggiare la crisi politica innescata dalla ribellione dei nobili nuovi, si assicurò a tale scopo un finanziamento anche più consistente, ovvero 400 scudi che gli furono consegnati dal Consiglio di stato tramite Isabel de Figueroa a copertura delle spese mediche e legali sostenute per l'assistenza ai soldati spagnoli in transito nei territori della Repubblica.[17]

15. Sui complessi usi politici di tali metafore in riferimento all'importanza strategica di Genova per la Monarchia si veda A. Pacini, *"Poiché gli stati non sono portatili..."*: *geopolitica e strategia nei rapporti tra Genova e Spagna nel Cinquecento* in *Génova y la monarquía hispánica (1528-1713),* a cura di M. Herrero Sánchez, Y. R. Ben Yessef Garfia, C. Bitossi, D. Puncuh, Genova, Società Ligure di Storia Patria, 2011, vol. II, pp. 413-458. Come è stato notato la metafora della "porta e chiave d'Italia" fu utilizzata per sottolineare la centralità strategica anche di altri domini degli Asburgo nella Penisola e per cui cfr. M. Rizzo, *Porte, chiavi e bastioni. Milano, la geopolitica italiana e la strategia asburgica nella seconda metà del XVI secolo*, in *Mediterraneo in armi (secc. XV-XVIII)*, a cura di R. Cancila, Palermo, Associazione Mediterranea, 2006, vol. II, pp. 467-511.

16. AGS, *Estado,* leg. 1404, ff. 20r-21v.

17. Ivi, ff. 36r-37v, 139.

Il tesoro della Corona spagnola continuò a sovvenzionare l'ospedale maggiore di Genova almeno fino alla fine della guerra dei Trent'anni. Lo fece maturando anche più di un ritardo nei pagamenti come avvenne, per esempio, tra il 1589 e il 1594, quando a più riprese il Doge e l'ambasciatore Mendoza lamentarono il mancato versamento del contributo ordinario con gravi ripercussioni sia nella predisposizione della staffetta militare alla volta di Milano, sia dell'assistenza fornita dall'ospedale che era tra l'altro «alleno de soldados infermos»,[18] saldando alla fine il proprio impegno con un prelievo forzoso di 1000 scudi dal patrimonio della Real Azienda di Sicilia.[19] Tutto sommato però il sistema tenne e dal secondo decennio del secolo XVII un importo annuo di 200 scudi fu regolarmente trasferito sul bilancio dell'ospedale Pammatone dai costi segreti dell'ambasciata spagnola a Genova a copertura delle spese necessarie alla cura dei soldati spagnoli che vi venivano ricoverati.[20]

## 2.2. *Savona*

Il Pammatone non fu l'unica struttura medico-assitenziale della Repubblica a essere supportata dai sussidi economici della Monarchia ispanica. Nel corridoio marittimo che garantì la mobilità spagnola sia a sud verso Napoli che verso lo scacchiere nord europeo subito dopo Genova per importanza strategica, e in alternativa al suo porto nel caso di venti e correnti marine avverse, vi era la darsena di Savona. Il transito dei soldati sul territorio del savonese era frequente e non esente da problematiche di vario genere legate all'alloggiamento e alla loro assistenza. Le armate sbarcavano in darsena per poi dirigersi, a seconda di qual era il teatro di guerra, verso il Milanese, il Piemonte o il Monferrato con costi molto rilevanti che l'amministrazione della città condivideva solo in parte con il governo della Dominante.[21] Lo fece presente più volte, tra l'aprile del 1588 e l'ottobre 1594, il conte di Binasco Pedro González de Mendoza y

18. AGS, *Estado,* leg. 1426, f. 59, ma cfr., anche leg. 1422, ff. 64r-65v; leg. 1426, ff. 39r-40v, 44r-45v.

19. Ivi, leg. 1436, f. 95.

20. Ivi, ff. 73r-74v; leg. 1933, ff. 118, 126; leg. 3594, ff. 266r-267v.

21. Cfr. G. Assereto, *La città fedelissima. Savona e il governo genovese tra XVI e XVIII secolo,* Savona, Elio Ferraris, 2007, pp. 197-203. Sulla percezione dell'importanza strategica di Savona per la Spagna rinvio ad A. Pacini, *Desde Rosas a Gaeta. La costruzione della rotta spagnola nel Mediterraneo occidentale nel secolo XVI,* Milano, FrancoAngeli, 2013.

Briceño ambasciatore a Genova, sottolineando a Filippo II la necessità di provvedere economicamente alla località di Baia per i danni arrecati dai soldati spagnoli e italiani in transito, e in specie all'ospedale di Savona dove di norma trovavano soccorso i soldati infermi che non erano in grado di arrivare a Genova.[22] «È tanta la carestia dei tempi – sostenne il Mendoza in una missiva datata 25 gennaio 1594 – che senza una dotazione straordinaria la città di Savona non avrebbe potuto accogliere tutti i poveri infermi della nazione (*no dexan de admitér en ele todos los pobres infermos que de la nación aportan a esta ciudad*)».[23] Il 26 ottobre di quello stesso anno l'ambasciatore Mendoza riferì pure del naufragio in cui era incorsa, al largo della baia di Savona, la nave armata dal Priore di Ungheria con quattro compagnie d'armi e in cui una ventina di uomini erano stati dati per dispersi. Gli altri avevano perso tutto, armi e uniformi. Anche in quel caso si mise mano al tesoro della Corona per offrire sostegno all'ospedale di Savona dove avevano trovato accoglienza quasi 200 soldati spagnoli infermi.[24]

## 3. *Stato di Milano*

### 3.1. *Asti e Alessandria*

Nel 1546 fu aperto ad Asti, feudo imperiale controllato dagli spagnoli, un ospedale denominato S. Giacomo degli spagnoli destinato ai soldati della nazione. Quando nel 1575, nella fase cruciale determinatasi con la crisi politica di Genova, la sospensione dei pagamenti ai creditori da parte di Filippo II e l'avvio dell'ultima fase delle guerre di religione in Francia, la contea di Asti fu abbandonata dagli spagnoli e riannessa ai domini sabaudi, l'ospedale S. Giacomo degli spagnoli fu anch'esso sgombrato e la sua sede trasferita ad Alessandria.[25]

Trovandosi al centro della strada piemontese che da Genova portava a Milano, la città di Alessandria divenne snodo militare di importanza strategica per il controllo della parte occidentale del territorio lombardo. Nel piano di rafforzamento di quei confini voluto da Filippo II vi furono avviati

22. AGS, *Estado,* leg. 1931, ff. 410r-411v; leg. 1426, f. 67.
23. Ivi, leg. 1426, ff. 10r-11v.
24. Ivi, ff. 85r-86v.
25. G. Maconi, *Storia dell'Ospedale dei santi Antonio e Biagio di Alessandria,* Genova, Le Mani, 2003, p. 51.

lavori considerevoli a spese della corona e della comunità per la costruzione di un nuovo castello e il consolidamento delle fortificazioni già esistenti.[26] Lungo quel tratto del *camino español* verso le Fiandre, sui ponti e i passaggi fluviali che l'attraversavano, è stato calcolato che soltanto negli ultimi due decenni del secolo XVI vi abbiano transitato una media annua di 3.000 soldati.[27] Non sappiamo quanti tra essi, infortunatisi nel corso della lunga ed estenuante marcia, trovassero ricovero nell'ospedale S. Giacomo degli spagnoli di Alessandria. Di certo, comunque, dagli inizi del Seicento il S. Giacomo di Alessandria allargò le sue finalità assistenziali anche ad elementi della popolazione civile della nazione spagnola e soprattutto poi, nel corso del secolo, ai malati di sifilide. I numeri dei degenti assunsero allora dimensioni davvero ragguardevoli.

### 3.2. *Milano*

Nel 1576 Sancho Padilla, che da Genova era stato trasferito a Milano nel ruolo di castellano della fortezza, avviò la costruzione di un ospedale per i soldati spagnoli all'interno del castello sforzesco. Venne ristrutturato per questa funzione un edificio addossato alla cortina muraria occidentale della fortezza, verso Porta Vercellina, composto da una sala con tre campate quadrate, illuminate ognuna da una finestra che si affacciava sul cortile delle armi, e da tre locali laterali ricavati nella cortina muraria. Adiacente all'ospedale, verso il fossato, fu sistemata la spezieria con annessi una stanza e una bottega. Secondo un ordinamento comune anche ad altri ospedali militari, il governo del S. Giacomo di Milano fu assegnato a un maggiordomo e a due deputati che restavano in carica sei mesi e a cui era affidata la gestione dei libri di conto.[28] Negli aspetti sia architettonici (pianta cruciforme e volte a crociera) che gestionali (impiego di professionisti della scrittura contabile per la produzione e conservazione dei documenti) il nuovo ospedale si conformò a quello che è stato definito un "modello

26. Cfr. M.C. Giannini, *Per difesa comune. Fisco, clero e comunità nello Stato di Milano (1535-1659),* vol. I, *Dalle guerre d'Italia alla* pax hispanica *(1535-1592),* Viterbo, Sette città, 2017, pp. 437-451.

27. Il dato è riportato da G. Cerino Badone, *Sulla strada di Fiandra. Storia della Cittadella di Alessandria (1559-1859),* Alessandria, Intesa San Paolo, 2014, p. 93.

28. Cfr. L.A. Ribot García, *Soldados españoles en Italia. El castillo de Milán a finales del siglo XVI,* in *Guerra y sociedad en la monarquía hispánica. Política, estrategia y cultura en la Europa moderna (1500-1700),*a cura di E. García Hernán, D. Maffi, Madrid, Ediciones del Laberinto, 2006, vol. I, pp. 401-444.

milanese" di assistenza ospedaliera, rappresentato dall'Ospedale maggiore istituito nel 1456, in cui l'accuratezza nella registrazione dei dati e la medicalizzazione dei degenti rappresentarono un elemento precipuo delle finalità e delle scelte operative dell'ente.[29]

Il S. Giacomo degli spagnoli di Milano, al pari di altre analoghe istituzioni della Monarchia ispanica, si finanziò in massima parte con le quote detratte dalle paghe dei soldati. Esso poté godere, inoltre, di una serie di franchigie sull'approvvigionamento dei beni alimentari di prima necessità. Due anni dopo la sua fondazione, in data 30 settembre del 1578, lo stesso Padilla e il marchese di Ayamonte si fecero promotori della fondazione di un conservatorio per le figlie dei soldati e ufficiali spagnoli. Col patrocinio del Padilla, intanto eletto governatore dello Stato di Milano, il 4 agosto 1582 nacque il collegio di S. Giacomo per gli orfani dei soldati e ufficiali spagnoli, che godette del patronato regio e la cui amministrazione fu demandata, già nel 1591, ai procuratori del conservatorio femminile. Si deve al Padilla, quindi, nel corso di un intenso mandato di governo svolto tra Genova e Milano (1571-1583), sempre in stretta relazione con Juan de Zúñiga e gli altri suoi interlocutori di cui condivise interessi e pratiche politiche, un decisivo apporto alla creazione della rete di ospedali, conservatori e istituzioni assistenziali della *nación española* che si andava configurando in quegli anni nell'Italia spagnola e non spagnola. Il suo protagonismo attivo, all'interno della rete di solide relazioni che ebbe in Zúñiga il principale connettore, venne celebrato a Milano con la raffigurazione dell'insegna della sua famiglia nella volta di una campata interna dell'ospedale per i militari, di fronte all'immagine dello scudo dell'armata reale di Spagna, fondendo elementi propri della cultura politica della fedeltà e delle pratiche cerimoniali che andava contemporaneamente più largamente caratterizzando le relazioni tra la Corona e le sue élite.[30]

Milano fu sede, inoltre, di una confraternita del Santissimo Sacramento degli spagnoli che, secondo uno schema reiterato in altre città capitali, e

29. F. Bianchi, M. Słoń, *Le riforme ospedaliere del Quattrocento in Italia e nell'Europa centrale*, in «Ricerche di storia sociale e religiosa», 69 (2006), pp. 7-45. Se ne veda un esempio in *I luoghi della carità e della cura. Ottocento anni di storia dell'Ospedale di Varese*, a cura di M. Cavallera, A.G. Ghezzi, A. Lucioni, Milano, FrancoAngeli, 2002.

30. Un'immagine della volta affrescata con le insegne del Padilla è al link https://www.milanocastello.it/it/content/lospedale-spagnolo [data di consultazione: 17/02/2020]. Testimonianze dell'intenso scambio epistolare tra Zúñiga e Sancho Padilla negli anni compresi tra il 1571 e il '78 sono in IVDJ, E 20.

sicuramente a Roma e a Napoli, dal 1590 volle riunire in un unico sodalizio l'amministrazione di tutte le varie tipologie di assistenza medica, sociale, economica e legale ai membri della nazione spagnola già precedentemente attivate. Forme di governo, pratiche e finalità assistenziali delle due diverse istituzioni destinate alle figlie (*Real Casa de las Virgines*) e ai figli dei militari spagnoli (collegio di San Giacomo) furono avviate a Milano in stretta connessione con le analoghe istituzioni della *nación* che venivano contemporaneamente inaugurate a Napoli, l'altra città capitale dei domini italiani della Monarchia che fino a tutta la metà del Seicento dovette alloggiare un numero davvero eccezionale di soldati. Con una differenza, però, che se a Napoli, alla vigilia della battaglia di Lepanto, furono acquartierati circa 5200 unità dell'esercito spagnolo,[31] nello stato di Milano, terminale italiano del cammino verso i Paesi Bassi, alla guarnigione permanente composta da circa 5/6.000 effettivi si aggiungevano le soldatesche in transito che, per fare un solo esempio, nei primi due decenni del Seicento toccarono le 40.000 unità complessive, con ripercussioni logistiche e sociali sul territorio lombardo non sempre di facile risoluzione.[32] Le milizie in transito per lo stato vi rimanevano, infatti, a volte solamente pochi giorni, ma per lo più erano trattenute per alcuni mesi per essere equipaggiate e adeguatamente addestrate e gli *excesos de los soldados* che si registravano sul territorio divennero per le magistrature lombarde un problema all'ordine del giorno. Ad esso si cercò di far fronte con una logica di contrappesi, fornendo cioè volta a volta alle autorità locali strumenti di controllo, ma anche simboli e spazi in grado di coagulare consensi, rimarginare fratture, garantire forme e opportunità di integrazione transnazionali e transculturali tra le popolazioni native e i contingenti militari in transito.

La Real Casa delle Vergini spagnole fu tra quest'ultime. Fondata a Milano nel 1578 dal Padilla e dal governatore Ayamonte, l'istituzione fu destinata alla tutela della rettitudine fisica e morale delle giovani figlie

31. Sulla composizione delle compagnie della fanteria spagnola di stanza a Napoli nel secolo XVI si veda C. Belloso Martín, *El "barrio español" de Nápoles en el siglo XVI (I Quartieri Spagnoli),* in *Guerra y sociedad*, a cura di García Hernán, Maffi, vol. II, pp. 179-224.

32. Cfr. A. Buono, *Esercito, istituzioni, territorio. Alloggiamenti militari e «case herme» nello Stato di Milano (secoli XVI e XVII)*, Firenze, University Press, Firenze 2009. Dati analitici sulla presenza delle truppe spagnole a Milano ha fornito L.A. Ribot García, *Milán plaza de armas de la Monarquía*, in «Investigaciones Históricas. Época moderna y contemporánea», 10 (1990), pp. 203-238.

o orfane di soldati spagnoli, donne assimilate ad altre fasce sociali a rischio di marginalizzazione a causa della mobilità sul territorio propria del mestiere delle armi dei loro padri, non sempre in grado di garantire il mantenimento e una regolare educazione alla propria discendenza, ma anche categoria cetuale più di altre tutelata, come abbiamo ripetutamente visto in queste pagine, dalle politiche di previdenza e integrazione sociale promosse dalla Monarchia. L'istituto fu posto sotto la protezione delle massime autorità politiche e militari dello Stato: il gran cancelliere, i presidenti del Senato, il capitano generale dell'artiglieria e il maestro di campo della fanteria spagnola, il governatore di Alessandria, il *veedor* e il *contador* generali dell'esercito, e la sua gestione affidata a un maggiordomo, dieci amministratori, un medico e un fiscale, le cui nomine avevano durata annuale. La casa avrebbe accolto giovani donne di età compresa tra gli otto e i vent'anni, vincolate alla sorveglianza di una governatrice per il tempo necessario fino alla loro definitiva collocazione o in monastero o in matrimonio, previo l'esborso di una dote a carico della medesima istituzione. Gli statuti della fondazione prevedevano anche che le fanciulle potessero scegliere di rimanere in istituto e, dopo un anno di prova, trovare sistemazione o nella stessa casa, dove a seconda delle loro attitudini avrebbero potuto assumere il ruolo di educatrice, portinaia, lavandaia, addetta alla cucina o serva, o al servizio di qualche famiglia del patriziato locale.[33] Già nei primi decenni del Seicento la struttura arrivò ad accogliere fino a 500 fanciulle alla volta, costringendo i governatori a cercare per loro ulteriori forme di finanziamento e di collocazione nel mondo del lavoro. Molte fanciulle ammesse in istituto furono così dirottate nella occupazione in lavori saltuari nel settore, per esempio, sempre più promettente del teatro e dello spettacolo come addette alla vendita dei rinfreschi o al noleggio delle sedie per le manifestazioni allestite nel salone del palazzo ducale e in altri teatri privati. Molte di queste commedie e altri spettacoli, come l'esposizione di curiosità e oggetti esotici, venivano messi in scena, infatti, nel cortile stesso del conservatorio secondo un uso che a Madrid, negli ospedali e negli altri spazi pubblici gestiti da alcune confraternite, era già invalso da qualche anno anche per

33. *Ordenes de la Casa de las virgines, hijas de soldados spanoles, officiales y gente de guerra.* Dopo la prima edizione del 1581, gli statuti furono stampati sempre a Milano con integrazioni e aggiunte in numerose altre edizioni, tra cui quelle per i tipi di Giovanni Battista Paganello, 1619; Giovanni Battista Beltramin, 1678; Joseph Riquin Malatesta,1721.

incrementarne le entrate.[34] Sappiamo che agli amministratori del collegio milanese, nel secondo decennio del XVII secolo, fu concessa la licenza di designare un proprio fiduciario alla riscossione dei biglietti d'ingresso alle commedie che vi venivano allestite da cui avrebbero trattenuto una quota che si sarebbe aggiunta agli altri emolumenti soliti provenire dalle imprese teatrali.[35]

Sorto nel 1582, grazie al modesto legato del capitano Melchiorre Ossorio, il collegio maschile di S. Giacomo per gli orfani degli spagnoli godette anch'esso del patronato regio e fu affidato all'amministrazione di ufficiali civili e militari, reclutati sia tra le élite lombarde che tra le alte cariche del governo spagnolo di Milano. Ubicato in un fabbricato in Porta Vercellina, vicino l'omonimo ospedale, il collegio doveva accogliere ragazzi di un'età compresa fra i sette e i diciassette anni, rimasti orfani e senza mezzi di sostentamento. Come si è detto, dal 1590 la sua direzione fu unificata a quella della casa delle vergini spagnole e assegnata alla confraternita del SS.mo Sacramento. Il collegio ebbe però vita asfittica soprattutto a causa della sue scarse rendite e al ridotto numero di fanciulli che di conseguenza poté ospitare. Si trattò di fanciulli tutti nati in territorio lombardo da padri spagnoli generalmente militari o dipendenti della *contadoria* o della *veedoria* dell'esercito, oriundi, quindi, per i quali si aprì l'opportunità di un'istruzione di base, finalizzata all'apprendimento della dottrina cristiana e delle capacità di lettura, scrittura e far di conto, e secondaria comprendente anche l'insegnamento del latino e della grammatica. Come avveniva per l'omologa istituzione femminile, la congregazione provvedeva anche alla sistemazione definitiva dei collegiali una volta che questi avessero raggiunta la maggiore età, smistandone i destini tra carriere ecclesiastiche e militari o in mansioni di servizio presso qualche famiglia dell'aristocrazia locale.[36]

Nella mappa degli ospedali, collegi e confraternite presenti a Milano e nel *Milanesado* che tra Cinque e Seicento aggregarono membri della nazione spagnola ebbero posto anche la confraternita dell'Entierro di

34. Cfr. C. Sanz Ayán e B.J. García García, *Teatros y comediantes en el Madrid de Felipe II*, Madrid, Editorial Complutense, 2000; B.J. García García, *Los teatros madrileños y la cofradía de la Soledad*, in «Pygmalion Revista de teatro general y comparado», 0 (2009), pp. 21-49.

35. A. Cascetta, R. Carpani, *La scena della gloria. Drammaturgia e spettacolo a Milano in età spagnola,* Milano, Vita e Pensiero, 1995, pp. 305-310.

36. Falciola, *Per una storia dell'assistenza a Milano.*

Cristo, istituita nel 1633 presso la casa professa dei gesuiti e quella di S. Maria della Soledad, entrambe caratterizzate da una forte partecipazione di donne tra gli iscritti.[37] Fondata nel 1669, la confraternita milanese intitolata a S. Maria della Soledad si ispirò alle numerose altre confraternite sorte già negli anni Sessanta del secolo XVI con la medesima intitolazione nei territori della Monarchia ispanica. La prima era stata istituita nel convento di Nuestra Señora de la Victoria di Madrid, il 21 maggio del 1567, dai frati minimi di S. Francesco di Paola e con il *matronage* della consorte di Filippo II, la regina Isabel de Valois, con la finalità preminente dell'assistenza all'infanzia abbandonata. Ad essa avevano fatto seguito le omonime confraternite fondate, in Andalusia, nella città di Marchena, grazie al patronato dei duchi d'Alba (1567), a Cabra (1574),[38] a Benacazón, nei pressi di Siviglia (1584),[39] nelle Indie e, come vedremo più avanti, nei domini italiani della Monarchia a Napoli (1580), Palermo (1585) e a Cagliari (1608) presso la chiesa di S. Bardilio, poi traslocata in quella di S. Giovanni.[40] Basate su ordinamenti differenti e senza mai entrare in una rete formalizzata di reciprocità e relazioni, le confraternite della Soledad condivisero comunque nel mondo ispanico un patrimonio culturale di riti, simboli e pratiche devozionali comune. La confraternita milanese di S. Maria della Soledad si configurò, per esempio, al pari delle altre sue omologhe, come un sodalizio laico di matrice aristocratica con forti valenze politiche coagulatesi principalmente intorno al culto patrocinato dagli elementi femminili della corte a Madrid per la Madonna Addolorata. A Milano come a Madrid la celebrazione del culto e l'aggregazione identitaria degli adepti alla confraternita aveva la sua acme nella processione del venerdì santo, allorché una scultura lignea della Vergine

37. Cfr. D. Zardin, *Confraternite e "congregazioni" gesuitiche a Milano fra tardo Seicento e riforme settecentesche*, in *Ricerche sulla Chiesa di Milano nel Settecento*, a cura di A. Acerbi e M. Marcocchi, Milano, Vita e Pensiero, 1988, pp. 180-252.

38. A. Moreno Hurtado, *La cofradía de la Virgen de la Soledad de Cabra*, Edición digital, 2018, http://books.google.es/books?id=PSIXAgAAQBAJ&printsec=frontcover&hl=es&source=gbs_ge_summary_r&cad=0#v=onepage&q&f=false [data di consultazione: 21/02/2020].

39. *CXXII Reglas de cofradias y hermandades andalusa: siglos XVI y XVII,* a cura di S.M. Pérez González, J.C. Arboleda Goldaracena, Università de Huelva, Arias Montano, 2017.

40. Sul culto della Soledad a Cagliari si veda F. Tola, *Devozioni iberiche nell'arte sarda del Seicento e del Settecento*, in «Archivio storico sardo», 51 (2016), pp. 433-484.

in abiti solenni di colore scuro veniva trasportata per le vie cittadine su un baldacchino.[41] Su questo terreno il culto della Soledad si intrecciò, innovandolo, a quello della Passione di Cristo ed ebbe grande diffusione in tutta l'area del Mediterraneo di età moderna e oltre.[42]

## 4. *Regno di Napoli*

### 4.1. *Napoli*

Per oltre due secoli (1503-1707), Napoli fu la maggiore tra le città capitali dei diversi *reynos* della Monarchia spagnola e certamente la più densamente popolata, arrivando a contare, nei primi decenni del secolo XVII, oltre 350.000 abitanti. La concentrazione nella capitale del potere monarchico e la presenza in essa della corte vicereale vi avevano, infatti, provocato il trasferimento dalle province di molte famiglie dell'aristocrazia feudale, che vollero avere ognuna un proprio palazzo o una propria residenza in città. Vi aveva provocato anche una notevole migrazione del popolo dalle campagne in cerca di un'opportunità di lavoro, accrescendo al contempo il numero di poveri e vagabondi la cui presenza andò via via assumendo i tratti di una vera e propria emergenza sociale. Anche le emergenze igienico-sanitarie dovute alla malnutrizione del gran numero di miserabili e vagabondi, la povertà e il sovraffollamento costituirono pertanto un problema ricorrente nella storia di Napoli, fino alla grande peste del 1656 che fece oltre 250.000 vittime.[43]

41. L. Facchin, *Scultura mariana nello Stato di Milano: una prima panoramica sul culto della Madonna della Soledad*, in *Scultura in legno policromo d'età barocca. La produzione di carattere religioso a Genova e nel circuito dei centri italiani,* a cura di L. Magnani e D. Sanguineti, Genova, Genova University Press, 2017, pp. 415-430.

42. E. Sánchez de Madariaga, *La Virgen de la Soledad. La difusión de un culto en el Madrid barroco*, in *La imagen religiosa en la Monarquía hispánica. Usos y espacios*, a cura di M.C. de Carlos Varona, P. Civil, F. Pereda, C. Vincent-Cassy, Madrid, Casa de Velazquez Editions, 2008, pp. 219-240.

43. G. Galasso, *Napoli capitale. Identità politica e identità cittadina. Studi e ricerche 1266-1860,* Napoli, Electa, 2003², pp. 113-143. Sui tratti distintivi della città di Napoli nella storiografia italiana più recente si rinvia a E. Novi Chavarria, *Napoli e i casali (1501-1860). Una bibliografia ragionata degli ultimi decenni,* in *Le città del Regno di Napoli nell'età moderna. Studi storici da 1980 al 2010,* a cura di G. Galasso, Napoli, Editoriale Scientifica, 2011, pp. 543-576.

Molte furono in ogni caso le opere pie e di beneficenza che la città, per il tramite di confraternite, ospedali, monti di pietà e istituzioni religiose, destinò all'assistenza dei più bisognosi.[44] Corporazioni di mestiere e le varie "nazioni" di forestieri residenti in città pure realizzarono ognuna forme proprie di associazionismo di riferimento e, prima fra tutte, quella della nazione spagnola che era la più numerosa comunità di stranieri presenti a Napoli. Ai magistrati e alle élite di origine spagnola delegati dalla Corona alle funzioni politiche e amministrative di governo della città e del Regno si aggiungeva, infatti, la componente militare di un presidio individuato di importanza strategica come baluardo difensivo della linea di frontiera del Mediterraneo e la cui forza consistette nella pratica ordinaria delle armi e nella disciplina militare.[45] Dal 1534 la città dovette accogliere un contingente militare che arrivò a contare fino a 5240 unità alla vigilia della battaglia di Lepanto, e che di norma si assestò su un numero effettivo di circa 4.000 soldati. Per il loro alloggiamento era stata avviata, sin dalla metà del Cinquecento, per volere del viceré Pedro de Toledo, la costruzione di un intero quartiere all'interno della città, i cosiddetti "Quartieri spagnoli", nell'area posta tra le pendici della collina di San Martino e il monte Echia. Si trattò di un progetto di alloggiamento militare innovativo, che includeva sia la riqualificazione urbanistica di un'area fino ad allora *extra muros* della città, sia un processo di edificazione pianificato ai fini della creazione di una via di scorrimento veloce tra i quartieri angioino-aragonesi della città e il porto e del controllo e della messa in sicurezza dei nuovi assetti urbanistici.[46] All'interno del medesimo progetto del viceré Toledo nacquero anche la chiesa e la Real Casa di San Giacomo degli spagnoli consacrata nel 1547, un grande ospedale militare e centro di accoglienza per la popolazione ispanica che si fosse trovata in situazioni di disagio o di

44. Marino, *Ospedali e città nel regno di Napoli*; M. Campanelli, *Chiesa e assistenza pubblica a Napoli nel Cinquecento,* in *Gli inizi della circolazione della carta moneta e i banchi pubblici napoletani,* a cura e con *Introduzione* di L. De Rosa, Napoli, Esi, 2002, pp. 143-168. Per una mappatura delle fonti documentarie del sistema ospedaliero nel Mezzogiorno moderno si veda *Alle origini dell'assistenza in Italia meridionale. Istituzioni, archivi e fonti* (*secc. XIII- XVII*), a cura di P. Avallone, G.T. Colesanti, S. Marino, in «RiMe», 4 (2019).

45. G. Muto, *Strategie e strutture del controllo militare del territorio del Regno di Napoli nel Cinquecento,* in *Guerra y sociedad*, a cura di García Hernán, Maffi, vol. I, pp. 153-170.

46. Cfr. Belloso Martín, *El "barrio español" de Nápoles*.

indigenza e quindi non solo soldati, ma anche per poveri, infermi e pellegrini residenti o di passaggio a Napoli e ai quali, oltre le cure mediche furono offerte anche reali opportunità di emancipazione e inclusione sociale che prevedevano, tra le altre, l'apprendimento dell'abilità alla scrittura, il patrocinio legale, l'erogazione di servizi di micro credito. Al pari di altri ospedali militari, il S. Giacomo di Napoli si finanziò con gli introiti derivanti dalle imposte sulle retribuzioni delle milizie e grazie ai numerosi e a volte anche cospicui lasciti volontari dei soldati della guardia personale del viceré, molti dei quali andarono a beneficio della costituzione di doti per il maritaggio di giovani orfane della nazione spagnola. La dimensione delle attività caritative e assistenziali che furono svolte dal S. Giacomo di Napoli fu tale che, dal 1597, a queste funzioni l'istituto, come altri ospedali napoletani, sommò anche quelle economico-finanzarie di banco pubblico e, dal 1606, di monte dei pegni.[47]

Per l'assistenza materiale e spirituale dei militari e dei tanti altri spagnoli residenti o di passaggio a Napoli sorsero poi via via numerose istituzioni ecclesiastiche e di beneficenza, tra cui, il convento degli agostiniani spagnoli di S. Maria della Speranza, o Speranzella (1560); il conservatorio di S. Maria della Concezione per le vergini della nazione spagnola (1582); la Trinità degli Spagnoli per il riscatto dei prigionieri detenuti lontano dal loro luogo natío; il conservatorio di S. Maria della Soledad per le orfane dei soldati spagnoli (1589); il collegio dei gesuiti spagnoli di S. Francesco Saverio (1624); il monastero di S. Maria Maddalena delle convertite spagnole che accolse donne native spagnole o discendenti da spagnoli per via maschile pentite dei propri trascorsi come prostitute (1634);[48] il convento di Nostra Signora del Buon Successo dei carmelitani spagnoli, detto anche

47. C.J. Hernando Sánchez, *Castilla y Nápoles en el siglo XVI: el virrey Pedro de Toledo. Linaje, estado y cultura (1532-1553)*, Salamanca, Junta de Castilla y León, 1994. L'erogazione di servizi di credito da parte degli ospedali fu all'origine, a Napoli, della nascita anche di altri banchi pubblici. Cfr. R. Salvemini, *Operatori economici, operatori sociali: gli enti di assistenza a Napoli in ancien régime*, in *Povertà e innovazioni istituzionali in Italia. Dal Medioevo ad oggi,* a cura di V. Zamagni, Bologna, il Mulino, 2000, pp. 294-314.

48. I. Mauro, *Espacios y ceremonias de representación de las corporaciónes nacionales en la Nápoles española,* in *Las Corporaciones de Nación en la Monarquía Hispánica (1580-1750). Identidad, patronazgo y redes de sociabilidad,* a cura di B.J. García García e Ó. Recio Morales, Madrid, Fundación Carlos De Amberes, 2014, pp. 451-478. Sulle istituzioni riservate alla tutela delle donne spagnole V. Fiorelli, *Stranieri e dominanti. Alcune iniziative di tutela e assistenza alle donne degli spagnoli a Napoli tra Cinque e Seicento,* in «Mélanges de l'École française de Rome. Moyen Âge», 131/2 (2019), pp. 485-494.

S. Teresella degli spagnoli (1638), singolare luogo di convergenza di manifestazioni proprie della vita religiosa della nobiltà guerricra napoletana e di carriere e informazioni di militari spagnoli che dal convento confluivano direttamente sul tavolo della segreteria del viceré conte di Monterrey.[49]

E fu proprio nella grande città capitale del Regno di Napoli che Juan de Zúñiga mise in atto, nel corso di un intenso mandato vicereale (1579-1582), le sue migliori iniziative a favore delle strutture ospedaliere e assistenziali di origine spagnola. Esse si concentrarono principalmente nell'apertura di un'infermeria per i detenuti nelle carceri; nel riordino dell'ospedale di S. Maria della Vittoria, dove erano stati accolti i reduci dalla battaglia di Lepanto e la cui gestione Zúñiga affidò ai quadri militari presenti in città; nella regolamentazione delle spezierie e dell'accesso alla professione medica; nella fondazione in stretta interdipendenza con la corrispondente istituzione milanese del conservatorio della Immacolata Concezione, destinato ad accogliere le figlie degli spagnoli che avevano prestato servizio per la Corona nell'amministrazione e nelle magistrature.[50] Fu nel corso del suo incarico di viceré che si avviò anche a Napoli, inoltre, la costituzione della confraternita di S. Maria della Soledad. Fondata nel marzo del 1580 dai domenicani della chiesa di S. Spirito di Palazzo, la confraternita si ispirava alle numerose altre confraternite sorte in quegli anni con la medesima intitolazione all'interno di una strategia di rete nei territori della Monarchia ispanica. Come le altre sue omologhe, la confraternita napoletana di S. Maria della Soledad si configurò come un sodalizio laico di matrice aristocratica con una forte partecipazione femminile e con valenze politico-culturali coagulatesi principalmente intorno al culto patrocinato dagli elementi femminili della corte a Madrid per la Madonna Addolorata, la cui *soledad* veniva contemporaneamente rappresentata e diffusa da diversi predicatori. A Napoli, l'operato della confraternita ricevette un notevole impulso dall'iniziativa di due confratelli, il frate cappuccino spagnolo Pietro Trigoso e il maestro di campo della fanteria spagnola Luis de Luxan y Enriquez, che nel 1589 fondarono un conservatorio con la medesima intitolazione. Il conservatorio, o Real Casa di Nostra Signora della Soledad,

49. E. Novi Chavarria, *Confortatori d'anime e/o consulenti militari: i carmelitani spagnoli del convento di Nostra Signora del Buon Successo di Napoli (1638-1687),* in «Dimensioni e problemi della ricerca storica», 1 (2018), *Religiosi nelle milizie del Re: Italia e Spagna (secoli XVI-XIX),* a cura di E. Novi Chavarria, pp. 187-209.

50. Cfr. sopra, cap. 1.

le cui costituzioni furono approvate da Sisto V il 5 novembre del 1590, nacque con lo scopo di raccogliere e assistere le giovani orfane, povere e onorate, della nazione spagnola. Esso ebbe sede in un edificio situato alle pendici della collina di Pizzofalcone, nel cuore dei quartieri spagnoli, nella strada ancora oggi denominata via Solitaria. In esso, di lì a poco, si trasferì anche la sede della confraternita. Il conservatorio accolse dapprima 12 fanciulle con una maestra, una rettora, una vicaria, una cuoca e un'addetta alla cucina. Col tempo, grazie ai legati di numerosi benefattori privati e al prelievo fissato dalla regia tesoreria dello Stato di una quota di 200 ducati detratti mensilmente dalle paghe dei militari di stanza in città, l'istituto ampliò di molto le sue finalità arrivando ad accogliere fino a 60 donne alla volta tra monache e fanciulle che vi entravano anche come educande e che, previo l'esborso di una retta annuale di 60 ducati, poterono apprendervi oltre che la dottrina cristiana e le cosiddette "arti donnesche", come cucito e ricamo, anche il canto e la musica sotto la direzione dei musici di Palazzo. Il governo del conservatorio fu assegnato a un maggiordomo e tre amministratori nominati dal viceré in carica e, come l'omonima istituzione milanese, ebbe nella processione del venerdì santo il momento di maggiore aggregazione devozionale dei confratelli.[51]

All'interno del conservatorio della Soledad trovarono collocazione generazioni di figlie di soldati e di esponenti spagnoli del mondo degli uffici; centinaia furono le doti che la congregazione fu in grado di distribuire: 265 solo nel ventennio 1627-1647, 133 in quello compreso tra il 1649 e il 1669, sempre ed esclusivamente per giovani donne della nazione spagnola.[52] Il criterio della esclusività, già presente negli statuti

51. C. Damiani, *Il profilo storico-istituzionale e amministrativo del Real Conservatorio della Solitaria,* in C. Damiani e R. Astarita, *L'Archivio storico del Real Conservatorio della Solitaria,* a cura di M. Mazza, Napoli, Real Conservatorio della Solitaria, 2015, pp. 15-28. Quello di S. Maria della Soledad non fu l'unico conservatorio a Napoli che ebbe origine da una confraternita. Oltre ad esso si ricordano almeno quelli della Immacolata Concezione a Montecalvario, della Carità e dello Spirito Santo, tutti destinati ad un'utenza femminile di origini spagnole. Cfr. G. Boccadamo, *Un palombaro di palombe sante. Squarci di vita quotidiana nei conservatori femminili napoletani sul finire del Cinquecento,* in *Munera Parva. Studi in onore di Boris Ulianich,* a cura di G. Luongo, II, Napoli, Fridericiana Editrice Universitaria, 1999, vol. II, pp. 277-315.

52. Dati tratti da RCS NA as, busta 47, *Maritaggi,* ff. 8v-124r. Tutti i documenti prodotti dalla confraternita e dal conservatorio di S. Maria della Soledad sono stati digitalizzati per cui cfr. http://52.48.121.178/items/browse [data di consultazione: 27/02/2020]. Utile e ricco di spunti il confronto con le doti assegnate dalle altre istituzioni caritative ed ecclesia-

fondativi, fu ribadito anche in una consulta della confraternita riunitasi il 9 settembre del 1635 e che, a fronte della richiesta avanzata da una tale Antonia, cittadina napoletana, rispose categoricamente che «de ninguna manera se puede dar dotes a donzellas italianas».[53] Le monache e le fanciulle spagnole, e/o di natali spagnoli, ospitate in S. Maria della Soledad trovarono, però, altre forme di ibridazione col tessuto della vita sociale cittadina napoletana: dal punto di vista linguistico, per esempio, dal momento che, come si avrà modo di illustrare meglio nelle pagine che seguiranno, la lingua utilizzata nella compilazione dei libri di conto è costellata da forme di reciproca contaminazione per il ricorrere di forme lessicali regionali ispanizzate con la *s* finale (*brocoles, fasoles, spinachos, muliñanas*) e di numerosi altri prestiti e campi fono-sintattici slittati dalla lingua napoletana al castigliano e viceversa. E nella alimentazione, che è l'altro campo in cui connessioni e ibridazioni emergono in maniera particolarmente significativa. Le donne spagnole accolte nel conservatorio di S. Maria della Soledad si distinsero, infatti, per l'adozione degli stili alimentari locali. Come si legge in un *Libro de despensa* relativo agli anni 1620-21, la dieta quotidiana di monache, figlie del conservatorio ed educande della Soledad era largamente improntata agli usi napoletani. Essa si basava su un piatto di pasta (vermicelli o maccheroni) servito generalmente non più di due volte a settimana, una minestra di verdure o ortaggi (scarole, spinaci, broccoli, cappuccia, borragine, zucca, carciofi o melanzane) o legumi (piselli, fave, ceci, fagioli), cui a volte seguiva la carne (di vacca o di vitello, di gallina una volta ogni due settimane) o il pesce fresco (ma per lo più pesce povero, e cioè sauri o sarde) o secco (baccalà), più di rado uova o formaggio, l'insalata (cappuccia o di borragine), frutta (mele in inverno, ciliegie, susine, albicocche, fichi nella stagione estiva), tutti alimenti della cucina napoletana non sappiamo come distribuiti nell'arco della giornata.[54] Si notano tra le specialità locali il riso di Salerno, la cui produzione e qualità erano piuttosto rinomate tanto da raccomandarsene l'uso nei più famosi ricettari dell'epoca,[55] e la salsic-

stiche presenti nella grande città capitale, per cui si veda E. Bacco, *Il Regno di Napoli diviso in dodici Provincie,* Napoli, Scipione Bonino, 1618, pp. 13-18.

53. RCS NA as, busta 5, *Deliberazioni e conclusioni,* f. n.n

54. Ivi, busta 212, *Entrate e uscite,*1, *Libro de despensa*, consultabile al link: http://52.48.121.178/items/show/215 [data di consultazione: 02/03/2020].

55. Se ne veda un esempio nel celebre ricettario di B. Scappi, *Opera ... ristampata con due aggiunte,* Venezia, Alessandro Vecchi, 1605, pp. 48, 287.

cia. Assente dalla dispensa della Soledad il pomodoro, che nel Seicento si diffuse nella cucina mediterranea dalla Spagna verso l'Italia, ma solo alla fine di quel secolo. Religiose ed educande della Soledad manifestarono, però, anche una consuetudine alimentare tipicamente ispanica. Sulla loro tavola non mancavano mai le mandorle, utilizzate a Napoli soprattutto nelle preparazioni dolciarie e che in Spagna, come ha sottolineato María Ángeles Samper in diversi studi, erano invece oltremodo gradite e largamente e in vari modi presenti nell'alimentazione quotidiana di tutti i ceti sociali (fig. 7).[56]

Grande rilievo nel panorama devozionale e identitario della nazione spagnola a Napoli ebbe anche la confraternita del Santissimo Sacramento, fondata nel 1614 dal viceré conte di Lemos col patrocinio del re Filippo III. La confraternita, che aggregò elementi sia maschili sia femminili, aveva sede presso la chiesa di S. Giacomo degli spagnoli, luogo simbolico per eccellenza dell'iniziativa politica della nobiltà spagnola insediata nella capitale. Come si legge negli statuti, che furono pubblicati qualche anno dopo, nel 1624, a cura del nuovo viceré di Napoli, il duca d'Alba Antonio Álvarez de Toledo, la confraternita nasceva allo scopo preminente di attivare forme di solidarietà e aggregazione tra i membri della nazione spagnola presenti allora a Napoli. Le regole per l'aggregazione ricalcavano in tutto e per tutto quanto era già stato prescritto dagli statuti dell'arciconfraternita della Santissima Resurrezione della nazione spagnola fondata a Roma, nel 1579, ad opera dell'allora ambasciatore presso la Santa Sede Juan de Zúñiga. Come quelle dell'arciconfraternita romana, esse prevedevano un'accezione assai ampia dell'appartenenza alla nazione spagnola inclusiva di quanti fossero nativi di tutti i domini peninsulari e insulari della Corona in Europa (Portogallo, Maiorca, Minorca, Sardegna) e nel Nuovo Mondo. Entrambe le confraternite includevano tra i propri obblighi che il priore relazionasse al re almeno una volta all'anno sullo stato della istituzione e, inoltre, quello di visitare regolarmente le carceri cittadine per prestare assistenza legale

56. Cfr. M.Á. Pérez Samper, *La alimentación cotidiana en la Cataluña del siglo XVIII,* in «Cuadernos de Historia Moderna. Anejos», 8 (2009), pp. 33-65. Alla storia dell'alimentazione a Napoli è dedicato il numero monografico su *Cibo, territorio e socialità: l'alimentazione nel territorio campano fra vita quotidiana e rappresentazioni* dell'«Archivio storico delle province napoletane», 136 (2018). In particolare sull'alimentazione negli ospedali cittadini cfr. R. Salvemini, *Il consumo alimentare negli ospedali napoletani: aspetti e problemi di un approccio economico (secc. XVI-XVIII),* in *Alimentazione e nutrizione. Secc. XIII-XVIII*, a cura di S. Cavaciocchi, Firenze, Le Monnier, 1997, pp. 852-866.

Fig. 7. Real Conservatorio della Solitaria di Napoli, *Libro de despensa* (21 gennaio 1620).

ed economica agli spagnoli che vi erano prigionieri; di sovraintendere e controllare le condizioni degli ospedali cittadini e soccorrervi, sia dal punto di vista spirituale che sanitario, gli infermi della nazione; di provvedere alle necessità economiche di donne, fanciulli e religiosi spagnoli che per qualsiasi motivo si trovassero in condizioni di indigenza e controllarne la condotta morale e i comportamenti; comunicare ai parenti in Spagna la notizia della morte dei loro congiunti, far celebrare messe per la loro anima e garantirne i diritti di successione e il trasferimento dei beni;[57] organizzare la processione dell'Ottava del Corpus Domini che, sul modello di Madrid, si affermò sia a Roma sia a Napoli come una delle principali ricorrenze del calendario festivo cittadino, in generale, e della nazione spagnola in città, in particolare.[58] A Napoli – ha sottolineato Maria Antonietta Visceglia – protagonisti della processione del Corpus Domini, denominata anche dei Quattro Altari, erano i nobili spagnoli, le élite della burocrazia togata, il rappresentante della curia romana nella persona del nunzio, i religiosi di alcuni ordini alternativamente invitati (oratoriani, gesuiti, agostiniani, teatini) e i carmelitani di tutti i conventi, gruppi sociali e di potere nuovi, più vicini alla corte vicereale e anche madrilena, rispetto all'antica aristocrazia di Seggio e ai preesistenti assetti degli insediamenti ecclesiastici cittadini. I nuovi attori, il nuovo tracciato della processione e il suo ricco apparato celebrativo ne fecero in breve tempo una delle maggiori rappresentazioni del trionfo della Monarchia cattolica nella capitale del Regno di Napoli, oltre che dei mutati equilibri di potere.[59] Grazie alle elemosine dei confratelli e

57. Su scala imperiale le procedure di trasmissione ereditaria sono state studiate da A. Buono, *"Tratándole como paysano y él a ellos". Pertenencia local, redes supralocales y transmisión de bienes entre el Nuevo y el Viejo Mundo (siglo XVII)*, in «Tiempos modernos», 39 (2019), pp. 131-155, online al link https://dialnet.unirioja.es/servlet/articulo?codigo=7328171[data di consultazione: 16/04/2020].

58. Cfr. *Estatutos de la Congregazion del Santiss. Sacramento de la Eucharestia, de la Nación Española [...] statuidos por el ilustrissimo y excelentissimo señor duque de Alva*, Nápoles, Lazaro Escorigio, 1625. Per Roma il rinvio è a M.A. Visceglia, *Tra liturgia e politica: il* Corpus Domini *a Roma,* ora in Ead., *La Roma dei papi. La corte e la politica internazionale (secoli XV-XVII),* a cura di E. Valeri e P. Volpini, Roma, Viella, 2018, pp. 73-116. Sul ruolo della processione del *Corpus Domini* nella costruzione della *capitalidad* di Madrid ha scritto M.J. del Río Barredo, *Madrid, Urbs Regia. La capital ceremonial de la Monarquía Católica*, Madrid, Marcial Pons Historia, 2000, pp. 221-223.

59. M.A. Visceglia, *Identità sociali. La nobiltà napoletana nella prima età moderna,* Milano, Unicopli, 1998, pp. 197-200. Per la processione dei Quattro Altari si veda anche A. Antonelli, *La Festa dei Quattro Altari a Napoli*, in *Soprintendenza per i Beni Ambientali*

allo stanziamento di alcune rendite da parte della stessa Corona, la confraternita napoletana del Santissimo Sacramento svolse un'intensa attività di assistenza a poveri e infermi e ai prigionieri nelle carceri di S. Giacomo e della Vicaria, cui assegnava una dotazione giornaliera del pane che veniva cotto nel forno del proprio ospedale.[60] Alcuni tra i suoi benefattori lasciarono cospicui legati anche per l'istituzione di doti matrimoniali da conferire a fanciulle povere della nazione. Il dato più significativo, comunque, dalla prospettiva che qui si è cercato di aprire, è che il 29 maggio 1652 la confraternita napoletana del Santissimo Sacramento della nazione spagnola fu ufficialmente aggregata all'arciconfraternita della Santissima Resurrezione di Roma.[61] Veniva così sancita, anche formalmente, quella condivisione di forme e modalità di assistenza previste dai loro rispettivi statuti all'interno di una strategia di rete e in connessione con le altre analoghe istituzioni variamente localizzate nei tanti domini della *Monarquía* che parteciparono di quella comune aspirazione celebrativa dei disegni della Corona volti a favorire una maggiore integrazione e una più intensa coesione fra le diverse componenti che ne costituivano il composito mondo.

Gli spagnoli presenti a Napoli frequentarono e parteciparono alla vita anche di altre confraternite. Quanti alloggiavano nel quartiere degli spagnoli, che era intanto diventato luogo di straordinaria commistione abitativa tra naturali e spagnoli, tra militari e cittadini, poterono afferire ad almeno altre tre confraternite che sorsero nella zona: quella di Nostra Signora della Concordia nella omonima chiesa, la confraternita della Concezione, istituita nel 1621 dai domenicani del SS. Rosario di Palazzo e la confraternita del SS. mo Sacramento in S. Anna di Palazzo (1635).[62] I confratelli si dedi-

*e Architettonici di Napoli e Provincia. Bollettino d'informazione. 1997-98*, Napoli, Fausto Fiorentino, 2000, pp. 131-148.

60. R. Salvemini, *La asistencia en la ciudad de Nàpoles en los ss. XVI-XVII*, in *Ciudad y Mundo urbano en la Epoca Moderna*, a cura di L. De Rosa e L.A. Ribot García, Madrid, Editorial Actas, 1997, pp. 271-299.

61. R. Borrelli, *Memorie storiche della chiesa di S. Giacomo dei nobili spagnuoli e sue dipendenze,* Napoli, Francesco Giannini & Figli, 1903, pp. 92, 139. Sugli aspetti del cerimoniale di questa e delle altre istituzioni della nazione spagnola a Napoli cfr. *Visiones cruzadas. Los virreyes de Nápoles y la imagen de la Monarquía de España en el Barroco*, a cura di I. Mauro, M. Viceconte, J.-L. Palos, Barcelona, Edicions de la Universitat de Barcelona, 2018.

62. Su comportamenti sociali e pratiche religiose nei quartieri spagnoli di Napoli tra Cinque e Seicento rinvio a E. Novi Chavarria, *Una città nella città: la "cittadella degli spagnoli" a Napoli,* in *Capitali senza re nella Monarchia spagnola. Identità, relazioni,*

cavano sia all'assistenza ai malati e al conferimento dell'estrema unzione, sia all'accompagnamento funebre. L'iscrizione alla confraternita prevedeva il versamento di una quota mensile di un carlino e l'accesso, tra gli altri servizi, anche alla possibilità di un sussidio per il maritaggio delle proprie figlie. A norma di statuto i confratelli della Concezione avrebbero dovuto esercitare anche un forte controllo sociale e morale sui propri adepti, dei loro comportamenti oltre che delle coscienze. Considerate l'estensione e la densità dell'abitato di pertinenza, sia i confratelli della Concezione, sia quelli del SS. mo Sacramento di S. Anna di Palazzo praticavano, inoltre, la raccolta settimanale delle elemosine e l'ufficio dell'accompagnamento dell'eucarestia ai moribondi suddividendo l'area in decurie, a ognuna delle quali era preposto uno o, nel caso della ben più numerosa confraternita del SS.mo Sacramento, due eletti.[63]

Sullo sfondo della dialettica che, nell'arco dei due secoli della presenza spagnola nel Regno non fu certo priva di situazioni e momenti di conflittualità tra i poteri cittadini per il controllo degli spazi ecclesiastici, le tre confraternite dei quartieri spagnoli furono di fatto degli spazi di associazionismo in cui spagnoli e napoletani trovarono un fecondo terreno di comune appartenenza. Rafforzando le solidarietà interne e favorendo più dense trame relazionali tra stranieri e naturali, in esse i limiti e i confini, linguistici e culturali, che potevano separarli si infransero o almeno ebbero modo di molto ridursi.

### 4.2. *Gaeta e Ascoli*

Il primo dicembre del 1648 il principe Antonio Luís de Leyva dettava a Napoli, alla presenza del notaio Andrea Fasano, le sue ultime volontà. Per farlo scelse l'idioma castigliano. Osservazione non del tutto banale quest'ultima dal momento che la sua non era affatto una scelta scontata. I de Leyva erano radicati sui territori della Penisola ed inseriti nei gangli del governo politico e militare del Regno e di altri domini italiani della Corona da almeno cinque generazioni. Si erano nobilitati a

*immagini (secc. XVI-XVIII)*, a cura di R. Cancila, Palermo, Quaderni Mediterranea, 2020, tom. I, pp. 57-77.

63. Se ne vedano i rispettivi statuti in ASN, *Cappellano maggiore, Statuti e Congregazioni,* 1214/65 e 1196/5. Su riti e pratiche funerarie in uso a Napoli in età moderna rinvio a D. Carnevale, *L'affare dei morti. Mercato funerario, politica e gestione della sepoltura a Napoli (secoli XVII-XIX)*, École Française de Rome, 2014.

Napoli col titolo di principi d'Ascoli e, a Milano, con la contea di Monza, titoli entrambi conferiti da Carlo V al bisavolo del principe Antonio Luís, il condottiero Antonio de Leyva, l'eroe dell'assedio di Pavia e generalissimo della Lega santa (1480-1536). Da allora i vari rami dei de Leyva avevano accumulato cariche militari e onorificenze, occupato i più alti gradi delle magistrature in quota agli spagnoli sia a Napoli sia a Milano, tenuto comportamenti matrimoniali fortemente endogamici stringendo alleanze solo all'interno dell'alta aristocrazia castigliana. Furono insomma tra quelli che non portarono mai a termine un vero e proprio processo di naturalizzazione nel Regno e che, come i Mendoza o le prime generazioni degli Avalos, si considerarono sempre spagnoli pur avendo legato sin dall'inizio le loro maggiori fortune alle vicende politiche degli stati italiani della *Monarquía* ispanica.

Prestigiosa fu anche la carriera di Antonio Luís V principe d'Ascoli. Governatore delle province di Principato citra e Basilicata (1616) e di Principato ultra (1618), entrò nel Consiglio collaterale nel 1620. Acquisì poi via via la carica di castellano di Gaeta e Ascoli, generale della cavalleria di Napoli di stanza a Milano e di maestro generale del *tercio* di Napoli, l'adelantato delle Canarie e, infine, il grandato di Spagna. Privo di una discendenza maschile diretta, in punto di morte il principe dispose la costituzione di un Monte preposto alla assegnazione di doti matrimoniali per l'ammontare di 100 ducati ciascuna a beneficio di giovani orfane spagnole, con la clausola che fosse sempre da preferire la fanciulla che avesse prestato servizio o fosse figlia di un servitore della sua casa. Il de Leyva riservò inoltre la terza parte della donazione a favore di fanciulle povere, natie dei suoi feudi di Ascoli, San Germano e Gaeta siti nella provincia di Terra di Lavoro.[64] Nelle ultime volontà egli mostrò così di voler saldare, seppure in maniera diseguale, alla memoria imperitura della propria identità ispanica originaria anche una qualche forma di inclusione dei vassalli naturali del Regno su cui lui e la sua famiglia da oltre un secolo esercitavano il proprio potere feudale. Distanze e limiti tra spagnoli e naturali nell'accesso al beneficio restavano in ogni caso fortemente marcati a segno di un processo di assimilazione, il suo, compiutosi solo parzialmente, se non addirittura faziosamente eluso.

64. *Capitoli, stabilimenti, instruttioni, e formalità ordinate per l'erettione et administratione del Monte del Sig. Principe d'Ascoli*, s.l., s.d., ma Napoli 1652.

### 4.3. *Brindisi*

Il 25 febbraio del 1705 Aloysio Ferreyra, maestro di campo e regio castellano del Forte a mare di Brindisi, una fortezza che negli ultimi due secoli aveva costituito uno dei maggiori baluardi a difesa del *limes* pugliese dall'attacco dei turchi e delle navi veneziane,[65] istituì un legato che lasciò *in loco* una lunga scia di controversie. Non è il contenzioso che ha attratto il nostro interesse, ma il contenuto e le clausole del lascito, ultimo di una interminabile serie di pratiche caritative orientate a favore degli spagnoli ancora residenti nel Regno. Nel solco della lunga tradizione che aveva saldato le politiche della Corona alle iniziative di tanti singoli benefattori sui temi della carità e della mutua assistenza tra i membri della nazione spagnola, il castellano Ferreyra, su un capitale di 9.000 ducati investito per una rendita del valore di 600 ducati l'anno, fondò due cappellanie con obbligo di messe. Ad esse volle aggiungere la costituzione di quattro maritaggi di 50 ducati l'uno per le orfane di soldati spagnoli del forte o, in loro vece, di fanciulle povere della città di Brindisi.[66] Il Pio Monte dei Poveri istituito in seguito dai carmelitani scalzi del locale convento di S. Gioacchino, che gestirono il legato del Ferreyra favorendo molti matrimoni e una maggiore integrazione tra spagnoli e naturali e tra militari e cittadini del territorio brindisino, portò il nome del fondatore fino al 1912 quando, per delibera del consiglio comunale di Brindisi, il patrimonio dell'ente fu aggregato a quello della locale congregazione della carità.[67]

## 5. *Regno di Sicilia*

### 5.1. *Palermo*

> Fu costume de' Re di Spagna che ovunque portavano le armate ne' paesi di loro dominio fondavano degl'Ospedali per commodo delle truppe e de' loro nazionali che con quelle si trasferivano in paesi stranieri. Questi ospedali erano ordinariamente istituiti sotto la invocazione di San Giacomo della Spada.

65. Su Brindisi "porta del Regno" nell'Adriatico rimando ad A. Spagnoletti, *Un mare stretto e amaro. L'Adriatico, la Puglia e l'Albania (secc. XV-XVII)*, Roma, Viella, 2014.

66. BAD, *Archivio Capitolare,* b. AN/3, doc. 8, anno 1711.

67. Cfr. http://www.brundarte.it/2014/02/16/il-castello-di-mare-o-castello-alfonsino/ [data di consultazione: 21/02/2020].

> Venuta la Nazione Spagnola in Sicilia e non avendo ospedale proprio in Palermo per i soldati infermi procurò nel 1560 che la loro cura fosse affidata alla antica casa e chiesa di S. Giacomo la Mazzara e i PP. Canonici Regolari di S. Giorgio in Alga, che vi si erano stabiliti, concessero un luogo a' questo fine e dalle truppe si pagavano a detti canonici oncj 10 ogni anno.[68]

Come scriveva l'anonimo estensore di un'assai più tarda memoria, l'ospedale S. Giacomo degli spagnoli a Palermo fu fondato nel 1560 nei locali della chiesa di S. Giacomo la Mazzara, ubicata all'angolo del quartiere che fu poi destinato all'alloggiamento delle milizie spagnole, di fronte il Papireto dove si erano insediati i canonici regolari e per la cui concessione la deputazione dell'ospedale si impegnò a pagare un canone annuo di 10 onze detratto dal *sueldo* dei soldati. In seguito, nel 1587, il viceré Diego Enriquez de Guzmán conte di Alba de Lista, nell'ambito di un progetto complessivo volto alla razionalizzazione della rete ospedaliera e delle modalità per l'alloggiamento delle compagnie di fanteria di stanza in città, cominciò a valutarne il trasferimento in un luogo più idoneo, meno angusto e più salubre, distante dalla zona acquitrinosa del Papireto. La sua richiesta per la concessione di un terreno da destinare alla nuova costruzione fu accolta dal Consiglio civico di Palermo il 31 agosto dell'anno successivo. L'area individuata dai giurati perché fosse aggiudicata alla fabbrica dell'ospedale fu quella del piano delli Bochini con l'impegno suppletivo da parte del Senato della assegnazione di un capitale di 3.000 onze per fare fronte alle spese per il suo allestimento.[69] A questi si aggiunsero i 260 scudi l'anno conferiti dalla Corona sulle entrate provenienti dagli spogli delle sedi diocesane vacanti nel Regno.

Tra qualche sospensione e gli immancabili ritardi nell'esecuzione, i lavori furono definitivamente ultimati solo nel 1621 grazie all'intervento del viceré Francisco Ruiz de Castro, VIII conte di Lemos plurimparentato col duca di Lerma, abile diplomatico e grande conoscitore dei problemi

68. ASP, *S. Giacomo dei Militari in Palermo,* 1, fascic. 1, c. 20.

69. ACPa, *Consigli civici (1583-1598),* cc. 202-203. Sui rapporti tra autorità regia e quella municipale negli interventi urbanistici si rinvia alle considerazioni di S. Piazza, *Volontà governative e poteri locali nel rinnovamento urbano di Palermo tra XVI e XVII,* in *Capitali senza re nella Monarchia spagnola*, a cura di Cancila, tom. I, pp. 151. Per l'organizzazione e la logistica delle milizie spagnole in Sicilia tra Cinque e Seicento si veda V. Favarò, *La modernizzazione militare della Sicilia di Filippo II,* Palermo, Associazione Mediterranea, 2009. L'impegno del viceré conte di Alba per l'intera rete ospedaliera palermitana fu rilevato anche dai suoi biografi, per cui cfr. V. D'Auria, *Historia cronologica delli Signori Viceré di Sicilia*, Palermo, Pietro Coppola, 1697, pp. 64-65.

italiani. Prima come luogotenente del Regno a Napoli (1601-1603) e poi a Roma come ambasciatore (1609-1616), egli condivise con gli altri membri del suo lignaggio reti di relazione e impegno politico-culturale a favore delle istituzioni della *nación española* sparse in Italia. Mentre, nel 1614, suo fratello Pedro Fernández durante il mandato vicereale a Napoli fondava la confraternita del Santissimo Sacramento della nazione spagnola, i cui statuti ricalcavano in tutto e per tutto quelli dell'omonimo sodalizio romano promosso da Juan de Zúñiga, Francisco nel 1617, in qualità di ambasciatore, ottenne che fosse stornata a favore del Santiago degli spagnoli di Roma una dotazione annua di 500 scudi dagli spogli delle chiese vacanti di Sicilia per un importo complessivo di 3.000 scudi.[70] Nominato viceré a Palermo, Francisco de Castro si adoperò poi almeno con altrettanta determinazione per portare a termine una serie di interventi urbanistici che avrebbero profondamente mutato l'assetto della città proiettandola più compiutamente ad assumere il ruolo di capitale.[71] Fu su suo mandato che il S. Giacomo degli spagnoli di Palermo poté finalmente ergersi nel piano prospiciente il Palazzo regio "di meravigliosa fabrica" per bellezza architettonica e maestosità «che si potrà equiparare con qualsivoglia altra fabrica che sia in Italia».[72] Fu un'operazione condotta in sinergia, a livello locale, tra autorità politiche e gerarchie ecclesiastiche con forti densità di legami ed evidenti interconnessioni tra loro, che trasferì in Sicilia quelle direttive e pratiche di governo e integrazione dei territori elaborate in quel momento a corte intorno alla fazione del *valído* in continuità con quanto su quello stesso piano era stato caldeggiato, alla fine degli anni Settanta del Cinquecento, da Zúñiga e i suoi sodali. L'anno prima, infatti, nel 1620, l'arcivescovo Giannettino Doria, la cui carriera si era tutta snodata all'ombra della corte madrilena e che a più riprese fu anche viceré di Sicilia *ad interim*, aveva aggregato all'ospedale della *nación española* la chiesa di S. Sebastiano dei Calzolai con gli annessi diritti relativi alla sepoltura dei

70. AGS, *Secreterías Provinciales,* lib. 874, c.1. Sulla nomina di Francisco de Castro come ambasciatore a Roma e le sue successive relazioni con la corte pontificia cfr. M.A. Visceglia, *Roma papale e Spagna. Diplomatici, nobili e religiosi tra due corti,* Roma, Bulzoni, 2010, pp. 100-120; P. Periati, *Mettere fine al loro «Imperio Napolitano». L'ossessione di Paolo V per la rimozione di Francisco de Castro, ambasciatore spagnolo a Roma (1611-1616)*, in «Nuova rivista storica», 102/1 (2018), pp. 67-96.

71. V. Favarò, *Carriere in movimento. Francisco Ruiz de Castro e la monarchia di Filippo III,* Palermo, Associazione Mediterranea, 2017, pp. 138-144.

72. ASP, *S. Giacomo dei Militari in Palermo,* 1, fascic. 1, c. 22.

morti, amplificandone quindi notevolmente le prerogative.[73] Nel 1623 il S. Giacomo acquisì tra l'altro anche un'altra area adibita a giardino limitrofa alla sue mura, che fu utilizzata come cimitero.[74]

Col tempo il S. Giacomo degli spagnoli di Palermo si arricchì dei legati di molti benefattori spagnoli tra cui Isabel Villalba,[75] i capitani delle milizie Consalvo Maldonado, Pietro Valdas e Ambrose de Povijo, e non spagnoli, come Marcello Cucuzzola di Cefalù e il frate milanese Pietro Antonio Cornaro. Le loro donazioni procurarono all'ospedale un'ulteriore rendita annua di 665 onze lasciando al contempo un segno tangibile delle molteplici confluenze tra spagnoli e naturali, sia siciliani sia natii degli altri territori della Monarchia in Italia, che sul piano simbolico, e non solo, l'istituto della *nación española* di Palermo fu evidentemente in grado di attivare.[76]

Il personale preposto alla gestione dell'ospedale era costituito da un maggiordomo che veniva coadiuvato da sei deputati, tutte cariche di nomina viceregia e per lo più distribuite tra gli ufficiali dei reparti di fanteria e cavalleria di stanza in città. Informazioni più dettagliate circa l'organigramma di governo, le spese e le modalità di amministrazione dell'istituto ricaviamo da una relazione prodotta dai deputati dell'ospedale relativamente alla sua conduzione negli anni 1680-1685.[77] I deputati in quel momento in carica erano: il sergente maggiore del *tercio* Joseph de Bustos; il *veedor* generale della gente di guerra di stanza in Sicilia Luís Ossorio Carrillo, cui spettava il compito di verificare tutte le voci di spesa concernenti l'impiego delle milizie[78]; i maestri di campo Duarte

73. Sul cardinale Doria "creatura" del re di Spagna e il suo episcopato palermitano (1608-1642) il riferimento è a F. D'Avenia, *Lealtà alla prova: "Casa", Monarchia, Chiesa. La carriera politica del cardinale Giannettino Doria (1574-1642),*in *Ecclesiastici al servizio del Re tra Italia e Spagna (secc. XVI-XVII)*, a cura di E. Novi Chavarria, numero monografico di «Dimensioni e problemi della ricerca storica», 2 (2015), pp. 45-72; Id., *"Español como si naciera allá". Giannettino Doria, cardinale della fazione spagnola (1604-1642),* in *La Iglesia en Palacio. Los eclesiásticos en las cortes hispánicas (siglos XVI-XVII),* a cura di R. Valladares, Roma, Viella, 2019, pp. 93-110.

74. ASP, *S. Giacomo dei Militari in Palermo,* 1, fascic. 1, cc. 22-26.

75. Il suo testamento è ivi, *Notaio Sebastiano Brocco,* II st., 1097, cc. 656r-665v.

76. ASP, *S. Giacomo dei Militari in Palermo,* 1, fascic. 1, cc. 27-50.

77. La lunga relazione che fu trasmessa a Madrid dal viceré conte di Santisteban, il 22 novembre del 1685, si trova in AGS, *Secreterías Provinciales,* lib. 716.

78. Sull'ufficio di *veeduría* generale nell'esercito spagnolo rinvio a D. Maffi, *La cittadella in armi. Esercito, società e finanza nella Lombardia di Carlo II 1660-1700,* Milano, FrancoAngeli, 2010, pp. 146-149.

Correa de Castel Blanco e Juan Barbosa; Juan de Retana e il principe della Torre, che ricoprivano rispettivamente gli uffici di conservatore e maestro razionale del Real Patrimonio. Tutti i quadri della organizzazione delle milizie e dell'amministrazione del Regno di Sicilia vi erano, quindi, coinvolti. Trattandosi di una carica onorifica i deputati al governo dell'ospedale non percepivano nessun emolumento. La loro supervisione era affiancata dalla consulenza di alcuni esponenti del mondo delle professioni, cioè di un procuratore per le questioni legali, del razionale, la cui carica pure era di nomina viceregia e al quale era affidato il compito di tenere la contabilità sia della infermeria sia della cucina dell'ospedale, di un medico, che in quel momento era il Protomedico del Regno, il dottor Antonio Bartolo, di due cappellani, incaricato uno dell'assistenza agli infermi durante i pasti e alle confessioni, l'altro agli uffici in chiesa, di un notaio e dell'esattore delle entrate. Il personale di casa (la *familia* dell'ospedale) era costituito da una serie di addetti ai servizi, ovverosia un infermiere, un assistente dello speziale, la lavandaia, il sacrestano, un servitore preposto al rifornimento della dispensa, un salassatore, un cuoco, un numero variabile di mozzi di cucina e altri addetti alla pulizia delle camerate e dei letti, uno spazzino, l'acquaro. Il loro salario oscillava tra i 3 scudi al mese più un pasto al giorno percepiti dall'infermiere e i 3 tarì pagati ogni mese al servitore della cucina.

Il numero complessivo del personale di servizio (più di 15 addetti) e la diversificazione delle mansioni loro assegnate ci inducono in ogni caso a ritenere che per capacità ricettiva e livello di medicalizzazione i servizi assistenziali e sanitari prestati dall'ospedale fossero di livello e dimensioni assolutamente ragguardevoli. Qualche altro dato quantitativo ci aiuterà a fare risaltare ancora di più tale considerazione. Basti dire che nel giugno del 1685 nell'ospedale risultavano ricoverati tra i 46 e i 67 ammalati al giorno. Tra loro vi erano anche soldati tedeschi e borgognoni. Molti furono dimessi in pochi giorni. Per il solo mese di novembre del 1680 lo speziale presentò all'amministratore dell'ospedale un conto dei medicamenti che aveva somministrato agli infermi per un saldo totale di oltre 880 onze. Per le stufe e le unzioni destinate alla cura dei sifilitici la spesa accertata in bilancio in quello stesso anno fu di circa 70 onze. Tre anni dopo, nel 1683, l'importo salì a 485 onze per le stufe e 300 per le unzioni, il che significa che i costi relativi all'esercizio delle cure mediche furono quell'anno assai più alti delle spese complessive per il vitto e il mantenimento dei degenti. La terapia dei malati di sifilide con le cosiddette "stufe", una sorta di tinozze in cui veniva introdotto il paziente per sottoporsi al vapore sprigionato da un braciere, che in certi casi veniva cosparso di solfato di mercurio, ne stimolava la sudorazione con un effetto paragonabile a quello di una sauna alleviandogli il dolore delle ulcere provocate dalla malattia. Secondo Geoffrey Parker questo tipo di terapia era stata introdotta nell'ospedale militare di Malines negli anni Quaranta del Seicento, allorché si trova attestato il versamento all'ospedale di una somma considerevole per curare i soldati spagnoli afflitti dal *mal gallico* con bagni di vapore e speciali unguenti per la cicatrizzazione delle ulcere.[79] Da allora l'uso di tale metodica era stato trasferito un po' ovunque conquistandosi la reputazione tra alcuni medici di essere un trattamento tra i più efficaci.[80] Il fatto che quarant'anni dopo esso fosse praticato in maniera intensiva nel S. Giacomo degli spagnoli di Palermo ci fa ritenere che nel panorama coevo della rete ospedaliera cittadina, l'ospedale della nazione spagnola si distinguesse per essere essenzialmente un luogo di cura più che di assistenza generica e, in particolare, di essere specializzato nella cura della sifilide. La nostra idea è che esso, come altre strutture della costellazione di ospedali della *nación española*, fosse anche un luogo in cui, grazie alla confluenza di attori delle più svariate provenienze e di esperienze maturate sul campo dei percorsi illimitati delle carriere esperite nei molteplici spazi della Monarchia – militari spagnoli, tedeschi e fiamminghi, religiosi, marinai e itineranti di ogni sorta –, si poté attivare, tra successi e inevitabili contraddizioni, una sorprendente varietà di culture e pratiche mediche, nonché di scambio di conoscenze in vari campi.[81]

Avremo modo di tornare su questo punto, nell'ultimo capitolo.

79. G. Parker, *Army of Flanders and the Spanish Road, 1567-1659. The logistics of Spanish victory and defeat in the Low Countries' Wars*, Cambridge, Cambridge University Press, 1972, p. 169.

80. Ne decantava, per esempio, la validità il medico bolognese L. Fioravanti, *De' capricci medicinali*, Venezia, Valentino Mortali, 1665, pp. 29-32. Sull'uso del mercurio nel trattamento della malattia cfr. G. Tilles, D. Wallach, *History of the treatment of syphilis with mercury: five centuries of uncertainty and toxicity*, in «Revue d'histoire de la pharmacie», 44 (1996), pp. 347-351e, in generale, sulla sifilide e le sue cure E. Tognotti, *L'altra faccia di Venere. La sifilide dalla prima età moderna all'avvento dell'AIDS (XV-XX sec.)*, Milano, FrancoAngeli, 2006.

81. Una ricognizione sullo stato degli studi in Italia sui temi delle culture e delle pratiche mediche è in A. Pastore, *Medicina, scienza e storia in età moderna. Lo stato degli studi in Italia*, in *Spagna e Italia in Età moderna: storiografie a confronto*, a cura di F. Chacon, M.A. Visceglia, G. Murgia, G. Tore, Roma, Viella, 2009, pp. 253-271.

Come nelle altre città capitali dei domini italiani degli Asburgo, e come si è scritto nelle pagine precedenti a proposito di Milano e Napoli, i membri della *nación española* trovavano a Palermo un ulteriore spazio di aggregazione nella confraternita di S. Maria della Soledad. Fondata nel 1585 inizialmente nella chiesa di S. Lucia al borgo, fu in seguito trasferita in quella di S. Demetrio. Governata da personalità di spicco dell'ambiente militare e politico della città e del Regno, essa era posta sotto la diretta protezione del viceré e, come la omonima confraternita napoletana, ebbe relazioni assai strette con i musici della cappella palatina. La loro presenza era particolarmente significativa, per esempio, nella rinomata processione della Solitaria del venerdì santo, cui partecipava il viceré con tutte le autorità cittadine ed ecclesiastiche e i corpi militari, insieme ai confratelli muniti di disciplina.[82]

## 5.2. *Messina e Milazzo*

La guerra di Messina (1674-1678) era finita quando, il 17 gennaio del 1679, il viceré di Sicilia Francisco de Benavides y Dávila conte di Santisteban del Puerto (1678-1687), inaugurò in città, all'interno del preesistente ospedale grande della Pietà, un nuovo reparto che fu denominato Hospital Real de Santiago, destinato specificatamente alla cura dei soldati spagnoli.[83] A quella data il Santisteban era di fresca nomina e da appena dieci giorni sbarcato sull'Isola, ma si era messo subito all'opera per ripristinare l'ordine e il potere regio in città procedendo alla chiusura delle accademie e dell'Università, alla rimozione di giurati e magistrati coinvolti nella sedizione, alla confisca dei beni dei rivoltosi, alla ricostruzione della fortezza della Cittadella, al riordino della fiscalità municipale e alla vendita dei casali della città. In termini economici il ricavo complessivo di tutta l'operazione fu per le casse reali di oltre 150.000 scudi.[84] La fondazione di una nuova opera pia per

82. A. Tedesco, *La cappella de' militari spagnoli di Nostra Signora della Soledad di Palermo*, in *Giacomo Francesco Milano e il ruolo dell'aristocrazia nel patrocinio delle attività musicali nel XVIII secolo*, a cura di G. Pitarresi, Reggio Calabria, Laruffa Editori, 2001, pp. 199-254. Sulla circolazione di musicisti e occasioni di musica tra la Soledad di Palermo e quella napoletana rinvio a A. Fiore, I. Grippaudo, *Musica nelle istituzioni religiose del meridione d'Italia: ipotesi di confronto fra le Cappelle Reali di Napoli e Palermo,* in «Quadrívium. Revista digital de musicologia», 7 (2016), pp. 99-103.

83. L. A. Ribot García, *La Monarquía de España y la Guerra de Mesina: 1674-1678*, Madrid, Actas, 2002, p. 459.

84. Cfr. S. Bottari, *Post res perditas. Messina 1678-1713*, Messina, Ed. Sfameni, 2005, pp. 89-100. Sulla guerra di Messina si veda ora anche S. Barbagallo, *La guer-*

l'assistenza dei soldati spagnoli acquartierati nella città che si era mobilitata proprio contro le loro insegne faceva evidentemente parte di quello stesso piano d'azione con cui il Santisteban volle bilanciare autoritarismo, controllo del territorio e consolidamento della presenza militare spagnola nell'Isola con una più equilibrata azione di reintegrazione della città e del suo tessuto sociale nel sistema di potere e di governo dei territori della Monarchia.[85]

La costruzione dell'ospedale grande di Messina era stata avviata nel 1542, ai margini della città vecchia sul piano di S. Croce e si concluse nel 1605. La sua creazione segnò profondamente il piano di rinnovamento e modernizzazione delle strutture assistenziali e di presidio del territorio avviato dalla Monarchia ispanica sull'Isola sin dagli inizi del Cinquecento che previde, tra le altre, l'ammodernamento del reticolo viario e delle infrastrutture portuali.[86] Al nuovo grande ospedale furono incorporate le entrate di ben altri quindici più piccoli antichi ospedali della città che erano stati nel frattempo soppressi, così come avveniva contemporaneamente in molte altre città dei domini della Corona nel quadro di una tendenziale razionalizzazione dell'offerta medico-assistenziale. L'ospedale grande di Messina si presentava come un edificio monumentale a più piani, di notevole capacità ricettiva e alcune delle sue sale, già durante la rivolta del 1674, erano state attrezzate per l'assistenza sanitaria dei soldati feriti, tanto da accoglierne in un solo anno almeno 600. Altri spazi di accoglienza e assistenza per i militari erano stati allestiti, negli anni della guerra, nelle pertinenze della città di Messina lungo la linea costiera perimetrale la zona teatro delle operazioni belliche, nella città di Milazzo nei conventi del Carmine, di S. Lucia e nel Belvedere, e a Catania, a presidio ulteriore del sistema di fortificazioni che si stendeva lungo le coste a difesa dell'Isola.[87] La fondazione messinese dell'ospedale S. Giacomo voluta dal viceré conte di Santisteban introduceva ora, però, un principio di ot-

*ra di Messina 1674-1678. "Chi protegge li ribelli d'altri principi, invita i propri a' ribellarsi"*, Napoli, Guida, 2017.

85. Sugli anni del suo governo come viceré di Sicilia e a Napoli cfr. L. A. Ribot García, *El IX conde de Santisteban (1645-1716). Poder y ascenso de una Casa noble a través del servicio a la Corona*, in «Espacio, Tiempo y Forma», 31 (2018), pp. 23-40.

86. G. C. Buonfiglio, *Messina città nobilissima,* Venezia, Gio.Antonio e Giacomo de' Franceschi, 1606, p. 37. Sulle trasformazioni urbanistiche avviate a Messina tra Cinque e Seicento cfr. N. Aricò, *Interventi urbani a Messina nei secoli XVI-XVII*, in *La Sicilia dei viceré nell'età degli Asburgo (1516-1700). La difesa dell'isola, le città capitali, la celebrazione della monarchia*, a cura di S. Piazza, Palermo, Caracol, 2016, pp. 279-297.

87. Sui presidi militari marittimi in Sicilia cfr. A. Spagnoletti, *La frontiera armata. La proiezione mediterranea di Napoli e della Sicilia tra XV e XVI secolo,* in *Sardegna, Spagna*

timizzazione dell'assistenza e trattamento terapeutico dei soldati spagnoli in base al quale fu possibile assegnare alla nuova struttura risorse economiche e personale medico-sanitario ad essa specificamente dedicati e un ordinamento che ricalcava quello degli altri ospedali militari presenti da tempo sia nei domini italiani della Monarchia, e la cui storia abbiamo testé ripercorso, sia negli altri territori annessi alla corona degli Asburgo, primo fra tutti quello di Malines nelle Fiandre che, come abbiamo detto, aveva funzionato da modello un po' dappertutto in Europa.[88]

Dal momento della sua fondazione il governo e la conduzione dell'ospedale Santiago degli spagnoli di Messina poté contare sulle prestazioni delle seguenti unità professionali e di servizio: un maggiordomo con le funzioni di direttore e supervisore del libro dei conti; il razionale; un guardarobiere; un addetto al rifornimento della dispensa e del necessario all'infermeria; il cappellano; un sacrestano; uno o due chirurghi; un "medico delle urine", probabilmente cioè un ausiliare medico specializzato in coliche renali ed estrazione di calcoli; un infermiere; un barbiere preposto ai salassi e a tagliare i capelli agli ammalati; un assistente incaricato della somministrazione dei preparati medici; e ancora cuoco, speziale, un servitore e un addetto al cambio e al lavaggio della biancheria dei letti dei malati. Molti di questi incarichi, e certamente quelli di maggiordomo, guardarobiere e razionale, furono ricoperti dagli stessi militari in servizio nel *tercio* di stanza in città. L'amministrazione dell'ospedale fu assegnata a una *Deputación* strutturata sul modello di quella che già operava nel S. Giacomo degli spagnoli di Palermo. Essa era costituita dai maestri di campo delle due compagnie di fanteria, dal commissario generale della cavalleria e dal vicario generale, ovverosia il più alto in grado dei cappellani delle milizie di stanza in città.

La gestione dell'ospedale dei soldati spagnoli di Messina poggiò, quindi, su una struttura e un'organizzazione che potremmo definire paramilitare e, come altre istituzioni destinate all'accoglienza e assistenza dei soldati, si finanziò anch'essa con una quota di prelievo mensile fisso detratto direttamente dalle loro paghe. L'ospedale poté contare, inoltre, sul riu-

*e Medieterraneo. Dai Re Cattolici al Secolo d'Oro,* a cura di B. Anatra e G. Murgia, Roma, Carocci, 2004, pp. 17-31.

88. Cfr. M. Gracia Rivas, *Los Hospitales Reales del Ejército y Armada en las campañas militares del siglo XVI*, in *Guerra y sociedad,* a cura di García Hernán, Maffi, vol. II, pp. 765-784.

tilizzo di suppellettili e attrezzature dismesse da uno dei vicini ospedali di Milazzo e sul derivato dalla vendita dei beni dei soldati deceduti nell'ospedale e che non venivano reclamati dai familiari. Ma soprattutto il conte di Santisteban, al momento della fondazione del nuovo ospedale, avanzò la richiesta che una dotazione finanziaria regolare fosse specificamente allocata dalla Corona per garantirne il regolare funzionamento. La risposta del Consiglio d'Italia fu che bisognava sopperirvi con denaro disponibile sul posto, essenzialmente quindi con quelle stesse risorse che già assorbivano molti dei costi del tesoro statale nel Regno: una parte avrebbe dovuto essere costituita, infatti, da un'assegnazione sul Real Patrimonio di Sicilia, un'altra dalle rendite ricavate dagli spogli delle chiese vacanti.[89] L'una e l'altra entrata erano di fatto già ampiamente utilizzate per finanziare sia altre istituzioni della *nación española* in Italia e tra queste, ad esempio, come si è visto, l'ospedale Santiago degli spagnoli di Roma e il Pammatone di Genova, sia come si dirà più ampiamente nelle pagine successive l'ospedale S. Pietro degli italiani a Madrid. Per quanto tali versamenti incidessero sulle finanze del Regno in una percentuale forse anche inferiore all'1%, si stabiliva comunque un interessante nesso di reciprocità tra fiscalità dello stato e spesa sociale da esso sostenuta su cui occorrerà tornare per qualche altra considerazione.[90]

A fronte della disponibilità di risorse tutto sommato comunque inadeguate o quanto meno sottodimensionate rispetto alle sue effettive esigenze, le difficoltà per il neo-nato ospedale non tardarono a manifestarsi. Fin dal momento della sua istituzione nell'ospedale era stato predisposto, infatti, l'allestimento di stufe per il trattamento terapeutico dei soldati colpiti dal mal francese e le richieste di ricovero dovettero arrivare tanto numerose da far precipitare in breve tempo la situazione in una vera e propria emergenza. Già il 20 marzo del 1681, ad appena due anni quindi dalla sua apertura, alla relazione sui costi e sulle entrate dell'ospedale il conte di Santiesteban allegava al Consiglio d'Italia la richiesta che una parte delle

89. Cfr. J. Rodrigo Alfonso, *El Hospital Real de los militares de Mesina (1679-1713). La sanidad militar en la monarquía hispánica,* in «Estudis. Revista de historia moderna», 36 (2010), pp. 295-313.

90. Sulle finanze statali siciliane tra Cinque e Seicento si vedano gli studi di L.A. Ribot García, *La Hacienda Real de Sicilia en la segunda mitad del siglo XVI,* in «Cuaderno de Investigación Histórica», 2 (1978), pp. 401-442; D. Ligresti, *Il costo* del *privilegio: uno stato del patrimonio del Regno di Sicilia del 1713*, in «Quaderni del Dipartimento di studi politici», 2 (2007), pp. 119-136.

risorse derivanti dalle abbazie e dai benefici ecclesiastici che il re aveva in Sicilia fosse destinata all'opera pia del S. Giacomo. La rendita annua di 650 ducati di cui l'ospedale poteva disporre appariva infatti insufficiente se si fosse voluta introdurre a pieno ritmo la pratica terapeutica delle stufe «que se dan dos veces al año, cuyo medicamento es el mas precioso para los soldatos siendo así que sí en el Hospital de Alexandria se praticase este genero de cura servía menester mucha mayor cantĭdad experimentandosi esto en el Hospital Santiago de Palermo».[91]

A Messina il trattamento dei malati di sifilide con le stufe era stato introdotto da poco e la richiesta era molto alta.[92] Come si è detto, nel grande ospedale di Alessandria, o nel San Giacomo degli spagnoli di Palermo, il rimedio delle stufe veniva già praticato da tempo e in grande scala, ma – come faceva notare il Santiesteban – il trasferimento da Messina di tanti ammalati in quelle più attrezzate strutture ospedaliere sarebbe risultato certamente assai più oneroso per il tesoro della Corona e avrebbe oltretutto sguarnito la guarnizione militare della città. Con un incremento della sua dotazione finanziaria il S. Giacomo di Messina avrebbe potuto tenere in cura, invece, fino a cento soldati alla volta.

Nei mesi successivi il viceré perfezionò il suo appello procurandosi di far pervenire al Consiglio d'Italia altre richieste di tono più o meno analogo, sottoscritte una dal vicario generale dell'ospedale, l'altra dall'amministratore del S. Giacomo di Palermo che vi allegava una relazione sui costi delle stufe e delle unzioni che venivano colà somministrate ai degenti.[93]

Non sembra, però, che le sue istanze trovassero alcun riscontro.

Nel 1713, con la fine della guerra di successione, anche l'ospedale reale S. Giacomo di Messina smise del tutto di funzionare.[94]

### 5.3. *Licata*

Nel piano di ristrutturazione delle fortificazioni del Regno presentato nel 1572 dall'ingegnere Antonio Del Nobile al duca di Terranova viceré di Sicilia, si faceva notare lo stato di necessità in cui versava tra gli altri il castello di Licata. Danneggiato dall'assedio dei turchi del 1553, il castello era da considerarsi di importanza strategica per la difesa della

91. AHN, *Estado*, leg. 3501, c. 120r.
92. Gracia Rivas, *Los Hospitales Reales del Ejército y Armada,* p. 779.
93. AHN, *Estado*, leg. 3501, cc. 121r-123v.
94. Rodrigo Alfonso, *El Hospital Real de los militares de Mesina,* p. 295.

linea costiera meridionale dell'Isola e urgente si imponeva, a detta del Del Nobile, il suo riattamento e ammodernamento. I lavori di ricostruzione che furono avviati da lì a poco possono essere considerati conclusi nel 1581, quando nel castello, che sarà denominato S. Giacomo nuovo degli spagnoli, risultavano acquartierati 50 soldati.[95] Oltre gli alloggi dei militari delle compagnie d'armi assegnate a presidio della città di Licata, nel castello fortezza fu installato anche un ospedale chiamato ospedale reale di S. Giacomo dei soldati spagnoli.

Poche le notizie che siamo riusciti a raccogliere su di esso. Quel che è certo è che, come altri ospedali miliari, dovette dibattersi tra non poche difficoltà economiche.

Da un carteggio intercorso tra il viceré duca di Veragua, il governatore dell'ospedale e il Consiglio d'Italia tra l'agosto del 1700 e il mese di maggio dell'anno successivo apprendiamo che i locali sottostanti l'infermeria dell'ospedale S. Giacomo di Licata erano adibiti a carcere e di norma venivano appaltati ad un censo annuo di dieci onze. Considerate le scarse rendite dell'ospedale e le dimensioni assunte dalle cure prestate ai soldati acquartierati nel castello della città, il governatore, col parere favorevole del viceré, chiedeva che per quanto minima quella rendita fosse stornata «a titulo de limosna para ayuda de la enfermeria».[96]

Il Consiglio d'Italia espresse parere favorevole, ma il tempo intercorso tra l'inoltro della richiesta e l'ottenimento della risposta (nove mesi) e l'entità dell'importo ottenuto (10 onze, non più di una "limosna", appunto, come faceva notare il governatore dell'ospedale) la dicono lunga sulla spirale di volta negativa in cui oramai, agli inizi del secolo XVIII e sul crinale della guerra di successione che avrebbe posto fine all'inserimento dei domini italiani nel sistema imperiale spagnolo, era entrata tutta l'organizzazione dell'assistenza alla *nación española* in Italia e tanto più i piccoli ospedali installati nei tanti presidi militari collocati sull'avamposto estremo della linea costiera meridionale della Sicilia.

95. Favarò, *La modernizzazione militare della Sicilia,* p. 59.

96. AHN, *Estado*, leg. 2269, cc. n.n. Sulle riforme (e le mancate riforme) promosse dal duca di Veragua durante il suo mandato vicereale in Sicilia (1696-1701) rinvio a V. Favarò, *Una Nueva Planta nella Sicilia di Filippo V: riforme militari per la "conservazione" e la difesa del Regno,* in «Mediterranea. Ricerche storiche», 45 (2019), pp. 107-126.

# 5. La nazione italiana in Spagna

## 1. *L'ospedale S. Pietro degli italiani a Madrid*

Il 4 novembre 1579, in casa del nunzio in Spagna Filippo Sega, si dava avvio a Madrid alla fondazione dell'ospedale S. Pietro per i poveri infermi e i pellegrini della nazione italiana. Il gruppo promotore della fondazione, composto da Ludovico Orsini, Nicola Caetani, Fabrizio Savelli, il cavaliere Biondo, Ottavio Affaitati, Ettore Picamilio e dal cappellano regio Luciano Rosso, affidò in quella circostanza a don Francesco del Pozzo e a Stefano Grillo, partecipi anch'essi di quel primo sodalizio, l'incarico rispettivamente di priore dell'ospedale e acquirente del sito dove avrebbe dovuto essere costruito il nuovo edificio ospedaliero. Pochi giorni dopo, il 13 novembre, il Grillo sottoscrisse davanti al notaio Juan del Campillo l'atto di acquisto per la somma di 297.500 maravedís di un gruppo di case, fino ad allora adibite a ospizio dei "niños expósitos", ubicate nella carrera de S. Jerónimo, in corrispondenza dell'attuale numero civico 45, da destinare all'erigendo *Hospital de S. Pedro de los Italianos*.[1] (fig. 8).

1. ASV, *Hospital de Italianos,* 12, fascic.168. Per la storia del versamento e il recente riordino delle carte del *Pontificio y Real Hospital de Italianos de Madrid* presso l'Archivio Vaticano si veda L. Carboni, *L'archivio del Pontificio y Real Hospital de los Italianos en Madrid*, in *Frontalieri,* a cura di P. Barcella e M. Colucci, numero monografico della rivista «ASEI Archivio Storico dell'Emigrazione Italiana», 12/16 (2016), pp. 98-103. Il lavoro più completo sulla chiesa e l'ospedale degli italiani a Madrid fino ad oggi noto è quello di H. Lo Cascio Loureiro, *Historia de Madrid: episodios 1561-1932 e Historia documentada de la antigua Iglesia Hospital de S. Pedro y S. Pablo de Madrid, titulada de los Italianos*, Madrid, Imprenta de Comercio, 1932, pp. 121-175. L'Autrice non poté avere contezza dei documenti sopra citati che la Nunziatura apostolica in Spagna trasferì in Vaticano soltanto nell'autunno 1999.

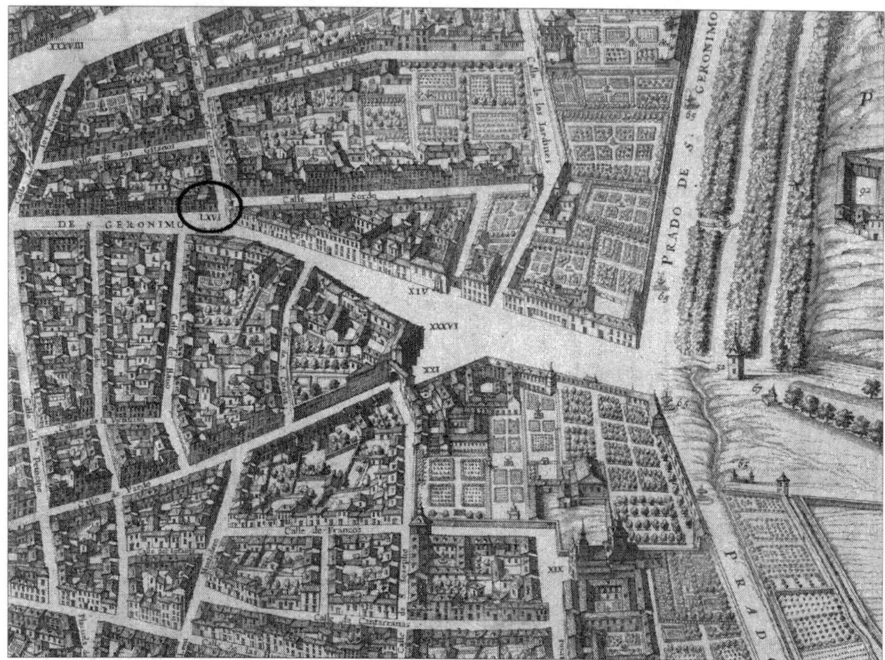


Fig. 8. Madrid, *Hospital de los italianos* dalla pianta di P. Texeira, *Topographia de la villa de Madrid, año 1656*, Antuerpiae, ura et solisitudine Ioannis et Iacobi van Veerle, 1656, BNE, INVENT/23233, particolare tav. 14, num. LXVI, on line http://bdh.bne.es/bnesearch/detalle/bdh0000061128.

L'ospedale faceva la sua apparizione nel contesto delle trasformazioni urbanistiche che si stavano avviando nella città da quando, nel 1561, era diventata la capitale della Monarchia e sede privilegiata della corte regia, sullo sfondo delle emulazioni tra le diverse componenti nazionali.[2]

2. Tra i numerosi studi sulla costruzione della *capitalidad* si vedano almeno A. Alvar Ezquerra, *Felipe II, la Corte y Madrid en 1561*, Madrid, Consejo Superior de Investigaciones Cientificas, Centro de Estudios Históricos, 1985; Id., *El nacimiento de una capital europea. Madrid entre 1561 y 1606*, Madrid, Turner Libros, Ayuntamento de Madrid, 1989; D. Ringrose, *Madrid, capital imperial (1561-1833)*, in *Madrid. Historia de una capital,* a cura di S. Juliá, D. Ringrose, C. Segura, Madrid, Alianza Editorial, 1997, pp. 159-325. Sulle confraternite e gli istituti di nazione presenti a Madrid tra XVI e XVII secolo cfr. E.

Secondo la memoria più antica sull'origine dell'ospedale, che fu redatta, nel 1654, dall'allora amministratore Giovanni Battista Ferruzza, un oratoriano di origine messinese che fu poi più volte in lizza per l'elezione a vescovo di diverse diocesi di patronato regio nei Regni di Napoli e Sicilia, l'istituto nasceva col patrocinio del re e del Consiglio d'Italia, oltre che con il concorso di 289 confratelli italiani, cioè 38 tra romani e toscani, 65 napoletani, 107 siciliani e 110 tra genovesi e lombardi, esponenti quindi sia dell'Italia spagnola sia dell'Italia non spagnola. Tra loro vi erano ministri, ambasciatori, cappellani regi e "poderosos hombres de negocios" con le loro rispettiva famiglie.[3] Come ha notato Manuel Rivero Rodríguez, la fondazione dell'ospedale S. Pietro nel 1579 coincideva con quello che fu un anno di svolta per il Consiglio d'Italia, che vide proprio allora rafforzare le proprie prerogative, e non è improbabile, quindi, per quanto non esplicitamente documentato, che sin da quel momento esso avesse avuto parte alla conduzione e organizzazione di un'istituzione che avrebbe rappresentato la nazione italiana a Madrid e che, col tempo, divenne lo spazio cerimoniale precipuo del Consiglio.[4]

L'istituto ottenne l'approvazione apostolica il 25 luglio 1581 e con essa la concessione alla confraternita dei santi Pietro e Paolo, annessa all'omonimo ospedale, di una serie di indulgenze che avrebbero potuto veicolarvi la pietà e la carità dei fedeli.[5] In realtà già dall'aprile di quell'anno il cardinal Granvelle aveva sollecitato al segretario particolare del papa, il cardinal di Como Tolomeo Galli, una richiesta di *protección* per l'ospedale.[6]

Sánchez de Madariaga, *Caridad, devoción e identidad de origen: las cofradías de naturales y nacionales en el Madrid de la Edad Moderna*, in *Devoción, paisanaje e identidadlas cofradías y congregaciones de naturales en España y en América (siglos XVI-XIX),* a cura di Ó. Álvarez Gila, A.A. Morales, J.A. Ramos Martínez, Bilbao, Universidad del País Vasco/ Euskal Herriko Unibertsitatea, 2014, pp. 17-32.

3. ASV, *Hospital de Italianos,* 12, fascic. 171: *Dell'origine et fundatione dell'Hospitale de S. Pietro et Paulo delli Itagliani et altre noticie di esso et suo stato fatto per l'amministratore don Giovanni Battista Ferruzza della Congregazione di san Filippo Neri (1654).* Il documento non fornisce comunque l'elenco nominativo dei confratelli.

4. M. Rivero Rodríguez, *Felipe II y el gobierno de Italia*, Madrid, Sociedad Estatal para la Conmemoración de los Centenarios de Felipe II y Carlos V, 1998, pp. 156-177.

5. ASV, *Hospital de Italianos,* 12, fascic.168.

6. J. Olarra Garmendia, M.L. Larramendi de Olarra, *Indices de la correspondencia entre la nunciatura en España y la Santa Sede, durante el reinado de Felipe II,* Madrid, Meastre, 1949, vol. I, p. 570, doc. 4516.

Nei primi tempi, l'ospedale stentò comunque a decollare. La raccolta del denaro necessario alla sua costruzione e funzionamento procedette, infatti, con qualche difficoltà, complice la congiuntura politica del momento e le continue occasioni di frizione di quegli anni tra la Santa Sede e il nunzio Filippo Sega a Madrid che rallentarono, evidentemente, l'impegno nei confronti della neo-nata istituzione.[7]

Fu il re Filippo II a svolgere in questa fase un ruolo più attivo. Con cedola regia del 13 febbraio 1580 egli esortò i viceré di Napoli e di Sicilia e il governatore di Milano a individuare risorse utili allo scopo e a raccogliere donazioni da convogliare alla realizzazione dell'opera, mettendo a disposizione un donativo straordinario di 65.000 ducati d'argento.[8] In quelle istruzioni si sottolineava l'importanza della nuova fondazione per quanti, nati in quei domini della Corona nella Penisola, vi avrebbero potuto trovare uno spazio di accoglienza che non li facesse sentire troppo lontano dai propri luoghi di origine. Tre anni dopo, nell'agosto 1583, fu disposto che i 300 scudi derivanti dagli aiuti di costa fino ad allora assegnati al convento di S. Filippo per la celebrazione della festa di S. Agata in onore della nazione siciliana a Madrid fossero stornati a beneficio dell'ospedale S. Pietro e Paolo degli Italiani, dove di recente il console siciliano Andrea de Lorenzo aveva fatto trasferire l'immagine della santa.[9] Nello stesso anno il cardinale Granvelle destinò all'ospedale una rendita annua di 52.700 reali in juros, parte della quale sarà disinvestita dal reggente Miguel Lanz nel 1612 per acquistare altri titoli finanziari nello Stato di Milano e saldare così i conti con i carpentieri e le altre maestranze artigiane che stavano lavorando alla realizzazione della chiesa.[10]

Negli ultimi anni del secolo i donativi a favore dell'ospedale detratti dalle rendite del Regno di Sicilia aumentarono considerevolmente. Facendo leva sulla devozione dei siciliani, e dei catanesi in particolare, per la loro santa patrona, il nunzio Caetani nel maggio 1594 inoltrò richiesta al re che almeno 50 scudi l'anno del ricavato dagli spogli delle chiese vacanti in Sicilia o dalle rendite del vescovo di Catania fossero attribuiti all'ospedale

7. Sulla complessa nunziatura del Sega a Madrid si veda A.F. Collado, *Gregorio XIII y Felipe II en la nunciatura de Felipe Sega (1577-1581). Aspectos político, jurisdiccional y de reforma,* Toledo, Kadmos, 1991.

8. ASV, *Hospital de Italianos,* 12, fascic.168.

9. AGS, *Secreterías Provinciales,* leg. 1402, lib. 276, ff. 2-4. Copia del documento è anche in BUG, *Collection Édouard Favre*, vol. XXXIV, f. 481, *Sobre lo que supplica Andrea de Lorenço por el hospital de los Italianos de Madrid.*

10. AHPNM, *Notaio Juan de Chaves,* 4305, ff. 21r-25v, 562.

degli Italiani per la celebrazione della festa in onore di S. Agata.[11] Nel 1597 il nunzio inoltrò un'istanza analoga, ma per l'importo ben più alto di 500 scudi l'anno, ottenendo anche questa volta il parere favorevole del Consiglio d'Italia.[12] L'entrata assegnata dalla regia corte dalle rendite derivanti dagli spogli vescovili delle sedi vacanti in Sicilia si assestò in seguito sui 350 scudi l'anno.[13]

Dal canto loro i nunzi, che intanto si avvicendavano alla corte di Madrid, continuarono ad avanzare richieste per ottenere la *proteción* del papa. Ne scrisse in merito il nunzio Cesare Spacciani il 15 agosto 1586 e di nuovo, a più riprese, nel 1589, perché all'ospedale fosse accordato qualche beneficio.[14]

Nel 1596 fu il re a sollecitare i lavori di ampliamento della chiesa e dell'infermeria. Filippo II si disse disposto ad assegnare all'ospedale una pensione di 2000 scudi dagli spogli dell'arcivescovado di Toledo a condizione che il papa si impegnasse a corrispondere una cifra per lo meno equivalente. La trattativa fu portata avanti tra il gennaio e il giugno di quell'anno dal nunzio Camillo Caetani e il cardinale Aldobrandini,[15] consentendo infine di sbloccare l'elargizione di 600 scudi da parte del nunzio a favore della «fabbrica dell'hospitale degli italiani et in riparare la chiesa della parrocchia».[16]

Dal secondo decennio del Seicento l'ospedale poté contare comunque su una serie di entrate regolari costituite dalla quinta parte della rendita dell'ufficio del Protomedicato di Napoli e 350 ducati di rendita sugli spogli delle chiese vacanti di Sicilia, che dal 1643 sarà poi rimpiazzata con una pensione sul vescovado di Patti del valore di 500 scudi l'anno, oltre qual-

11. AGS, *Secreterías Provinciales,* leg. 1402, lib. 276, ff. 5-6.

12. Ivi, f. 7.

13. AHN, *Estado*, leg. 2223.

14. Olarra Garmendia, Larramendi de Olarra, *Indices de la correspondencia,* vol. II, pp. 148, doc. 5877, 273 doc. 6618, 276 doc. 6645, 277 doc. 6655, 282 doc. 6697.

15. Olarra Garmendia, Larramendi de Olarra, *Indices de la correspondencia,* vol. II, pp. 459 doc. 8404, 463 doc. 8445, 473 doc. 8540, ma si veda anche lo studio di G. Solache Vilela, *La actividad arquitectónica de Patricio Cajés y la obra del Hospital de los Italianos de Madrid*, in «Madrid. Revista de arte, geografía e historia», 3 (2000), pp. 413-432.

16. L. Gori, *Una famiglia filospagnola tra Cinque e Seicento: i Caetani di Sermoneta. Dinamiche politiche e aspetti culturali,* in *I rapporti tra Roma e Madrid nei secoli XVI-XVII: arte, diplomazia e politica*, a cura di A. Anselmi, Roma, Gangemi, 2014, pp. 176-192.

che occasionale elargizione dispensata dal Consiglio d'Italia.[17] Nel 1617, il nunzio in carica elargì la somma di 200 reali e l'ambasciatore mediceo, il marchese Orso Pannocchieschi d'Elci, alla vigilia del suo rientro a Firenze, lasciò all'ospedale degli italiani un'elemosina di 100 reali.[18]

Si era intanto mobilitata anche la carità dei privati. Nel gennaio del 1597 il chirurgo Antonio José Visconti, originario di Milano e residente a Madrid, lasciò in eredità all'ospedale un fabbricato sito in calle d'Alcalà, dalla cui vendita si ricavò parte del denaro impiegato per le spese di fabbrica della chiesa e il completamento dei locali dell'ospedale.[19] Nel 1615 l'ospedale incassò i legati dell'infermiere Angelo Pignata e di un religioso che vi era deceduto;[20] nel 1618 il lascito di Cassandra Grimaldi per un importo di 550 reali.[21] La donazione più consistente pervenne all'ospedale nel 1625 con il legato di Leonardo Capuano, «cochero e trompeta mayor del Rey, de los trompetas italianos». Questi era stato cocchiere maggiore della regina, un ufficio che dai tempi di Margarita d'Austria aveva assunto un'importanza sempre più evidente nel funzionamento della casa delle regine e in cui gli italiani, e i napoletani in particolare, in virtù della grande tradizione della loro cultura e tecnica equestre e cavalleresca, ebbero sempre posizioni di rilievo alla corte degli Asburgo a Madrid.[22] Di certo il Capuano nel

17. AHN, *Estado*, leg. 2223.

18. ASV, *Hospital de Italianos,* 16, fascic. 182. Sull'ambasciata del Pannocchieschi d'Elci a Madrid, che lo vide protagonista di un ciclo di negoziati matrimoniali tra il principato mediceo e la casa reale d'Asburgo (1609-1618), si vedano F. Bigazzi, *Pannocchieschi d'Elci, Orso Niccolò*, in *DBI*, vol. 80 (2014), *ad vocem,* e gli studi di P. Volpini, *Il silenzio dei negozi e il rumore delle voci. Il sistema informativo di Ferdinando I de' Medici in Spagna,* in *Sulla diplomazia in età moderna. Politica, economia, religione,* a cura di R. Sabbatini e P. Volpini. Milano, FrancoAngeli, 2011, pp. 165-192; Ead., *Spagna e Toscana nel Seicento: Rapporti interstatali e crisi della Monarchia cattolica,* in «Romische Historische Mitteilungen», 56 (2014), pp. 247-274.

19. ASV, *Hospital de Italianos,* 4, fascic. 97.

20. Ivi, 11, fascic. 165.

21. Ivi, 15, fascic. 182.

22. Sull'imporsi dell'uso della carrozza nel cerimoniale delle regine tra Cinque e Seicento cfr. F. Labrador Arroyo, A. López Alvarez, *Las caballerizas de las reinas en la monarquía de los Austria: cambios institucionales y evolución de las etiquetas, 1559-1611,* in «Studia historica. Historia moderna», 28 (2006), pp. 87-140; A. López Alvarez, *Poder, lujo y conflicto en la Corte de los Austrias. Coches, carrozas y sillas de mano, 1550-1700,* Madrid, Polifemo, 2007. Riguardo la rilevanza della cultura equestre napoletana si rinvia agli studi di G. Muto, *Letteratura, immagini e pratica dell'arte equestre a Napoli nel Cinquecento,* in *Studi storici dedicati a Orazio Cancila,* a cura di A. Giuffrida, F. D'Avenia, D.

corso della sua carriera aveva maneggiato molto denaro, opportunamente incrementato tra l'altro con l'esercizio di una parallela attività di piccolo prestito a interesse a membri del personale di servizio della corte. Tra i beni che egli lasciò all'ospedale vi erano una casa ubicata a Madrid nei pressi di Porta de la Vega, monili d'oro, titoli di credito e un quadro d'argento che nel testamento egli dichiarava essere un dono della regina Margarita.[23] Alcuni di quei titoli di credito risultavano, però, al momento inesigibili, tant'è che per alcuni di essi gli amministratori dell'ospedale si trovarono impegnati in una lunga e complessa azione di recupero che passò per le vie giudiziarie ed extra-giudiziali. Il 31 maggio 1633 i governatori allora in carica assegnarono al presbitero esattore dell'ospedale Sebastiano Clerici il compito di recuperare con ogni mezzo il debito di 11.000 reali d'argento, che i fratelli Marco e Cristobal Fucar avevano contratto col Capuano nel 1617.[24] Nelle clausole del suo testamento, inoltre, oltre il peso per la celebrazione di messe, il cocchiere della regina aveva istituito un maritaggio da attribuire annualmente alla figlia di un trombettiere o cocchiere della "Escuela Italiana", come egli dichiarò, in servizio presso la casa reale. Il 27 ottobre 1633 ne fu assegnato uno, per esempio, del valore di 100 scudi ai coniugi Diego Rodriguez e Ana Alvarez. [25] Negli anni a venire le beneficiarie furono tra le altre Isabella Battista, Francisca Rico, Angela Depomances, Filippa Cartel di Madrid e Maria Gutierez, tutte figlie di cocchieri o trombettieri di Sua Maestà.[26] È opportuno rilevare come i loro cognomi le collochino con ogni evidenza in un contesto transnazionale posizionato tra Italia e Spagna. Nel loro caso, quindi, il criterio di appartenenza alla nazione italiana non fu definito né in base alla primazia del diritto di sangue, né a quella dello *jus soli*, quanto piuttosto dalla appartenenza a una corporazione di mestiere, in questo caso quella della rinomata scuola italiana di cavalleria e dal fatto di

Palermo, Palermo, Associazione Mediterranea, 2011, vol. I, pp. 215-235; Id., *La "disciplina del cavalcare". Testi sull'arte equestre a Napoli nel Cinquecento*, in *Europa e Mediterraneo. Politica, istituzioni e società. Studi e ricerche in onore di Bruno Anatra*, a cura di G. Murgia e G. Tore, Milano, FrancoAngeli, 2013, pp. 119-130; C.J. Hernando Sánchez, *La gloria del caballo. Saber ecuestre y cultura caballeresca en el reino de Nápoles durante el siglo XVI*, in *Felipe II (1527-1598). Europa y la monarquía católica*, a cura di J. Martínez Millán, Madrid, Parteluz, 1998, vol. 4, 1998, pp. 277-310.

23. ASV, *Hospital de Italianos,* 4, fascic. 101.
24. AHPNM, *Notaio Diego Carminati,* 5267, ff. 185r-186v.
25. Ivi, ff. 308r-310v.
26. ASV, *Hospital de Italianos,* 4, fascic. 101.

avere genitori di origini diverse, probabilmente italo-spagnole. Sappiamo d'altronde quanto, per tutta l'età moderna, sia stato copioso il vocabolario dell'appartenenza e dilatato lungo molteplici fili il concetto di nazione e come, a questo riguardo, le pratiche sociali e l'appartenenza alla comunità contassero più della formalizzazione giuridica. Si avrà modo di tornare su questo punto. Ma intanto val la pena sottolineare come questa considerazione si aggiunga alle molte altre che andiamo facendo a proposito della permeabilità dei confini tra le categorie di naturali e stranieri all'interno dei domini pluriterritoriali della *Monarquía* spagnola e come essa possa essere agevolmente estesa anche alle forme di appartenenza e di adesione identitaria che si andavano contemporaneamente configurando all'interno della nazione italiana.[27]

Un'altra fonte di reddito che l'ospedale S. Pietro degli Italiani riuscì ad assicurarsi sin dai primi anni dalla sua apertura furono le entrate derivanti dai diritti funerari, esequie e sepolture dei propri assistiti, ottenuti dal cappellano dell'ospedale Antonio de Franchis in virtù della transazione stipulata nel 1614 con il parroco della limitrofa chiesa di San Sebastiano, che li trasferì alla chiesa dell'ospedale in cambio del versamento di un canone di concessione pari a10 scudi l'anno.[28]

Gli amministratori continuarono comunque a evidenziare le difficoltà economiche in cui l'ospedale era costretto ad agire per la numerosa affluenza di infermi e soldati poveri e malridotti provenienti dal fronte della guerra nelle Fiandre. Tra il 1614 e il 1616 segnalarono che gli speziali e gli altri fornitori venivano pagati in ritardo e che alcuni di loro rivendicavano crediti risalenti finanche a quattro anni addietro; il medico spesso prestava il suo servizio in cambio soltanto di un alloggio presso l'ospedale; nell'infermeria mancavano acque distillate e lenzuola nuove; occorreva portare a termine alcuni dipinti già commissionati per la chiesa; altre spese si rendevano necessarie per accomodare gli arredi della sacrestia e la fossa per le sepolture

27. Ha fornito di recente una lettura comparata dei sistemi di cittadinanza europei P. Ventura, *La capitale dei privilegi. Governo spagnolo, burocrazia e cittadinanza a Napoli nel Cinquecento,* Napoli, fedOA Press, 2018, pp. 17-65. Sul lungo processo di costruzione identitaria della nazione e della nazionalità italiane resta fondamentale G. Galasso, *L'Italia come problema storiografico,* Torino, Utet, 1981.

28. ASV, *Hospital de Italianos,* 6, fascic. 117. Sulla sepoltura come luogo di interessi economici e giuridici, oltre che religiosi, il rinvio è allo studio di D. Carnevale, *L'affare dei morti. Mercato funerario, politica e gestione della sepoltura a Napoli (secoli XVII-XIX)*, Roma, École Française de Rome, 2014.

comuni. Unico rimedio praticabile, e fortemente raccomandato dal governatore dell'ospedale in carica nel 1614 Bartolomeo Spinola, sembrava quello di «procurare elemosine estraordinarie tra la natione italiana – come egli riferì agli altri amministratori dell'ospedale nell'adunanza del 22 di dicembre 1614 – e così ancora far sì che alcuni si tassino per le limosine ordinarie».[29]

Intorno all'ospedale gravitavano in quegli anni oltre che – come vedremo meglio più avanti – un notevole giro di banchieri e affaristi genovesi, anche esponenti dell'alta aristocrazia italo-spagnola come donna Giovanna d'Austria Branciforte, la figlia illegittima di D. Juan, l'eroe di Lepanto, andata in sposa al principe Fabrizio Branciforte, che nell'ospedale degli italiani a Madrid volle collocare temporaneamente un quadro raffigurante la Vergine del Volto, per poi farne dono a qualche alto dignitario della corte,[30] e diversi religiosi in visita a Madrid per i motivi più diversi. Tra questi vi furono Agostino Adorno e Francesco Caracciolo e Jacobo de Gratiis, impegnati a diffondere in Spagna gli uni la congregazione dei chierici regolari minori, l'altro la spiritualità dell'oratorio romano di Filippo Neri, e che nell'ospedale trovarono ospitalità e protezione.[31] Sin da allora per alcuni di questi religiosi, natii degli stati della penisola italiana, residenti più o meno stabilmente alla corte di Madrid in qualità di cappellani o predicatori regi, la partecipazione al governo e all'amministrazione dell'ospedale S. Pietro rappresentò un trampolino di lancio verso più ambite promozioni a cariche ecclesiastiche di nomina regia nei domini italiani della Monarchia. Così fu, ad esempio per il già citato Antonio de Franchis, napoletano, priore e cappellano della chiesa di S. Pietro degli italiani a Madrid dal 1612 al 1615, al quale nel 1616 il Consiglio d'Italia assegnò il beneficio alquanto lucroso della abbazia di S. Lucia del Mela e la nomina a cappellano maggiore del Regno di Sicilia.[32] Stesso iter per altri governatori dell'ospedale degli italiani a

29. ASV, *Hospital de Italianos,* 11, fascic. 165.

30. *Ibidem*. Su Giovanna d'Austria cfr. S. D'Agata, *Appartenenze multiple: i* casamientos *nella politica degli Austrias. Susanna Gonzaga, Aloisia Luna e Vega e Giovanna d'Austria,* in *Fra le mura della modernità. Le rappresentazioni del limite dal Cinquecento ad oggi,* a cura di L. Scalisi e C.J. Hernando Sánchez, Roma, Viella, 2019, pp. 117-129.

31. Cfr. M. Moretti, *Influssi spagnoli nell'arte e nella spiritualità caracciolina del Seicento: Madrid, Roma e il ducato di Urbino,* in *I rapporti tra Roma e Madrid*, a cura di Anselmi, pp. 508-536.

32. G. Carafa, *De Capella Regis utriusque Siciliae et aliorum principum,* Roma, Antonio de Rossi, 1749, p. 441.

Madrid, tra cui Annibale d'Afflitto, che fu poi eletto vescovo di Reggio Calabria per nomina regia nel 1593;[33] Giuseppe Saladino che fu vescovo di Siracusa; Giovanni Battista Ferruzza, di origini siciliane anche lui, amministratore del S. Pietro e Paolo dal 1643, eletto vescovo di Trivento in Molise nel 1655 per segnalazione dell'arcivescovo di Toledo Baltasar Moscoso y Sandoval, dal quale si era fatto molto apprezzare negli anni trascorsi alla corte madrilena.[34] Per tutti loro l'ospedale degli italiani a Madrid costituì evidentemente un punto di aggregazione, di snodo di relazioni sociali e religiose che ne agevolarono in qualche modo la carriera e la proiezione da una dimensione local-nazionale a una più manifesta e vantaggiosa mobilità transnazionale. Gli anni madrileni e l'amministrazione dell'ospedale ne favorirono l'inserimento e l'integrazione in quella che a ragion veduta possiamo definire un'élite cattolica di amministratori e mediatori culturali, costituita da religiosi che condivisero la stessa orbita d'azione e svolsero buona parte della loro carriera tra la curia romana, Madrid e i domini italiani della Corona. Per loro il salto dalla dimensione locale a quella nazionale e trans-nazionale della Monarchia spagnola passò attraverso l'acquisizione di cariche ecclesiastiche di forte rilievo politico, in un gioco di sponda, o a volte anche in piena autonomia, con altri membri della propria famiglia investiti di altre cariche di governo e dell'amministrazione.[35] Attori di reti di relazioni e pratiche di mediazione politica e culturale, furono anch'essi, a mio avviso, ed è quel che più merita essere messo in risalto, tra gli artefici di quella prima mondializzazione della comunicazione politica e religiosa per altri e più ampi versi illustrataci da Serge Gruzinski.[36]

33. M. Spedicato, *Il mercato della mitra episcopato regio e privilegio dell'alternativa nel Regno di Napoli in età spagnola (1529-1714),* Bari, Cacucci, 1996, p. 107.

34. V. Cocozza, *Trivento e gli Austrias. Carriere episcopali, spazi sacri e territorio in una diocesi di regio patronato,* Palermo, Associazione Mediterranea, 2017, pp. 56 ss.

35. Cfr. I. Mauro, *Un'élite "cattolica"? Mobilità dei vescovi regi del Regno di Napoli (1554-1707),* in *Ecclesiastici al servizio del Re tra Italia e Spagna (secc. XVI-XVII)*, a cura di E. Novi Chavarria, numero monografico di «Dimensioni e problemi della ricerca storica», 2 (2015), pp. 25-43. Sul clero palatino nell'impero ispanico si veda anche *La Iglesia en Palacio, Los eclesiásticos en las cortes hispánicas (siglos XVI-XVII)*, a cura di R. Valladares, Roma, Viella, 2019.

36. S. Gruzinski, *Les quatre parties du monde. Histoire d'une mondialisation,* Paris, La Martinière, 2004, pp. 276-311.

## 2. *L'ospedale S. Alessio degli italiani a Valladoild (1601-1606)*

Filippo III aveva da poco trasferito la sua corte da Madrid a Valladolid quando il nunzio pontificio in Spagna, il cardinale Domenico Ginnasi, riunì nella sua residenza in città alcuni degli affiliati alla congregazione degli italiani di Madrid per avviare la fondazione, presso la nuova sede della corte, di un istituto da destinare all'assistenza dei membri della comunità italiana ivi presenti. Nel gruppo promotore vi era tra gli altri quell'Ettore Picamilio che era già stato tra i fondatori dell'ospedale S. Pietro a Madrid e che ora veniva incaricato di condurre la trattative per l'acquisto della chiesa di S. Alessio in Valladolid. La chiesa e gli ambienti che vi erano annessi, comprendenti anche un orto di discrete dimensioni, avevano già ospitato negli anni Sessanta del XVI secolo un piccolo ospedale per viandanti e pellegrini ed erano in quel momento in disuso.[37]

Il 14 ottobre il Ginnasi ne scriveva al cardinal nipote Pietro Aldobrandini chiedendo la concessione da parte del papa di indulgenze per il nuovo ospedale degli italiani.[38] Nella stessa lettera informava la curia romana che l'ospedale poteva contare sulla protezione della regina Margarita d'Austria, la cui sensibilità religiosa nei confronti delle attività caritative e delle istituzioni ecclesiastiche in generale è nota e che, negli anni in cui la corte ebbe sede a Valladolid, vi si recò, infatti, più volte in visita.[39] L'ospedale degli italiani nasceva così sotto l'egida del nunzio Domenico Ginnasi, che si era dimostrato già abile negoziatore dei rapporti tra i membri della corte di Filippo III e la curia pontificia, nonché tra i più importanti nobili italiani e la stessa *Monarquía*,[40] e la giovane regina-consorte Margarita,

37. Cfr. M. Rivero Rodríguez, *La edad de oro de los virreyes. El virreinato en la Monarquía Hispánica durante los siglos XVI y XVII*, Madrid, Akal, 2011, p. 117.

38. J. de Olarra Garmendia, M. L. de Larramendi, *Correspondencia entre la nunciatura en España y la Santa Sede durante el Reinado de Felipe III (1598-1621)*, I, *Años 1598-1601*, in «Anthologica Annua», 7, 1959, pp. 409-702: 652, doc. 1618.

39. Olarra Garmendia, de Larramendi, *Correspondencia ... durante el Reinado de Felipe III*, II. *Años 1602-1605*, in «Anthologica Annua», 9 (1961), pp. 495-816: p. 509, doc. 83. Il biografo ufficiale imperniò il ritratto della regina sulla sua *pietas*: D. de Guzmán, *Vida y muerte de doña Margarita de Austria, reina de España,* Madrid, 1617 e su cui si veda ora C. Vincent-Cassy, *Marguerite de Habsbourg (1584-1611), épouse de Philippe III d'Espagne, et la sanctification des membres féminins de la Maison d'Autriche,* in *Donne Potere Religione. Studi per Sara Cabibbo,* a cura di M. Caffiero, M.P. Donato, G. Fiume, Milano, FrancoAngeli, 2017, pp. 207-222.

40. Cfr. G. Brunelli, *Ginnasi, Domenico,* in *DBI,* vol. 55, *ad vocem.*

da poco reduce dal viaggio che dalla corte imperiale a Graz l'aveva condotta in Spagna passando per diverse città italiane, dove aveva ricevuto un'ospitalità mirabile e festosa, che di certo le avevano fatto apprezzare la cultura, la musica e l'arte italiane.[41] L'ospedale degli italiani di Valladolid si contrassegnava così per la tempestività della sua fondazione, praticamente coeva al trasferimento della corte nella nuova città capitale, e per la dimensione personale e dinastica della politica religiosa e culturale che vi svolse la stessa corte, condizionandone in qualche modo le sorti. Margarita vi lasciò indubbiamente il suo tratto. La regina cattolica per eccellenza, la "regina santa" come venne definita, mostrò, infatti, in questa come in altre circostanze, un deciso protagonismo, pari almeno a quello delle altre principesse delle case degli Asburgo d'Austria e degli Asburgo di Spagna, l'imperatrice María, sua figlia Margherita de la Cruz, l'infanta Isabel Clara Eugenia, che in quegli anni stavano mettendo al centro dell'attenzione e di molte pratiche politiche le questioni della carità, dell'assistenza e dell'integrazione tra le nazioni e le élite territoriali della Monarchia.[42]

La comunità degli italiani era d'altronde la più numerosa delle comunità di non spagnoli residenti in quegli anni a Valladolid. Dai calcoli che sono stati effettuati pare che essa contasse almeno 433 membri genericamente identificati come italiani nelle fonti notarili del tempo. Almeno il 55% di loro erano genovesi, seguiti da napoletani (26%), siciliani (7%), milanesi (6%), fiorentini (3%) e nativi della città di Roma (2%), originari anche loro, quindi, come i promotori della fondazione del S. Pietro a Madrid, sia di domini diretti della Corona nella Penisola sia di potentati e stati dell'Italia non spagnola. Altrettanto ampia era la loro collocazione sociale: diplomatici, aristocratici, religiosi, militari, artisti e banchieri. Molte anche le donne, come Vittoria Colonna, la figlia del connestabile di Napoli Marco Antonio Colonna, che a Valladolid, vedova dell'almirante di Castiglia Luís Enríquez de Cabrera, trattò il matrimonio di suo figlio Juan Alfonso

41. Sulla tappa italiana del viaggio cfr. M.I. Aliverti, *Il viaggio italiano di Margherita d'Austria Regina di Spagna (1598-1599): le descrizioni a stampa*, in *La Memoria de los libros. Estudios sobre la Historia del escrito y de la lectura en Europa y América*, a cura di P.M. Cátedra García e M.L. López Vidriero, Salamanca, Instituto de Historia del Libro y de la Lectura, 2004, vol. 2, pp. 321-336.

42. Per questo rinvio anche alle riflessioni di M.A. Visceglia, *Politica e regalità femminile nell'Europa della prima età moderna. Qualche riflessione comparativa sul ruolo delle regine consorti*, in *Storia sociale e politica. Omaggio a Rosario Villari*, a cura di A. Merola, G. Muto, E. Valeri, M.A. Visceglia, Milano, FrancoAngeli, 2007, pp. 425-458.

con la nipote del duca di Lerma, o le donne delle famiglie genovesi dei Pallavicino e Grimaldi, che pure amministrarono a proprio nome qualche affare finanziario.[43] Il nuovo ospedale S. Alessio degli italiani si stagliava, quindi, con una posizione di assoluto rilievo nel panorama delle istituzioni assistenziali di nazione nella Valladolid che si andava proiettando, secondo l'ambizioso progetto del *valído* Lerma, prontamente condiviso dalle élite italiane a corte, come nuova città capitale della Monarchia "composita".[44] Basti pensare che l'ospedale S. Alessio degli italiani, già nell'ottobre del 1601, ricevette dal re una donazione pari a 2000 scudi, per far fronte ai costi del trasloco e alle prime spese per l'assistenza agli infermi.[45] Lo stesso Filippo III autorizzò la fondazione dell'ospedale S. Antonio per i poveri Portoghesi in Valladolid soltanto tre anni più tardi quello degli italiani, e cioè nel 1604.[46]

Si trattò comunque di una breve parentesi. Quando, nel 1606, la corte regia tornò a trasferirsi a Madrid, la storia dell'ospedale S. Alessio degli italiani di Valladolid entrò irrimediabilmente in un cono d'ombra.

## 3. *L'ospedale S. Pietro degli Italiani: dalla padronanza dei genovesi alla padronanza del papa*

Fu Edoardo Grendi a osservare che nel 1607, al ritorno della corte a Madrid, si aprirono delle trattative per fondare una nazione genovese a Madrid.[47] Citò al riguardo una lettera che l'ambasciatore in Spagna Giovan Francesco de Franceschi inviò al Senato della Repubblica il 5 agosto 1607 in cui, oltre a questioni di precedenza cerimoniale e alle controversie giu-

43. L. Fernández Martín, *La colonia italiana de Valladolid: Corte de Felipe III,* in «Investigaciones historicas. Época moderna y contemporánea», 9 (1989), pp. 163-196.

44. Cfr. A. Alvar Ezquerra, *Los traslados de Corte y el Madrid de los Austrias (1561 y 1601-1606)*, in *El Madrid de Velázquez y Calderón. Villa y corte en el siglo XVII*, a cura di M. Morán e B.J. García García, Madrid, Fundación Caja de Madrid, 2000, pp. 41-60; M.J. Del Río Barredo, *Le transfert de la cour de Madrid à Valladolid et le débat sur l'établissement d'une capitale permanente en Espagne vers 1600*, in *Les capitales de la Renaissance*, a cura di J.-M. Le Gall, Rennes, Presses Universitaires de Rennes, 2011, pp. 145-163.

45. AGS, *Secreterías Provinciales,* leg. 1402, lib. 276, ff. 67-74.

46. AHN, *Consejos, Patronato de Castilla,* leg. 404, lib. 17.221*: Hospital de S. Antonio de los Portugueses.*

47. E. Grendi, *Gli* asientos *dei Balbi e il conte di Villalvilla*, in «Rivista storica italiana», 106/3 (1994), pp. 565-621: 597.

risdizionali che amareggiarono tutto il suo mandato, questi faceva presente le difficoltà che incontrava nel trovare un alloggio a Madrid e come l'istituzione di un ospedale di nazione avrebbe potuto almeno temporaneamente ovviare a tali inconvenienti.[48] Il problema dell'alloggio degli ambasciatori fu al centro in quegli anni di tutte le corrispondenze diplomatiche e riemerse più volte, in quei mesi, nei carteggi tra il de Franceschi a Madrid e i suoi corrispondenti a Genova.[49] In quelle circostanze non se ne fece nulla, ma da allora la partecipazione dei genovesi alla gestione dell'ospedale S. Pietro degli Italiani si fece più serrata.

Nel 1627 il nunzio Giovanni Battista Pamphili, futuro papa Innocenzo X, promosse una riforma delle costituzioni dell'ospedale, in base alla quale il numero dei governatori passò da dieci a sei, rispettivamente in rappresentanza dei Regni di Napoli, di Sicilia, dello Stato di Milano, della Repubblica di Genova, del Granducato di Toscana e delle terre del papa, carica generalmente appannaggio del nunzio in qualità di protettore dell'ospedale.[50] La definizione della nazionalità italiana che trovava riconoscimento per l'accesso alle cariche di governo del S. Pietro era così costituita dall'appartenenza ai domini diretti della corona di Castiglia nella Penisola (Napoli, Sicilia e Milano) e dagli stati di Genova, Toscana e Roma. Rimanevano esclusi il Regno di Sardegna, di pertinenza della corona d'Aragona, la Repubblica di Venezia e lo Stato sabaudo. Essere italiano a Madrid significava, dunque, in quegli anni, fare parte del ceto di nobili, togati, uomini d'affari ed ecclesiastici che condividevano la comune appartenenza a uno spazio politico percepito come unitario in virtù delle opportunità di carriera che vi si potevano affermare in relazione alla monarchia spagnola. Era questo d'altronde – ha scritto Giuseppe Galasso –, ovverosia l'ampiezza, e la relativa omogeneità, assunta dai domini della Corona spagnola in Italia, anche l'unico elemento che conferì effettivamente alla penisola una maggiore unitarietà e questo sia per quel che riguardò la prospettiva politico-diplomatica e militare del governo di Madrid in Italia, sia nel più ampio quadro degli equilibri

48. AGS, *Archivo segreto*, 2423. Sul de Franceschi rinvio a A. Cevelotto, *Franceschi, Giovan Francesco de*, in *DBI*, vol. 49 (1997), *ad vocem*.

49. *Istruzioni e Relazioni degli Ambasciatori genovesi,* a cura di R. Ciasca, Roma, Istituto Italiano per l'età moderna e contemporanea, 1951, vol. I, pp. 392 s.; vol. II, p. 31.

50. ASV, *Hospital de Italianos,*12, fascic. 168. Cfr. anche Sánchez de Madariaga, *Caridad, devoción e identidad de origen,* p. 20.

europei e, ancor più, della percezione che di essa si ebbe sia all'interno che all'esterno della Penisola.[51]

Questa accezione dell'appartenenza alla nazione italiana, utile in qualche modo anche per tornare a riflettere sul paradigma storiografico dell'Italia "spagnola e non spagnola", interessò in ogni caso esclusivamente i criteri di selezione alle nomine per il governo della istituzione.[52] Le modalità di appartenenza, o per meglio dire di adesione identitaria, alla comunità degli italiani residente a Madrid furono, invece, molto più mobili e flessibili nelle pratiche sociali che vi furono attivate lì dove si trattò della fruizione dei servizi medico-ospedalieri del S. Pietro o della partecipazione al medesimo patrimonio di simboli e riti festivo-religiosi patrocinati dalla sua chiesa. In quel caso le maglie della rete assistenziale alla nazione si allargarono notevolmente e il limite dell'inclusione poté essere volta a volta convenuto o negoziato a livelli differenti tra loro e più o meno ampi di accesso all'area del privilegio che esso avrebbe comportato.

Avremo modo di illustrare meglio questo punto più avanti.

Quanto alle procedure di nomina dei governatori dell'ospedale occorre ancora dire che esse non furono sempre, com'è d'altronde anche ovvio immaginare, del tutto trasparenti, né scontate. Alle elezioni per il rinnovo delle cariche il 19 giugno 1634 gli elettori presenti, tutti «de diversas provincias de Italia» furono 189. A norma di statuto il nunzio allora in carica, il vescovo di Senigallia Lorenzo Campeggi, presentò le diverse proposte di elezione: per Roma avanzarono la propria candidatura a governatore dell'ospedale il conte Annibale Campeggi e Orazio Marini; per Genova monsignore Antonio Balbi, Simone Spinola, Carlo Strata, Francesco Maria Piquenoti e Agostino Monelia; per la Toscana l'abate Galeoto Bernardini, Juan Jorge Romena e Nicola Albizi; per Napoli Francesco Mariconda, Flavio Arce ambasciatore di Parma e Tommaso Mastrilli, cappellano regio; per Milano Carlo Antonio Beleredi, Giacomo Valera, Ottavio Varesi e Andrea Carminati; per la Sicilia si rinnovava la candidatura di Antonio del Bosco.[53] Sennonché nel corso delle votazioni furono denunciati dei maneggi, annul-

51. G. Galasso, *L'Italia una e diversa nel sistema degli Stati europei (1450-1750)*, in *Storia d'Italia,* vol. XIX, *L'Italia moderna e l'unità nazionale*, a cura di G. Galasso e L. Mascilli Migliorini, Torino, Utet, 1998, pp. 187-199.

52. Cfr. *Italia non spagnola e monarchia spagnola tra '500 e '600. Politica, cultura e letteratura,* a cura di G. Di Stefano, E. Fasano Guarini, A. Martinengo, Firenze, Leo S. Olschki, 2009.

53. AHPNM, *Notaio Diego Carminati,* 5268, ff. 195r-196v.

lati i risultati e indette nuove elezioni di lì a poco, il 10 luglio e, di nuovo, il 4 e il 15 settembre e l'11 novembre. Era sulla carica di amministratore che non si riusciva a trovare un accordo, fino a quando, il 10 maggio 1635, la maggior parte delle preferenze fu fatta convergere sul nome del cappellano regio di origini napoletane Tommaso Mastrilli.[54] Fino ad allora, e dopo l'intermezzo del Mastrilli, fu comunque la compagine dei genovesi che monopolizzò la funzione di tesoriere dell'ospedale, dal primo titolare dell'incarico, quello Stefano Grillo che nel 1579 si era occupato dell'acquisto dei locali dell'ospedale;[55] a Bartolomeo Spinola (1613-15) che a Madrid si distinse come banchiere di corte e amministratore di patrimoni nobiliari, fu ambasciatore straordinario della Repubblica tra il 1622 e il '23 e dal 1627 fino alla morte, avvenuta nel 1644, Fattore generale del re.[56] Si distinsero, inoltre, Marco Antonio Spinola (1623-25); Ottavio Centurione, che tra il 1632 e il 1634 permutò per conto dei governatori dell'ospedale diverse partite di denaro e, in cambio di qualche piccolo prestito in moneta liquida, prese in pegno degli oggetti d'argento – «un maço de martinetas, un salero y pimentero de plata, un jarro de plata con su caxa negra y un servicio de plata pora de camino» –;[57] Simone Spinola (1634-35), che ricoprì anche lui un importante ruolo nell'amministrazione della Real Hacienda;[58] e ancora Giovan Simone Spinola, sulla cui attività di amministratore dell'ospedale S. Pietro degli italiani siamo più dettagliatamente documentati. Grazie alla sua vasta rete di amicizie e conoscenze e alla reputazione acquisita negli ambienti di corte, lo Spinola riuscì a riscuotere puntualmente tutti i crediti provenienti dai titoli investiti, anche quelli in arretrato di pagamento o in contenzioso di giudizio, saldando in positivo i conti dell'ospedale. Negli

54. Ivi, 5269, f. 133.

55. I Grillo si inserirono pienamente nei gangli della *Monarquía hispánica* solo alla metà del secolo XVII grazie all'acquisizione dell'*asiento* degli schiavi. Cfr. A. García Montón, *Trayectorias individuales durante la quiebra del sistema hispano-genovés: Domingo Grillo (1617-1687),* in *Génova y la monarquía hispánica,* a cura di Herrero Sánchez, Ben Yessef Garfia, Bitossi, Puncuh, vol. I, pp. 367-384.

56. AHPNM, *Notaio Juan de Chaves,* 4305, ff. 5, 8, 21r-23v, su di lui e sugli altri genovesi che andrò citando il rinvio principale è a C. Álvarez Nogal, *El poder de los banqueros genoveses en la corte de Felipe IV,* in *Centros de poder italianos en la monarquía hispánica (siglos XV-XVIII)*, a cura di J. Martínez Millán e M. Rivero Rodríguez, Madrid, Polifemo, 2010, vol. II, pp. 1095-1124.

57. AHPNM, *Notaio Diego Carminati,* 5266, ff. 9r-10v.

58. Per i rogiti notarili attestanti la sua attività di esattore dell'ospedale di S. Pietro cfr. AHPNM, *Notaio Diego Carminati,* 5269, ff. 36r-37r, 190.

anni 1639-1641, per conto dell'ospedale S. Pietro, collocò opportunamente anche i vari accantonamenti di denaro realizzati in partite di giro.[59] Si trattava certamente di un giro di affari minore e di più corto raggio rispetto ai ben più consistenti circuiti finanziari, alle traiettorie commerciali con il mondo atlantico e ai servizi creditizi e finanziari forniti alla Corona spagnola dallo stesso Giovan Simone Spinola e in cui, in generale, i banchieri genovesi erano a quella data ancora tra i maggiori protagonisti.[60] E pur tuttavia si trattò di trame ben organizzate con un evidente intreccio tra affari e politica, che seguirono percorsi paralleli e di supporto a quelli maggiori in mano agli stessi genovesi che, come è noto, si mossero sempre nell'ambito di oculate strategie di diversificazione degli investimenti su più piani politici e finanziari, a volte anche con orientamenti diversi tra loro. In questo caso l'ospedale degli italiani, e la gestione che essi vi condussero, servirono a fare conoscere e apprezzare la loro affidabilità e solidità economica e a ottenere riconoscimento sociale in una base più ampia della loro sola comunità genovese di origine, ma più ristretta e omogenea rispetto alla complessità della città di Madrid e della regia corte in cui contemporaneamente, e con più profitto, i banchieri genovesi in questione operavano. L'ospedale poté fungere cioè da centro di raccolta e smistamento di informazioni e di contatto con agenti e altri vecchi e nuovi operatori economici. Fu la base per accedere a diversi tipi di affari, allacciare o rinsaldare altre reti e gruppi d'interesse con quanti nobili, uomini d'affari, mediatori, ecclesiastici, personale di corte, nati sul suolo della penisola italiana, si trovavano in quel momento a Madrid per servizio o per negozi.

Porterò al riguardo un solo esempio.

59. I riferimenti si trovano ivi, 5270, ff. 233, 257; 5271, ff. 154r-157v, 427; 5274, ff. 106r-108r, 353; 5275, ff. 182, 291, 300; 5279, ff. 271v-272r.

60. Le relazioni tra banchieri genovesi e sistema finanziario della *Monarquía* sono attualmente tra gli argomenti più studiati dalla storiografia internazionale. Oltre il classico studio di E. Grendi, *I Balbi. Una famiglia genovese fra Spagna e Impero,* Torino, Einaudi, 1997, si vedano almeno i lavori di C. Álvarez Nogal, C. Marsilio, L. Lo Basso, *La rete finanzaria della famiglia Spinola: Spagna, Genova e le fiere dei cambi (1610-1656)*, in «Quaderni storici», 124 (2007), pp. 97-110; M. Herrero Sánchez, *La red genovesa Spínola y el entramado transnacional de los marqueses de los Balbases al servicio de la Monarquía Hispánica,* in *Las redes del imperio. Élites sociales en la articulación de la Monarquía Hispánica, 1492-1714*, a cura di B. Yun Casalilla, Sevilla, Marcial Pons, 2009, pp. 97-134. Sul ruolo dei genovesi nell'economia globale dell'impero spagnolo rinvio a B. Yun Casalilla, *Iberian World Empires and the Globalization of Europe 1415-1668,* Basingstoke, Palgrave, 2019.

Dal 1631 e fino al 1633, mentre era in carica come tesoriere del S. Pietro il già menzionato Ottavio Centurione, entrò nella rosa dei governatori dell'ospedale in qualità di rappresentante della Toscana l'ambasciatore della Repubblica di Lucca a Madrid Jacopo Arnolfini, fedele servitore della causa degli Asburgo.[61] Fu l'unico mandato dell'Arnolfini, e in generale di un delegato della oligarchia lucchese al posto dei ben più autorevoli sudditi del Granduca di Toscana, non sempre allineato, però, in quegli anni sulle linee della politica spagnola.[62] Non è escluso che la nomina dell'Arnolfini fosse stata patrocinata proprio dal banchiere Ottavio Centurione, che in lui riconosceva un fidato partner politico e d'affari con cui condividere l'obiettivo di rafforzare i rapporti diplomatici e commerciali tra i patriziati delle due repubbliche di Genova e di Lucca, alleate in quegli anni da una comune, implicita, per quanto asimmetrica, aderenza al sistema imperiale spagnolo e su molti fronti della politica estera.[63]

Dalla metà degli anni Quaranta del secolo XVII i genovesi cominciarono, però, a ritirarsi dal governo dell'ospedale. Fu questo l'esito sia di un contemporaneo e più generale arretramento della finanza genovese dal mondo ispanico, sia della ridefinizione del ruolo del pontefice sulla scena politica internazionale. All'indomani di Westfalia il papato, la cui influenza nella politica internazionale era uscita irrimediabilmente scossa dal lungo conflitto, cominciò a controbilanciare tale arretramento posizionando le proprie strategie in funzione del rafforzamento della realtà temporale dello Stato della Chiesa e delle chiese territoriali e di una complessiva razionalizzazione strutturale dei propri organismi di governo.[64] Tutte le istituzioni ecclesiastiche ne furono coinvolte, avviando un energico processo di rinnovamento e di riforme. In questa contingenza

61. ASV, *Hospital de Italianos,* 11, fascic. 165, *Decreti della Congregazione (1630).*

62. P. Volpini, *Razón dinástica, razón política e intereses personales. La presencia de miembros de la dinastía Medici en la corte de España en el siglo XVI,* in *Centros de poder italianos,* a cura di Martínez Millán e Rivero Rodríguez, vol. I, pp. 207-226.

63. Cfr. R. Sabbatini, *Le Mura e l'Europa. Aspetti della politica estera della Repubblica di Lucca*, Milano, FrancoAngeli, 2012 e, in particolare sul peso della famiglia Arnolfini nella politica estera della Repubblica, M. Giuli, *Al servizio della Repubblica. Un approccio prosopografico alla politica estera lucchese*, in *Sulla diplomazia in età moderna*, a cura di Sabbatini e Volpini, pp. 125-148.

64. M.A. Visceglia, *La Roma dei papi. La corte e la politica internazionale (secoli XV-XVII),* Roma, Viella, 2018, pp. 287-292. Alla svolta degli anni Cinquanta del Seicento sono dedicati i saggi raccolti nel volume *Italia 1650,* a cura di G. Galasso e A. Musi, Napoli, Editoriale Scientifica, 2002 di cui si vadano in particolare G. Signorotto, *Il ruolo politico di*

la direzione del S. Pietro degli italiani a Madrid passò saldamente nelle mani del nunzio pontificio e, accanto a lui, di uno stuolo di ecclesiastici delle più varie provenienze. Una prima avvisaglia di tale inversione di tendenza si ebbe già durante il lungo mandato di amministratore dell'ospedale affidato all'oratoriano Giovanni Battista Ferruzza dal 1645 al 1654. Questi, avvalendosi della lunga durata del proprio incarico e del consenso meticolosamente costruitosi attorno, tra i membri più influenti della comunità degli italiani che gravitava a corte in quegli anni, provvide al riordino dello statuto dell'ospedale. Introdusse la prassi del voto segreto per la nomina dell'amministratore, riuscendo così a forzare la consuetudine fino ad allora accettata che l'incarico venisse assegnato sempre a un vassallo del re.[65] Se ne avvidero anche i reggenti del Consiglio d'Italia che, con consulta del 18 settembre 1653, comunicarono al re come il nunzio stesse tramando «per poner persona sua nell'ufficio di Amministratore dell'ospedale degli Italiani in Madrid», mettendolo sull'avviso che l'ospedale accoglieva pellegrini, viaggiatori e infermi italiani, provenienti sia dai domini diretti della Corona nella penisola, sia dalle repubbliche e altri potentadi, ragion per cui, considerata la confluenza e le opportunità di comunicazione fra tanti soggetti, sarebbe stato prudente che vi si fosse conservato un amministratore natío di uno degli stati vassalli della *Monarquía*. Solo così si sarebbe scongiurato il rischio – essi dichiararono – che un'opera caritativa potesse arrecare pregiudizio alla causa regia, diventando un "ricettacolo di spie". «El hospital cuyo insituto es para exercitar obras de charidad, – riportò al riguardo il marchese di Leganés – vendría in riesgo de ser seminario y receptaculo de espias, no sin gran nota y detrimento de los vassallo».[66]

La stessa considerazione fu ribadita dal Consiglio d'Italia nella consulta del 24 dicembre 1660 in cui si sostenne che, per quanto la fondazione regia dell'ospedale non fosse documentata né giuridicamente accertabile, andavano almeno salvaguardate le prerogative derivanti dai donativi, non di scarso peso, che la Corona aveva nel tempo generosamente erogato a favore dell'istituzione. L'ospedale S. Pietro degli italiani – vi si affermava – «si qualifica di fondazione particolar, sebbene è stato sempre mantenuto

*Roma e la nuova immagine del papato*, pp. 233-259; E. Novi Chavarria, *Chiesa e religione*, pp. 203-232.

65. ASV, *Hospital de Italianos,* 12, fascic. 171.

66. AHN, *Estado,* leg. 2223.

e si mantiene sotto la protezione reale di Sua Maestà, della cui liberalità e munificenza si è giovato».[67] A quella data, però, nel quadro anche dei più generali rapporti tra Monarchia e Papato, molti spazi di negoziazione tra la corte madrilena e la curia romana erano oramai chiusi e la predominanza del ruolo del nunzio, come protettore dell'ospedale e della chiesa di S. Pietro degli italiani con pieni poteri di visita e giurisdizionali, si era nei fatti imposta appieno. Da quel momento l'incarico di amministratore dell'ospedale fu sempre affidato, infatti, a un ecclesiastico suo delegato. Da lui dipendevano i salariati della chiesa-ospedale: maggiordomo e tesoriere, cappellano, infermiere, medico, chirurgo, collettore e sacrestano maggiore, infermiere, cuoco, serva e ulteriori cappellani.

Nel XVIII secolo la vita dell'istituzione fu interamente segnata da continue contrapposizioni di natura giurisdizionale tra la parte pontificia, che ne rivendicò la dipendenza diretta dalla Santa Sede, e la componente nazionale italiana che a più riprese, e senza alcun esito, accampò presunte prerogative di patronato degli antichi regni di pertinenza della Corona asburgica.

L'Ottocento segnò poi il definitivo declino della fondazione. I debiti contratti dall'ospedale portarono a un suo profondo decadimento e alla vendita dei titoli e delle rendite in suo possesso fino a quando, negli ultimi decenni del secolo, l'istituto venne dismesso del tutto, sconsacrata la chiesa e il fabbricato messo a reddito, dandone in affitto i locali come case d'abitazione. Da allora le vicende legate al titolo di proprietà originario dell'intera struttura, e quelle di conseguenza relative al suo patrimonio economico e archivistico, fornirono materia per ulteriori motivi di contenzioso nelle relazioni diplomatiche tra la nunziatura e il governo di Madrid fino a quando, nel 1887, la regina reggente Maria Cristina d'Asburgo-Teschen accordò alla Legazione italiana una rendita quale indennizzo della proprietà dei locali dell'ospedale che era stata confiscata dal governo, mentre, per parte pontificia, il nunzio ottenne nel 1890 come chiesa della Santa Sede, e non più degli italiani, la chiesa de SS. Justo y Pastor in sostituzione di quella dedicata ai S.S. Pietro e Paolo un tempo ubicata nella carrera de S. Jerónimo.[68]

La confisca dei beni dell'antico ospedale ne rese a lungo impossibile anche la consultazione dei documenti d'archivio. Alla studiosa Hortensia Lo

67. *Ibidem*.

68. Lo Cascio Loureiro, *Historia documentada de la antigua Iglesia Hospital de S. Pedro y S. Pablo,* pp. 124-138.

Cascio Loureiro, bibliotecaria e archivista spagnola, autrice del lavoro più completo sulla chiesa e sull'ospedale degli italiani pubblicato fino ad oggi, apparso nel 1932 e basato sulle fonti dell'Archivo del Ministerio de Estado, che le costò perfino un processo di epurazione da parte del regime franchista e la conseguente destituzione da tutti gli incarichi pubblici per le forti posizioni anticlericali che ella vi espresse, fu addirittura occultata l'esistenza di documenti dell'archivio originale della chiesa presso l'allora Archivio della Nunziatura.

Il lavoro di riordino e inventariazione delle carte dell'ospedale degli italiani, trasferito nel suo complesso presso l'Archivio Segreto Vaticano soltanto nel 1999, e completato ultimamente da Patricia Nieto Martin, Luca Carboni e Flavia Tudini, ha solo di recente ovviato a questa grave omissione rendendo disponibile alla consultazione degli studiosi materiale documentario di grande interesse per la storia della presenza italiana alla corte degli *Austrias* di Madrid.[69]

## 4. *Spazio di rappresentazione e di opinioni*

Come ha osservato Manuel Rivero e ho ricordato più sopra, nei primi anni della loro attività la chiesa e l'ospedale S. Pietro funsero da spazio cerimoniale peculiare del Consiglio d'Italia. In esso si eseguivano le cerimonie, feste, messe e gli atti liturgici promossi dal Consiglio medesimo.[70] Al contempo l'ospedale fu anche il centro della vita sociale degli italiani residenti a corte, uno spazio politico aperto e conteso, ad alto grado di contiguità relazionale e di aggregazione, in cui la comunicazione pubblica e privata poté potenziarsi enormemente grazie alla compresenza di attori di varia estrazione sociale e provenienza geografica e politica. In più di un caso intorno ad essi si sviluppò una vera e propria rete di contatti in grado di raccogliere e trasmettere informazioni politiche ed economiche, come si è visto per il clan genovese degli Spinola, notizie e opinioni politiche *tout court* in altri casi. Vi si aprirono canali di intermediazione e di comunicazione paralleli a quelli diplomatici e dei *consejos*. Ma innanzitutto l'ospe-

69. Carboni, *L'archivio del Pontificio y Real Hospital de los Italianos*.

70. M. Rivero Rodríguez, *El Hospital de los Italianos de Madrid y el Consejo de Italia en el reinado de Felipe IV: Consejos territoriales y representación de los reinos*, in *Actas de la XI Reunión Científica de la Fundación Española de Historia Moderna*, a cura di A. Jiménez Estrella e J.J. Lozano Navarro, Granada, Editorial Universidad de Granada, 2012, vol. I, pp. 1141-1152.

dale S. Pietro della nazione italiana a Madrid fu uno spazio di *rappresentazione* politica, attiva e percepita, della nazione italiana dentro e fuori gli stati italiani. Fu lo spazio in cui per molti rivoli si rifletté la *reputazione* degli italiani, del loro carattere e la percezione della loro identità. Lo si è visto a proposito delle dispute giurisdizionali che nel 1653 opposero il Consiglio d'Italia alla Nunziatura, quando in occasione della nomina del nuovo amministratore dell'ospedale, la cui direzione, alla metà del secolo XVII, era oramai passata dalla predominanza dei genovesi a quella del nunzio a Madrid, all'interno del Consiglio d'Italia fu fatto avanzare il sospetto che il S. Pietro fosse un covo di spie al servizio del papa. Lo si era visto già alla fine degli anni Trenta di quel secolo, allorché nella circostanza di un'altra votazione per la nomina del rettore dell'ospedale, l'ambasciatore toscano alla corte di Filippo IV Gabriello Riccardi (1637-1640), con lettera del 2 aprile 1639, informò il granduca sui brogli elettorali condotti da un tal Giovanni Andrea Fornelli a favore della fazione genovese e di come la palese divergenza tra genovesi e la fazione che vedeva per l'occasione uniti napoletani e toscani stesse mettendo a nudo i molti motivi di conflittualità interni alla nazione italiana. Poco mancò che la disputa finisse con un duello tant'è che, a dire dell'agente mediceo, gli spagnoli avrebbero per questo in seguito «mormorato qui delli italiani che sian discordi e disuniti et se in una piccola giunta di 300 persone fuor del loro Paese fanno così che seguirà in tutto il lor Regno d'Italia. Il che li faccia poi esser in gran parte sugetti alli stranieri».[71] Emergeva così nelle parole dell'ambasciatore mediceo un motivo di fondo – quello della opposizione tra il pluralismo politico e l'unificazione di una parte più o meno estesa degli stati del paese – assai risalente nella riflessione politica e che proprio a Firenze era stato formulato sin dal XIV-XV secolo. Emergeva anche il tema della "soggezione agli stranieri", che nella storiografia italiana si affermerà pienamente soltanto nel XIX secolo.[72] Nella formulazione dell'ambasciatore Riccardi esso veniva relazionato con il "carattere degli italiani", alla loro disunione, al prevalere in essa delle logiche particolaristiche. Riccardi coglieva un altro aspetto pur esso di lunga durata nella configurazione dell'identità della nazione italiana e nella sua percezione, quello della decadenza morale degli italiani suscitata dal deperimento della libertà dopo l'asservimento delle

71. ASF, *Mediceo del Principato,* 4964, ff. 398-401.

72. Tema al centro di un lungo dibattito su cui rinvio a G. Galasso, *Dalla «libertà» d'Italia alle «preponderanze» straniere*, Napoli, Editoriale Scientifica, 1997.

loro repubbliche e le profonde negative tracce che questo processo avrebbe lasciato impresso nel loro carattere.[73]

L'ospedale S. Pietro fu comunque non solo uno spazio di configurazione della reputazione degli italiani a Madrid, un contenitore cioè delle *valutazioni* e dei giudizi maturati dal di fuori *sugli* italiani e sulla nazione italiana, ma anche un luogo di *formazione* di opinioni e scritture politiche *di* italiani. Vi gravitarono d'altronde personaggi di levatura interessante ed esposizione politica a più livelli, operatori finanziari, informatori, esponenti delle gerarchie ecclesiastiche e diplomatici delle corti dei piccoli stati dell'Italia padana, come per esempio il domenicano Ippolito Camillo Guidi, confessore e agente a Madrid del duca di Modena Francesco d'Este. Nel 1638 fu nominato da Filippo IV predicatore reale[74] e nel 1640 tenne nella chiesa di S. Pietro la predica in lingua italiana in onore di S. Carlo. Lo riferiva il 7 novembre al ministro del Granduca di Toscana Andrea Cioli il segretario dell'ambasciatore Bernardo Monanni.[75] Il padre Guidi si era conquistato a corte i favori della regina Isabel de Borbón inserendosi risolutamente in quello spazio di potere complementare e per molti versi ostile al *valido* in carica, il conte duca d'Olivares, che fu il "partito delle dame" formatosi tra le fila dell'*entourage* soprattutto femminile della regina. Guidi fu testimone eccellente della fase di incertezza e fluidità politica che segnò il periodo tra la caduta del conte duca e l'ascesa del nuovo favorito Luís de Haro, aggiornando volta per volta il duca d'Este col resoconto accurato di quanto accadeva a corte e le sue personali valutazioni dei fatti, tanto che le sue relazioni diplomatiche sono considerate tra le più ricche e articolate di quegli anni.[76] Su quei fatti e sulla *Caduta del conte d'Olivares* di cui era stato testimone,e forse anche fiancheggiatore accanto alla regi-

73. Cfr. Simonde de Sismondi, *Il carattere degli Italiani,* a cura di R. Bizzocchi, Roma, Viella, 2020.

74. F. Negredo del Cerro, *Los predicadores de Felipe IV: corte, intrigas y religión en la España del Siglo de Oro*, Madrid, Actas, 2006, pp. 42, 66, 448. Sul ruolo del Guidi come agente di Modena a Madrid si rinvia a G. Signorotto, *Modena e il mito della sovranità eroica,* in *La corte estense nel primo Seicento. Diplomazia e mecenatismo artistico,* a cura di E. Fumagalli e G. Signorotto, Roma, Viella, 2012, pp. 11-49: 37.

75. ASF, *Mediceo del Principato*, fil. 4965, f.n.n.

76. Cfr. O. Serafini, *La coscienza del re. Juan de santo Tomás, confessore di Filippo IV di Spagna (1643-1644*), Firenze, Leo S. Olschki, 2006. Selle reti di influenza della regina Isabel a corte si veda F. Sicard, *Regencia e imagen de la reina Isabel de Borbón*, in *La corte de Felipe IV (1621-1665): Reconfiguración de la Monarquía católica*, a cura di J. Martínez Millán e J. Hortal Muñoz, Madrid, Polifemo, 2015, vol. II, pp. 1458-1500.

na, Guidi scrisse poi un libello,[77] che fu tradotto anche in castigliano e in francese ed ebbe una notevole circolazione nel dibattito politico europeo sul tema del *valimiento*, della formazione della decisione politica e sulla visione che le forze politiche avevano della "mutazione di stato", a segno di una vitalità della letteratura politica italiana dell'età barocca che non venne mai meno.[78]

La storia del S. Pietro come spazio politico della nazione italiana a Madrid ci rivela anche altri aspetti interessanti. Vi notiamo tra il 1655 e il 1656 la presenza contemporanea, a vario titolo esercitata, di tre personaggi coinvolti nella congiura siciliana del 1649. Essi erano il conte di Mazzarino Giuseppe Branciforte, il quale fu pienamente coinvolto nella congiura che mirò a destabilizzare la corona degli Asburgo in Sicilia per farne un Regno autonomo con a capo proprio lui o Luigi Guglielmo Moncada, salvo poi denunciare alla vigilia la trama del complotto al viceré José Juan d'Austria guadagnandosene così l'indulto.[79] Il parroco della chiesa di S. Nicolò la Kalsa a Palermo Simone Rao, anche lui coinvolto nella congiura e processato a Palermo l'anno dopo, ma graziato per essere stato l'altro anello della delazione al viceré della cospirazione che si andava preparando. Il gesuita Giuseppe Spucches, intermediario del Branciforte nella denuncia pervenuta a D. José Juan a Messina.[80] Tutti e tre, dopo il fallimento della cospirazione e la reazione durissima del viceré che ne seguì, ripararono a Madrid dove ebbero anche modo di risalire

77. I.C. Guidi, *Caduta del conte d'Olivares l'anno 1643,* Ivrea, s.t.,1644.

78. Cfr. R. Villari, *Politica barocca. Inquietudini, mutamento e prudenza,* Roma-Bari, Laterza 2010; F. Benigno, *L'ombra del Re. Ministri e lotta politica nella Spagna del Seicento,* Venezia, Marsilio, 1992. Per il dibattito sulla *privanza* si vedano G. Muto, "*Mutation di corte, novità di ordini, nova pratica di servitori": la "privanza" nella trattatistica politica spagnola e napoletana della prima età moderna,* in *Con la ragione e col cuore. Studi storici dedicati a Carlo Capra,* a cura di S. Levati e M. Meriggi, Milano, FrancoAngeli, 2008, pp. 139-182; G. Mrozek, *Bajo acusación. El valimiento en el reinado de Felipe III. Procesos y discursos,* Madrid, Ediciones Polifemo, 2015; Id., *Ripensare il valimiento. Don Luis de Haro nella più recente storiografia,* in «Storica», 67-68 (2017), pp. 171-192.

79. N. Bazzano, *Mazzarino, Giuseppe Branciforte conte di,* in DBI, vol. 72, *ad vocem*.

80. G.B. Birago Avogadro, *Le sollevazioni di stato,* Venezia, Turini, 1653, pp. 156-159. Sul contesto della congiura del 1649 cfr. G. Giarrizzo, *La Sicilia dal Cinquecento all'Unità d'Italia*, in *La Sicilia dal Vespro all'Unità d'Italia*, a cura di V. D'Alessandro e G. Giarrizzo, Torino, Utet, 1989, pp. 320-321. Per una riflessione sulla congiura siciliana del 1649 nell'ambito dell'antispagnolismo si veda A. Musi, *Antiespañolismo y decadencia en la cultura italiana,* in *La corte de Felipe IV (1621-1665)*, a cura di Martínez Millán e Hortal Muñoz, vol. I, pp. 57-129.

la scala degli onori. Quattro anni dopo, infatti, il 18 ottobre del 1653, il conte di Mazzarino faceva pervenire al Consiglio di Stato un memoriale con la richiesta che gli fosse assegnata l'onorificenza del Toson d'Oro in riconoscimento dei servigi prestati al re nelle vicende del 1649. Nella memoria il conte ribadì uno per uno i nomi dei congiurati già denunciati in segreto e colpiti dalla giustizia viceregia e il coinvolgimento del Rao e di Spucches come suoi ausiliari nella denuncia presentata al viceré José Juan d'Austria. Su sua stessa ammissione, il conte da allora si era trasferito a Madrid, vivendo a corte con un certo sfarzo e dispendio di denaro. La richiesta non gli procurò il Tosone, che comunque otterrà in seguito, nel 1681,[81] ma l'encomienda di un ordine militare del valore di 1.500 scudi.[82] Tra il 1655 e il 1656 il Branciforte era ancora a Madrid, occupato a raccomandare all'assistenza dell'ospedale S. Pietro della nazione italiana questo o quello tra i suoi servitori. Amministratore dell'ospedale per il quadriennio 1654-1657 era d'altronde proprio il sacerdote Simone Rao, trasferitosi anche lui a Madrid e nel frattempo insignito del beneficio dell'abbazia di S. Croce in Sicilia e della carica di cappellano d'onore del re. Quanto al gesuita Giuseppe Spucches, sappiamo che questi si trovava a Madrid già alla fine del 1649 e, l'anno successivo, fu nominato predicatore reale, carica che ricopriva ancora nel 1654 e, sembrerebbe, fino alla sua morte avvenuta nel 1668. Spucches era anche lui tra quanti, nel 1656, profittarono dei servizi assistenziali offerti dall'ospedale S. Pietro della nazione italiana agevolando presso il Rao il ricovero di un suo *criado*.[83] Per loro il salto dalla dimensione locale del potere a quella trans-nazionale della Monarchia spagnola, ottenuto con l'acquisizione di cariche ecclesiastiche di forte rilievo politico, fu l'esito di un percorso, quello della denuncia della congiura del 1649, che il sicilianismo intrecciato all'antispagnolismo avrebbero fortemente stigmatizzato.[84]

Pensiamo così di aver aggiunto un altro tassello alle riflessioni che sono state svolte circa l'influenza delle lotte fazionali alla corte madrilena sulla composizione del personale della cappella reale e su come an-

81. Cfr. A. Spagnoletti, *Principi italiani e Spagna nell'età barocca,* Milano, Bruno Mondadori, 1996, p. 78.

82. AHN, *Estado, Sicilia,* leg. 2191. Il testo della consulta è stato trascritto ed è consultabile al link https://www.ragusanews.com/2014/04/30/cultura/il-prezzo-del-tradimento-del-conte-di-mazzarino/42564 [data di consultazione: 11/03/2020].

83. ASV, *Hospital de Italianos,* 42, fascic. 336.

84. Musi, *Antiespañolismo y decadencia,* pp. 66-67.

che questa fosse per la *Monarquía* un inesauribile canale di distribuzione di mercedi e onori.[85] Da questa specifica angolatura d'altronde anche il concetto di onore e di lealtà alla dinastia nel complesso mondo delle lealtà plurime, alla famiglia, alla chiesa, alla fazione, delle società di antico regime assume un significato senz'altro assai più realistico, duttile e pragmatico. Lealtà e dislealtà al re o al papa si giocarono in questo caso sul crinale assai più ambiguo del proprio vantaggio individuale, lasciando un po' sullo sfondo sfumature ideologiche o istituzionali di qualunque tipo.[86]

## 5. *Nazione e religione*

L'ospedale S. Pietro fu sopra ogni cosa lo spazio religioso verso il quale si coagularono la devozione e la ritualità degli italiani residenti a Madrid e funse da collettore della carità di molti benefattori. Tra i riti che si celebravano ordinariamente nella chiesa di S. Pietro vi erano le funzioni del giovedì santo con l'installazione del Sacro Sepolcro e l'orazione quaresimale, le occorrenze festive della famiglia reale in occasione, per esempio, della nascita degli infanti, e le festività dei principali santi patroni delle città capitali dei domini italiani della Monarchia. L'11 novembre 1625, il presidente del Consiglio d'Italia, Manuel de Acevedo y Zúñiga conte di Monterrey, patrocinò una funzione solenne in onore del beato Andrea Avellino, il teatino napoletano già celebre per la sua fama di taumaturgo e che particolari meriti aveva acquisito agli occhi della Corona durante i tumulti scoppiati a Napoli nel 1585, allorché si distinse per la sua opera di mediazione con i ribelli.[87] L'Avellino era stato da poco

85. Cfr. J. Martínez Millán, *La capilla real*, in *La corte de Felipe IV (1621-1665)*, a cura di Martínez Millán e Hortal Muñoz, pp. 561-564. Sul ruolo di cappellano d'onore e predicatore reale assegnati rispettivamente a Simone Rao e Giuseppe Spucches si vedano nel medesimo volume J. Martínez Millán, E. Jiménez Pablo, *La transformación ideológica de la Monarquía y su reflejo en la capilla real*, p. 714 e F. Negredo del Cerro, *Predicadores*, p. 692.

86. Per cui si veda F. Negredo del Cerro, *Deslealtades eclesiásticas en el tiempo de Olivares. Algunas consideraciones sobre ejemplos precisos*, in «Libros de la Corte», 6/1 (2014), pp. 186-213.

87. BNEs, *ms.* 989, ff. 52r-61v. Sulla rivolta napoletana del 1585 e il ruolo di mediatore con gli insorti che vi ebbe l'Avellino il rinvio è rispettivamente a R. Villari, *La rivolta antispagnola a Napoli. Le origini (1585-1647)*, Roma-Bari, Laterza, 1967; Id., *Un sogno di libertà. Napoli nel declino di un impero, 1585-1648*, Milano, Mondadori, 2012 e G. Soda-

eletto patrono delle città di Palermo (1624), Bitonto (1625) e nono patrono della città di Napoli (29 settembre 1625) in una reciprocità di connessioni tra Madrid e le principali realtà urbane del meridione italiano a suo modo formidabile, a cui non fu di certo estranea la rete di relazioni che, come già è stato notato, il Monterrey aveva attivato negli ambienti ecclesiastici dei domini italiani della Corona ancor prima che maturasse la sua nomina come ambasciatore di Spagna a Roma (1628) e successivamente di viceré di Napoli (1631-37).[88]

Alla metà degli anni Venti del Seicento nella chiesa dell'ospedale S. Pietro si celebravano regolarmente anche le feste in onore di S. Agata, patrona della città di Catania, S. Carlo, patrono di Milano, i santi Pietro e Paolo, patroni della città di Roma.[89] Per questo motivo ogni anno, qualche giorno prima di tali ricorrenze, gli amministratori dell'ospedale erano soliti inoltrare al Consiglio d'Italia la richiesta di una sovvenzione, per lo più del valore di 50 reali d'argento, per coprirne almeno in parte i costi. Questo avveniva, per esempio, alla fine di ottobre del 1654, alla vigilia della festa di S. Carlo[90] e, tra la fine di gennaio e il primo febbraio degli anni 1655-1657, in vista della festa di S. Agata.[91] Gli importi così ottenuti erano utilizzati, oltre che per gli apparati festivi, anche per l'onorario del predicatore, quasi sempre individuato tra i predicatori più rinomati presenti in quel momento nella capitale e per lo più già in servizio a corte.

Alla metà del secolo il pantheon agiografico del S. Pietro degli italiani si arricchì di nuovi santi. Vi si celebravano le feste in onore di S. Antonio di Padova, S. Antonio abate, S. Giuseppe e S. Gioacchino. La nazione siciliana, che proprio nel corso del secolo XVII, sullo sfondo delle rivalità che opposero tra loro le città di Palermo, Messina e Catania, conobbe un'esplosione di santi patroni, vi celebrava le onoranze di S.

no, *Modelli e selezione del santo moderno. Periferia napoletana e centro romano,* Napoli, Liguori, 2002, p. 73.

88. Sul propagarsi dell'elezione a santo patrono di molte città meridionali dell'Avellino la fonte è G.A. Cagiano, *Successi meravigliosi della venerazione del Beato Andrea d'Avellino, chierico regolare, patrono e protettore delle città di Napoli, Palermo e molte altre,* Napoli, Egidio Longo,1627. Sulle relazioni del conte di Monterrey con ambienti ecclesiastici italo-spagnoli rinvio al mio *Confortatori d'anime e/o consulenti militari,* pp. 200-201.

89. ASV, *Hospital de Italianos,* 11, fascic. 165; 13, fascic. 168.

90. AGS, *Secreterías Provinciales,* leg. 1402, lib. 276, ff. 129, 137.

91. Ivi, ff. 133, 141, 145.

Rosalia, S. Lucia, S. Agata e S. Placido.[92] Quadri con l'immagine delle due sante, Rosalia e Agata, ornavano gli interni della chiesa e dell'ospedale e i governatori segnalavano come particolarmente rilevante, per il decoro che conferiva all'istituzione, quello di S. Agata, opera del maestro Giulio Cesare Procaccini (1574-1625), uno dei maggiori esponenti del tardomanierismo lombardo assai in auge in quegli anni a Madrid.[93]

Un inventario dei beni della infermeria dell'ospedale, redatto il 21 dicembre 1637, attesta la presenza anche di altre immagini sacre. Tra queste vi era un quadro di S. Gennaro patrono della città di Napoli, una scultura in alabastro raffigurante Nuestra Señora de las Viñas, un culto mariano di origini eremitiche e con una forte impronta rurale, particolarmente popolare nelle province castigliane di Soria e Aranda de Duero, che a Madrid in quegli anni, in connessione con la forte immigrazione della popolazione dalle campagne limitrofe, cominciava a riscontrare un certo fervore.[94] L'uno e l'altro culto, costitutivi ognuno dell'identità di quelle singole comunità ed entrambi fortemente radicati sui propri rispettivi territori, della grande e multietnica città capitale del Regno di Napoli l'uno, della vecchia Castiglia agro-pastorale l'altro, trovarono nell'ospedale S. Pietro, un luogo – lo ricordiamo – destinato alla cura e alla assistenza degli "italiani", un piano di confluenza fra localismo e universalismo a dir poco singolare.[95]

92. ASV, *Hospital de Italianos,* 12, fascic. 171.

93. Ivi, 13, fascic. 174. Per l'attività svolta dal Procaccini a Madrid si rinvia a J. Bosch Ballbona, *Sobre el quinto marqués de Villafranca, Camillo y Giulio Cesare Procaccini*, in «Locus Amoenus», 14 (2016), pp. 91-108. Sul pantheon dei santi siciliani a Roma si veda A. Serra, *Rosalia e gli altri. Santi e culti della nazione siciliana nella Roma barocca,* in *Donne Potere Religione,* a cura di Caffiero, Donato, Fiume, pp. 253-266. Ancora oggi la Sicilia stenta a riconoscersi in un unico santo patrono (o per meglio dire un'unica santa patrona) condividendo tali onori tra S. Rosalia, S. Agata e S. Lucia. Cfr. S. Boesch Gajano, *Una storia dei confini mobili*: *santi e culti fra universale e particolare,* on-line su http://www.treccani.it/enciclopedia/una-storia-dei-confini-mobili-santi-e-culti-fra-universale-e-particolare_%28L%27Italia-e-le-sue-Regioni%29/ [data di consultazione: 10/08/2019].

94. L'inventario si trova in AHPNM, *Notaio Diego Carminati,* 5271, ff. 434r-437v. Sul patronato di S. Gennaro a Napoli e nel Regno si rinvia a *San Gennaro nel XVII centenario del martirio (305-2005),* a cura di G. Luongo, 2 voll., Napoli, Editoriale Comunicazioni Sociali, 2007. Per il culto di Nuestra Señora de las Viñas ho consultato Aniceto de la Cruz Gonzales, *Historia de la milagrosa imagen de Nuestra Señora de las Viñas, Patrona de la villa de Aranda de Duero,* Madrid, Aznar,1795.

95. Della vasta letteratura su questi temi e sul ruolo della santità nella configurazione delle identità regionali ed europea mi limito a citare *Italia sacra. Le raccolte di vite dei*

È che evidentemente l'ospedale, in quanto luogo di accoglienza e aggregazione, costituiva un microcosmo in cui si intrecciavano vite, esperienze e storie della più varia estrazione e provenienza, vi si condividevano relazioni e pratiche rituali che il luogo in quanto tale poteva talvolta mettere in singolare connessione tra loro. In esso la sfera religiosa si prestò più di altre a fornire uno scenario di flessibilità e intersezione in cui, sullo sfondo di un'estrema parcellizzazione dei culti, poterono coagularsi aspirazioni collettive ed esigenze particolaristiche. L'ospedale funse in qualche modo da cerniera – potremmo dire – tra culti territoriali e culti sovra-nazionali, all'interno della quale molte delle valenze municipalistiche e localistiche originarie di tali devozioni si stemperarono in una dimensione identitaria che superava di gran lunga i confini territoriali per assumere tratti più estesamente per l'appunto italiani e, in taluni casi, come si è visto, finanche trans-nazionali ed europei.[96] Ne troviamo ulteriore conferma nelle disposizioni testamentarie di alcuni benefattori dell'ente che, nella circostanza del ricovero in ospedale e dell'aggravarsi della malattia, elessero come luogo della propria sepoltura la chiesa dell'ospedale. Tra loro vi erano piccoli mercanti, religiosi, agenti della diplomazia cosiddetta minore e *hombres de negocios*. Molti disposero una serie di legati pii, di maggiore o minore entità a seconda dei casi, con l'obbligo della celebrazione di messe ad altre chiese variamente dislocate tra Madrid e i loro paesi d'origine. Fu questo il caso di Francesco Magnavita, nato a Gioia nella provincia di Principato citra del Regno di Napoli, residente alla corte di Madrid come segretario del reggente Ferrante Brancia che, nel 1632, lasciò disposizioni davanti al notaio per il proprio funerale nella chiesa del convento di S. Francesco dei carmelitani scalzi a Madrid improntato a un vistoso sfarzo barocco (sepoltura in abito francescano, accompagnamento del feretro da parte di uno stuolo di religiosi e di fanciulli della congregazione della dottrina cristiana). Egli lasciò, inoltre, cospicue donazioni all'ospedale S. Pietro degli italiani e alla casa santa di Gerusalemme a Madrid e alle confraternite del

*santi e l'inventio delle regioni* (*secc. XV-XVIII*), a cura di T. Caliò, E. Duranti, R. Michetti, Roma, Viella, 2013.

96. Ho avuto modo di sviluppare tali considerazioni in E. Novi Chavarria, *Domestic Religion and Connected Spaces*: *Isabella della Rovere*, *Princess of Bisignano (1552-1619)*, in *Domestic Devotions in Early Modern Italy*, a cura di M. Corry, M. Faini, A. Meneghin, Leiden-Boston, Brill, 2018, pp. 139-162, ma al riguardo cfr. soprattutto *Europa sacra. Raccolte agiografiche e identità politiche in Europa fra Medioevo ed età moderna*, a cura di S. Boesch Gajano e R. Michetti, Roma, Carocci, 2002.

Rosario e del Carmine nel suo paese natio di Gioia.[97] Fu questo anche il caso di Giuseppe Verno, un mercante originario di Orta, un piccolo borgo sull'omonimo lago in diocesi di Novara, nel *Milanesado,* che nel testamento stipulato il 5 dicembre 1632 elesse a luogo della propria sepoltura la confraternita di S. Nicola da Tolentino nella chiesa di S. Filippo di Madrid, a cui era iscritto; dispose anche un legato per la celebrazione di 300 messe variamente distribuite tra le chiese di S. Jeronimo, S. Pietro degli Italiani, Nuestra Señora de Atocha e S. Ginés a Madrid e diverse elemosine da assegnare alla confraternite di S. Maria e a quella del SS. Sacramento situate nel suo paese di origine.[98] Fu così per Marco Antonio Marzano, che si trovava alla corte di Madrid come agente della città di Seminara in Calabria per perorarne la causa del riscatto in demanio, il quale in un codicillo al testamento, rogato il 7 gennaio 1632, deliberò il lascito all'ospedale S. Pietro dei suoi effetti personali, abiti e giubbe di un certo pregio, a copertura delle spese del funerale;[99] per il sacerdote milanese Sebastiano Clerici[100] e per Domenico Gentile, nato a L'Aquila,[101] che lasciarono entrambi tutti i loro beni all'ospedale degli italiani col peso della celebrazione di qualche messa; per Giovanni Pietro Zibet, un affarista di origini comasche, che nel dicembre del 1635 dispose vari obblighi di messe da celebrarsi nelle chiese di Nuestra Señora de Atocha e del Buen Sucesso di Madrid;[102] per il sacerdote Bartolomeo Caputo, natìo di Sortino in diocesi di Siracusa in Sicilia, che era stato cappellano della chiesa di S. Pietro e nel 1641 assegnò all'omonimo ospedale degli italiani un cospicuo legato con l'obbligo di messe da celebrarsi sugli altari di S. Carlo, S. Agata e di Nuestra Señora de las Viñas nella chiesa dell'ospedale, oltre che in varie altre chiese di Madrid (Nuestra Señora de las Maravillas, Nuestra Señora de Atocha, Nuestra Señora del Rosario, Nuestra Señora del Buen Sucesso, S. Sebastian, S.

97. AHPNM, *Notaio Diego Carminati,* 5266, ff. 357r-362v. Sulle pompe funerarie barocche il riferimento più aggiornato è in Carnevale, *L'affare dei morti,* pp. 144-176.

98. AHPNM, *Notaio Diego Carminati,* 5266, ff. 392r-398v.

99. Ivi, ff. 6r-8v. Come è stato notato, manca a tutt'oggi uno studio sui delegati e le ambasciate delle città "minori" del Regno di Napoli alla corte di Madrid. Cfr. I. Mauro, "Mirando le difficoltà di ristorare le rovine del nostro honore"*. La nobiltà napoletana e le ambasciate della città di Napoli a Madrid,* in «Dimensioni e problemi della ricerca storica», 1/2014, pp. 25-50: 41.

100. AHPNM, *Notaio Diego Carminati,* 5269, ff. 148r-150v.

101. Ivi, 5274, ff. 244r-246v.

102. Ivi, 5269, ff. 401r-405v.

Miguel, S. Ginés, Nuestra Señora de Loreto).[103] Alcuni di loro (Sebastiano Clerici, Domenico Gentile, Bartolomeo Caputo) provvidero anche, tra le loro ultime volontà, a una donazione in favore del fondo che era stato istituito per affrontare le spese del processo di canonizzazione di María de la Cabeza, conosciuta per essere stata la moglie di S. Isidro Labrador, uno dei santi di origine spagnola pervenuti agli onori degli altari proprio qualche anno prima, nel 1622. La causa di María si era fermata, lo stesso anno, al conseguimento della beatificazione, ma il suo processo fu portato comunque avanti sull'onda – come è stato detto – della devozione popolare, da un lato, e il diretto coinvolgimento della casa reale degli Asburgo, dall'altro.[104] Gli italiani che in quegli anni gravitarono tra l'ospedale S. Pietro e la corte di Madrid ne furono anch'essi tra i promotori. Emancipatisi dalle loro origini geografiche, entrati in un più vasto giro di comunicazione e di relazioni, essi furono co-protagonisti della configurazione di un patrimonio di riti, simboli e pratiche devozionali caratterizzato dalla contaminazione reciproca dei propri tratti cultuali e culturali. Da questa visuale il S. Pietro, nato come spazio di accoglienza e di rifugio degli italiani, appare piuttosto un luogo di frontiera e di ibridazione in cui le norme in uso nelle comunità di origine dei suoi attori e quelle della comunità di accoglienza in Madrid poterono essere ridisegnate e interagire fra loro con ricorrenti margini di discrezionalità e originalità.

## 6. *Nazione e assistenza*

La dilatazione dei confini dell'appartenenza alla nazione degli italiani o, per meglio dire, alla comunità degli italiani residente a Madrid nel

103. Ivi, 5275, ff. 287r-290v.

104. La trattazione più ampia è di M.J. del Río Barredo, *Madrid, Urbs Regia. La capital ceremonial de la Monarquía Católica*, Madrid, Marcial Pons Historia, 2000, pp. 97-105, ma si veda anche M. Gotor, *Le canonizzazioni dei santi spagnoli nella Roma barocca,* in *Roma y España. Un crisol de la cultura europea,* a cura di C. J. Hernando Sánchez, Madrid, Sociedad Estatal para la acción cultural exterior, 2007, vol. II, pp. 620-639. Dal 1696, quando si concluse la sua canonizzazione, il culto per la santa conobbe una ancora più ampia diffusione dilatatasi fino alle Filippine e nella California spagnola. Cfr. T. Díaz Díaz, *Santa María de la Cabeza, única santa nacida en la provincia de Guadalajara (Caraquiz, Uceda), de origen judeoconverso*, in Aa. Vv., *El culto a los santos: cofradías, devoción, fiestas y arte*, Madrid, Edizione Escurialenses, 2008, pp. 637-654.

Seicento, risulta ancora più evidente se dagli orizzonti della devozione si sposta la visuale sugli assistiti dalla fondazione, su quanti cioè fruirono dei servizi assistenziali e sanitari a vario titolo erogati dall'ospedale S. Pietro. Disponiamo per questo dei dati forniti dai registri de «los infermos que vienene curarse en este S.to Ospidal de los italianos» che coprono buona parte della seconda metà del secolo XVII.

Nel primo di questi registri, che copre l'arco del triennio 1654-1657, affidato all'amministrazione di Simone Rao, il parroco che dalla Sicilia arrivò a coprire la carica di cappellano del re a Madrid per aver fatto nel 1649 i nomi dei congiurati al viceré, sono riportati con minuzia di particolari i dati identificativi riferiti dagli stessi degenti all'atto del loro ricovero in ospedale: età, luogo di nascita, generalità dei parenti prossimi (genitori, coniuge, figli), professione/mestiere, abiti indossati all'ingresso in ospedale e che gli sarebbero stati restituiti all'uscita.[105] Siamo cioè di fronte a pratiche di registrazione dell'identità alquanto elaborate per l'epoca, approntate evidentemente per garantire agli assistiti il riconoscimento della loro personalità legale nell'eventualità in cui, in caso di morte o semplicemente dell'aggravarsi della malattia, i governatori dell'ospedale si fossero trovati di fronte a parenti o eredi che avessero voluto riconoscerli per reclamarne e difendere i diritti di successione e di proprietà, garanzie tanto più necessarie per degli individui che, al momento del loro ingresso in ospedale, si trovavano con ogni probabilità lontano dalla famiglia e dalla propria comunità di origine.[106]

Tra il 2 settembre 1654 e il 20 marzo 1657, nell'ospedale S. Pietro degli italiani a Madrid furono registrati 120 ricoveri per un totale di 113 individui dal momento che alcuni di loro, dimessi in un primo momento verosimilmente troppo frettolosamente, tornarono in ospedale a distanza di qualche giorno accusando una riacutizzazione dei sintomi della malattia. Erano tutti uomini, giovani tra i 15 e 20 anni (22%) e, nella stragrande maggioranza, compresi nella fascia di età tra i 21 e i 30 anni (51%) (grafico 2).

105. ASV, *Hospital de Italianos,* 42, fascic. 336.

106. Per una visuale sullo stato degli studi sulle procedure di registrazione dell'identità come modalità di attribuzione di diritti di appartenenza rinvio agli studi raccolti in *Registration and Recognition: Documenting the Person in World History*, a cura di K. Breckenridge e S. Szreter, Oxford, Oxford University Press, 2012.

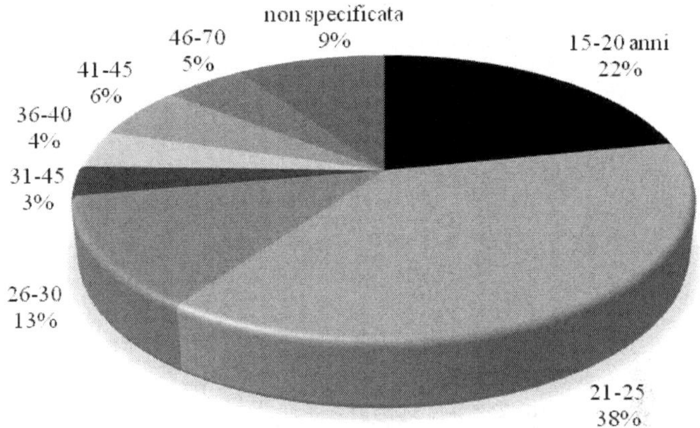


Grafico 2. Età dei degenti

Oltre la metà di loro, per la precisione il 52%, era di origine italiana, nativi dei Regni di Sicilia (20,4%), di Napoli (9,7%), genovesi (9,7%) o provenienti dallo Stato pontificio (5,3%) e dal Ducato di Milano (5,3%). La loro provenienza rispecchiava la composizione degli organi amministrativi dell'ospedale così come era stata disposta dalle costituzioni promulgate nel 1627 in virtù delle quali, come si è detto, le cariche di governo furono distribuite tra i rappresentanti dei Regni di Napoli, di Sicilia, dello Stato di Milano, delle terre del papa, della Repubblica di Genova e del Granducato di Toscana, configurandovi un grande serbatoio e vettore di capitale politico e sociale in relazione con la Monarchia spagnola.

All'atto dell'ingresso in ospedale, la stragrande maggioranza degli infermi (83%) si dichiarò impiegata come lavoratori occasionali nel settore dei servizi domestici (mozzi "saltieri", mozzi di cucina o aiutanti di scuderia), in qualche caso a livello intermedio nel ruolo di lacchè (4 casi), cuoco (5) o giardiniere (1). Molti erano di origine spagnola, naturali della vecchia Castiglia (23,3%), ricoverati nell'ospedale S. Pietro perché ammalatisi mentre si trovavano a servizio presso la casa di qualche nobile o affarista di origini italiane in quel momento residente a Madrid. Così fu, per esempio, per Juan Melendres, originario delle montagne della provincia di León, cuoco in casa del banchiere genovese Geronimo

Serra o per Joan Sevistan naturale di Pamplona, mozzo di cucina del conte di Mazzarino Giuseppe Branciforte. Il duca della Montagna Ascanio Ansalone Escovado, reggente del Consiglio d'Italia per la Sicilia (1650-1662) raccomandò alle cure del medico dell'ospedale cinque servitori della sua casa e furono addirittura 15 i pazienti che fecero il loro ingresso in ospedale con indosso la livrea del marchese della Piovera, titolo conseguito appena qualche anno prima, nel 1650, con l'acquisto del feudo di Piovera, nel novese, da Francesco Maria Balbi uno degli uomini più facoltosi della Genova del suo tempo.[107] Alcuni dei malati che fruirono dell'accoglienza e dell'assistenza del S. Pietro (in totale 5) erano pellegrini in viaggio verso o di ritorno dal santuario di Santiago di Compostela, giunti in ospedale per un malore improvviso o per la spossatezza del lungo cammino, a volte con quasi nessun abito indosso. Qualcun altro si presentò come schiavo, come quel Joseph Antonio Sus, figlio di genitori mori, schiavo del marchese di Toralba reggente di Napoli.

Circa un terzo degli assistiti fu accolto, quindi, nell'ospedale degli italiani in quanto appartenente in senso lato alla comunità degli italiani a Madrid, in un'accezione in cui furono le pratiche sociali e la rivendicazione del privilegio da parte degli amministratori dell'ospedale che vi collocarono i propri servitori e dipendenti a prevalere rispetto a qualunque altra concezione più strettamente giuridica della cittadinanza e/o dell'appartenenza alla nazione (tab. 3).

Tab. 3. Provenienza geografica dei degenti (1654-1657)

| | | |
|---|---|---|
| Italia (52%) | Regno di Sicilia | 20,4% |
| | Regno di Napoli | 9,7% |
| | Repubblica di Genova | 9,7% |
| | Stato Pontificio | 5,3% |
| | Ducato di Milano | 5,3% |
| | Principato di Piemonte | 0,9% |
| | Repubblica di Venezia | 0,9% |

107. Cfr. C. Marsilio, *Debito pubblico milanese e operatori finanziari genovesi (1644-1656),* in «Mediterranea. Ricerche storiche», 5/12 (2008), pp. 149-172: 155.

| Spagna (24%) | Corona di Castiglia | 23,9% |
|---|---|---|
| Altre provenienze (4%) | Francia | 1,8% |
| | Africa | 0,9% |
| | Fiandre | 0,9% |
| | Impero ottomano | 0,9% |
| Non specificata (20%) | non specificata | 20,4% |

Era questo d'altronde un criterio concordato dai governatori dell'ospedale sin dai primi anni della sua istituzione. A fronte delle continue richieste di accoglienza e di ricovero da parte di «infermi spagnoli o di altra natione, creati di italiani, li quali non vogliono dare limosine al hospedale» la *junta de gobierno* dell'ospedale, riunitasi il 23 aprile 1616, deliberò che «non se ricevano se non li servitori di quelli che fan bene all'hospedale».[108] Col tempo il principio divenne prassi ordinaria. Se analizziamo il campione di dati selezionato per i due bienni 1674-75 e1686-87, tale sistema di selezione degli ingressi nell'ospedale e di definizione dell'appartenenza alla comunità degli italiani presente a Madrid appare, infatti, ancora più marcato.[109] Essere assistito nell'ospedale S. Pietro degli italiani a Madrid significò allora essere natìo di territori della penisola italiana nel 45% dei casi e originario di uno dei Regni della penisola iberica nel 49% dei casi. Nella tabella che segue ho riportato in maniera analitica, disaggregati per entità statali, i dati concernenti per l'appunto i luoghi di provenienza dei pazienti per il campione d'anni preso in considerazione (tab. 4).

Rispetto al ventennio precedente, a fronte di un numero più che raddoppiato di ricoveri (120 degenze tra il 1654 e il 1657; 220 nel biennio 1674-75 e 260 nel biennio 1686-87), la percentuale degli infermi naturali degli stati italiani che ricevettero cure ed assistenza nel S. Pietro diminuì notevolmente, mentre maggiore fu la presenza di naturali spagnoli (grafico 3).

108. ASV, *Hospital de Italianos,* 11, fascic. 165.

109. Si tratta di un campione di dati selezionato dagli elenchi che si trovano in ASV, *Hospital de Italianos,* 42, fascic. 338.

Tab. 4. Provenienza geografica dei degenti (1674-1675; 1686-1687)

| | | |
|---|---|---|
| Italia (45%) | Regno di Napoli | 12,4% |
| | Ducato di Milano | 8,4% |
| | Regno di Sicilia | 7,9% |
| | Stato Pontificio | 7,9% |
| | Repubblica di Genova | 4,3% |
| | Repubblica di Venezia | 2,6% |
| | Granducato di Toscana | 0,5% |
| | Ducato di Savoia | 0,4% |
| | Principato di Trento | 0,2% |
| Spagna (49%) | Corona di Castiglia | 42,8% |
| | Corona d'Aragona | 5,5% |
| | Regno di Granada | 0,2% |
| Altre provenienze (4%) | Francia | 0,7% |
| | Africa | 0,5% |
| | Corsica | 0,2% |
| | Costantinopoli | 0,2% |
| | Filippine | 0,2% |
| | Regno di Portogallo | 1,2% |
| | Fiandre | 0,2% |
| | Dalmazia | 0,2% |
| | Germania | 0,2% |
| | Goa | 0,2% |
| Non specificata (3%) | non specificata | 2,6% |

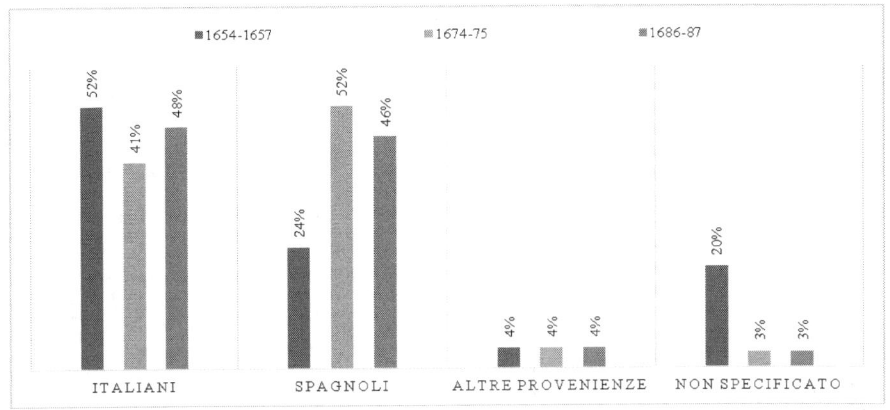


Grafico 3. Degenti di nazione italiana e degenti di nazione spagnola (1654-1657; 1674-1675; 1686-1687)

Gli italiani erano ancora in massima parte provenienti dai Regni di Sicilia e di Napoli (grafico 4); gli spagnoli erano per lo più originari del regno di Castiglia (grafico 5).

Negli anni Settanta-Ottanta del Seicento, così come già accadeva nei decenni precedenti e abbiamo evidenziato, la maggior parte degli infermi ricoverati nel S. Pietro si presentò identificandosi con la qualifica di *criado* (53%) (grafico 6).

Erano per lo più servitori del nunzio in carica a Madrid (31 degenti), del presidente (7) e dei reggenti (6) del Consiglio d'Italia, di qualche nobile siciliano o napoletano. Il conte di Modica, per esempio, segnalò 22 infermi; la duchessa di Terranova 12; altri furono presentati dal duca di Giovinazzo e da Tiberio Carafa, dai genovesi Grillo (7), Balbi (3) e Spinola (12). Altri furono accolti grazie al patrocinio di ecclesiastici, come l'abate Reggio, il gesuita Giuseppe Spucches o i frati cappuccini a Madrid (5). Costoro, in quanto governatori o benefattori dell'ospedale degli italiani, ne utilizzarono le finalità caritative e assistenziali a titolo personale e/o corporativo, affiliando alla comunità quanti tra il personale di servizio della propria casa fossero stati bisognosi di cure e assistenza mediche. Come d'altronde era prassi comune a molte altre istituzioni assistenziali, più che ai valori di una qualunque ideologia caritativa le pratiche mediche e assistenziali attivate nel S. Pietro obbedirono agli interessi sociali dei

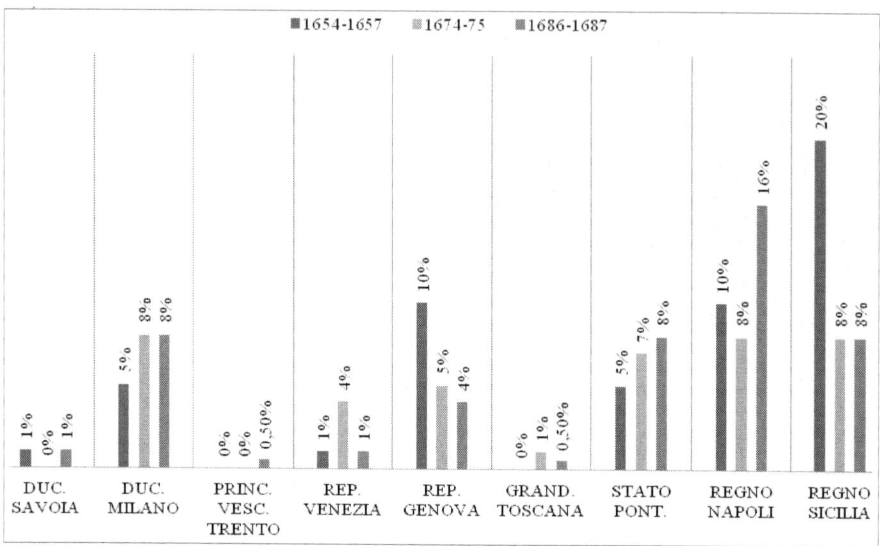


Grafico 4. Origini dei degenti di nazione italiana

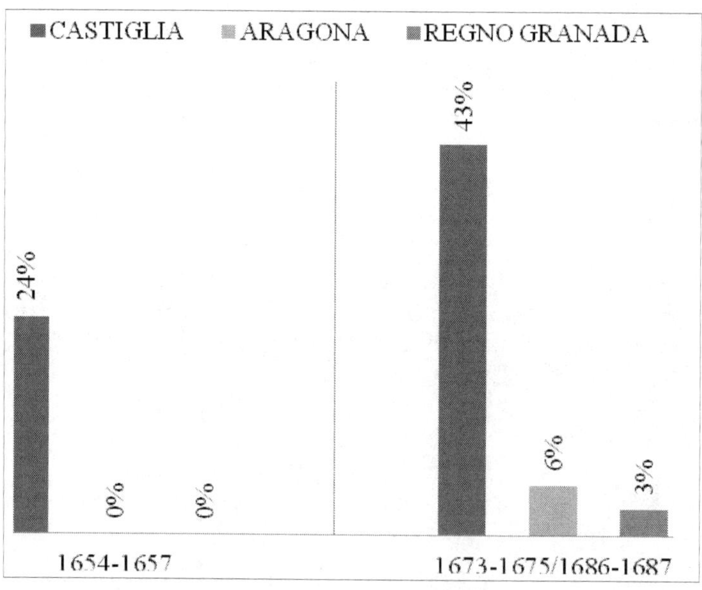


Grafico 5. Origini dei degenti di nazione spagnola

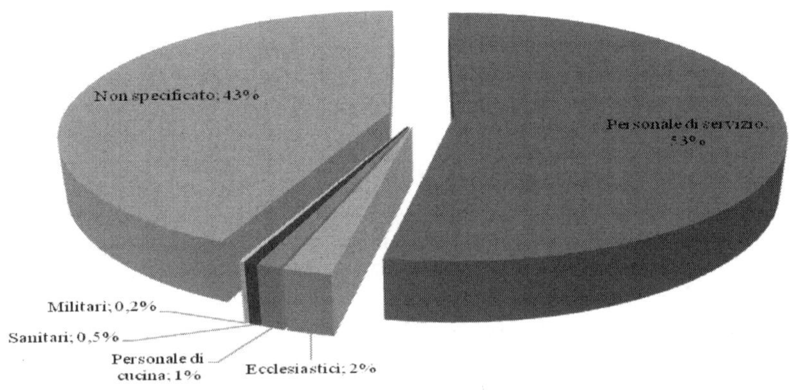


Grafico 6. Status dei degenti

suoi amministratori.[110] Essi si ritagliarono il criterio di appartenenza alla nazione italiana in maniera pragmatica sulla base della rivendicazione di un privilegio, quello di selezionare gli accessi nell'ospedale che avevano contribuito a finanziare e ad amministrare, per collocarvi i propri servitori e dipendenti e quant'altri gravitavano nell'orbita delle proprie reti clientelari. In certi casi ne raccomandarono il ricovero in ospedale quando questi erano già in punto di morte, allo scopo evidente di assicurare loro una degna sepoltura senza doversene accollare le spese. Così fece, per esempio, il conte di Mazzarino che la sera del 27 ottobre 1656 organizzò il ricovero in ospedale di uno dei suoi mozzi di cucina, il giovane Joan Clavel, originario di Saragozza, cui erano già stati somministrati i sacramenti e che di lì a poco, alle cinque del mattino del giorno seguente «se murio con dolor en las tripas».[111] Così dovette andare anche per Martin de lo Grande, servitore in casa del marchese della Piovera, che entrò in ospedale il 6 agosto 1656 e il cui decesso e sepoltura in chiesa furono annotati dall'amministratore allora in carica, l'abate Simone Rao, appena un paio di giorni dopo.[112]

110. A tal riguardo rinvio a S. Cavallo, *Charity and Power in Early Modern Italy. Benefactors and their Motives in Turin 1541-1789,* Cambridge, Cambridge University Press, 1995.
111. ASV, *Hospital de Italianos,* 42, fascic. 336.
112. *Ibidem.*

Nel tempo, con la consuetudine e il consolidarsi di un deciso corporativismo nel governo dell'istituto, rispetto a qualunque altra concezione più strettamente giuridica della cittadinanza e/o dell'appartenenza alla nazione prevalse, quindi, un criterio di selezione degli assistiti basato sull'opportunità e le pratiche sociali. Per certi versi si trattò di una vera e propria svolta restrittiva della nazione e delle sue élite che imposero, all'interno dell'ospedale, un principio selettivo dell'accoglienza. Un ripiegamento che fu contemporaneamente diffuso anche presso altre istituzioni assistenziali di nazione all'interno dei domini della Monarchia ispanica in Europa e che abbiamo visto, per esempio, nel caso del Monte dei maritaggi per le orfane spagnole istituito a Napoli, nel 1652, per volontà del principe d'Ascoli Antonio de Leyva. Gli statuti del Monte prevedevano, infatti, che, nel caso ci si fosse trovati di fronte a più richieste di sovvenzioni dotali, si sarebbe dovuto sempre preferire la fanciulla che avesse prestato servizio o fosse figlia di un servitore della casa del fondatore.[113]

La storia dell'ospedale S. Pietro della nazione italiana a Madrid ci mette di fronte, quindi, a una concezione pragmatica, per certi versi flessibile e corale dell'appartenenza, ma un'appartenenza appiattitasi poi via via su modalità e criteri particolarmente vischiosi che finirono col definire delle condizioni (apparentemente) ineguali nella definizione del limite dell'appartenenza: un limite relativamente più rigido lì dove si trattò di definire le modalità di accesso alle cariche di governo della fondazione, relativamente più ampio, per quanto riconducibile alle scelte operative di quei medesimi attori, per quel che riguardò la fruizione dei servizi di cura e le pratiche di accoglienza attivate da quella stessa fondazione. Anche in questo caso il vero discrimine dell'appartenenza, intesa come inclusione a una comunità in grado di riconoscersi in un qualche sostrato identitario sostanzialmente omogeneo, pare segnato dalla condivisione di una più o meno comprovata lealtà ai vertici delle gerarchie di governo dell'istituzione di accoglienza, in una dimensione comunque fortemente pragmatica in grado, per il suo verso, di favorire sia i legami di appartenenza originari, sia più dense trame relazionali e culturali tra stranieri e naturali.

## 7. *Pratiche terapeutiche*

Il periodo di degenza dei pazienti ricoverati presso l'ospedale S. Pietro degli italiani durava in media da una (34,6%) a due settimane (25,5%) (grafico 7).

113. Cfr. sopra, pp. 127-128.

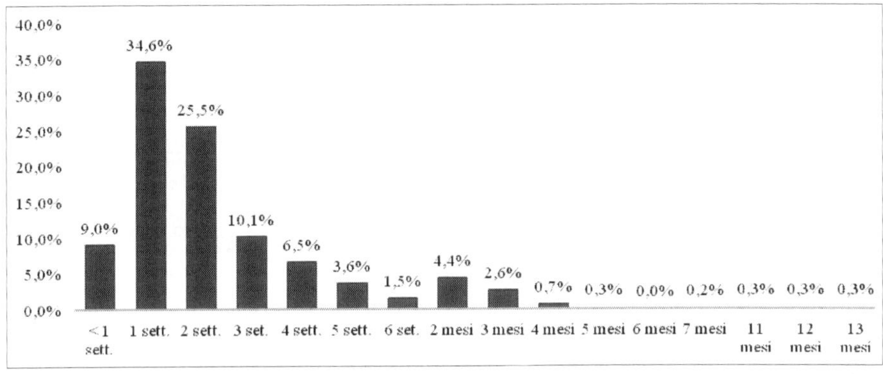


Grafico 7. Durata delle degenze (1654-1657, 1673-1675, 1686-1687)

La breve durata delle degenze ci fa supporre che nella maggior parte dei casi si trattava di ricoveri disposti per malattie generiche e di lieve entità, tant'è che solo in alcuni episodi più gravi, che ebbero un'incidenza pari solo al 3% rispetto al numero complessivo delle permanenze in ospedale, si rese necessario un trasferimento dell'ammalato presso un'altra, più attrezzata struttura, individuata generalmente nell'ospedale generale di Madrid Anton Martín (grafico 8).

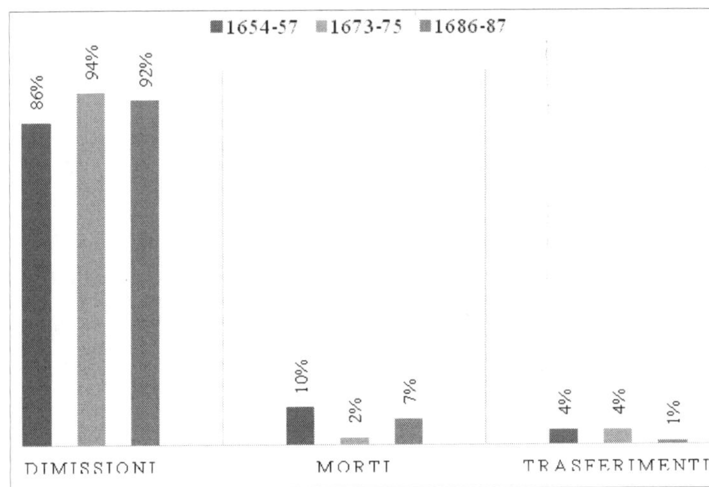


Grafico 8. Esito delle degenze

La più alta frequenza dei ricoveri si registrava nel periodo compreso tra luglio e ottobre, con un vero e proprio picco nel mese di settembre (18%), probabilmente in coincidenza con la propagazione di qualche epidemia di febbre tifoide.

Tab. 5. Cadenza mensile dei ricoveri (e sua rappresentazione grafica)

| MESE | aa. 1654-57 | aa. 1673-75 | aa. 1686-87 |
|---|---|---|---|
| Gennaio | 9% | 8% | 6% |
| Febbraio | 9% | 7% | 5% |
| Marzo | 6% | 7% | 8% |
| Aprile | 6% | 5% | 9% |
| Maggio | 8% | 9% | 6% |
| Giugno | 7% | 7% | 7% |
| Luglio | 5% | 9% | 10% |
| Agosto | 9% | 11% | 10% |
| Settembre | 18% | 13% | 13% |
| Ottobre | 9% | 6% | 14% |
| Novembre | 7% | 10% | 6% |
| Dicembre | 7% | 9% | 6% |

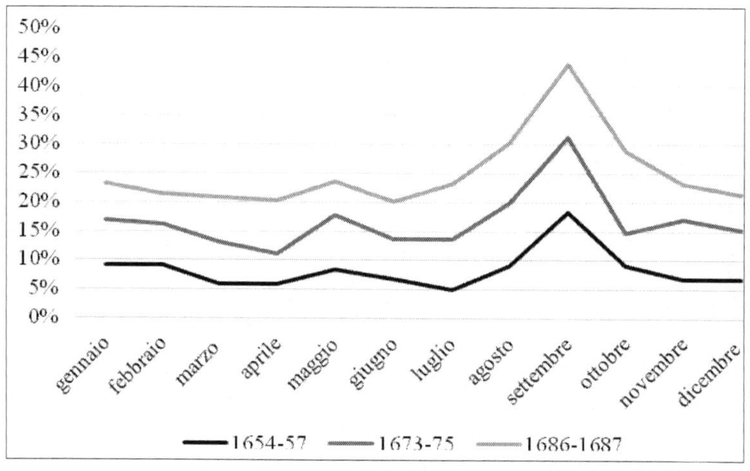

Per far fronte alle esigenze terapeutiche dei pazienti, l'amministratore dell'ospedale appaltava generalmente a uno o più speziali l'incarico annuale per la fornitura dei medicinali occorrenti in infermeria, costituiti per lo più da erbe, olii e sciroppi. Nel 1615 Bartolomeo Spinola versò a tale scopo al *boticario* in servizio presso il S. Pietro la somma di 400 ducati,[114] importo che salì a 500 reali l'anno successivo.[115] Nel libro dei conti dell'amministratore Fabrizio Antinori risulta nel 1619 un'uscita di 453 reali pagati al *botigario* Andrea Avallone per sciroppi, medicine e olii.[116] Nel novembre del 1632 lo speziale Francisco Fernandez Dorado stipulò con l'amministratore in carica Giovanni Balbani Gallo un contratto in cui si obbligava a provvedere l'ospedale della nazione italiana di tutte le medicine necessarie per un anno. In cambio trattenne anticipatamente un compenso di 50 ducati, che avrebbero coperto per un terzo le sue spese complessive.[117]

Probabilmente nella preparazione e somministrazione di tali espedienti gli speziali di turno si servivano delle indicazioni raccolte nel «libro intitulato *Farmacopeo*», che si trova elencato in uno degli inventari dei beni dell'ospedale.[118]

## 8. *I medicamenti*

L'ospedale S. Pietro degli italiani a Madrid si è rilevato essere anche uno straordinario spazio di circolazione e confluenza di conoscenze e pratiche terapeutiche in uso nei diversi territori della Monarchia. Grazie a una *Memoria de las medicinas* che furono fornite all'ospedale dallo speziale Juan de Carralafuente dal 6 marzo 1657 al 19 dicembre del 1658, abbiamo, infatti, dettagliate informazioni sui preparati medicamentosi che venivano somministrati ai degenti dell'ospedale.[119]

Per la maggior parte si tratta di rimedi preparati con elementi alla base da secoli della tradizione medica galenica che aveva trovato un'im-

114. ASV, *Hospital de Italianos,*11, fascic. 165.

115. Ivi, fascic. 183.

116. *Ibidem.*

117. AHPNM, *Notaio Diego Carminati,* 5265, ff. 363r-364r.

118. ASV, *Hospital de Italianos,*13, fascic. 174.

119. L'interessante documento, scritto su12 fogli in recto e verso, presenta un elenco di oltre 170 voci. Cfr. ASV, *Hospital de Italianos,* 15, fascic.184.

portante sistematizzazione e modalità di diffusione grazie alla traduzione in castigliano e l'aggiornamento della *Materia Medica* di Dioscorides da parte di Andrés Laguna, nel 1555, i cui commentari costituirono un punto di partenza fondamentale del processo di rinascimento della «disciplina herbaria» in terra spagnola.[120] L'eco di quei saperi, costruita su esperienze e conoscenze di prodotti di un mondo naturale prossimo o lontano, compare con grande evidenza. Nell'elenco del nostro speziale, tra i prodotti farmaceutici ricorrenti in maggiore misura e con maggiore frequenza, troviamo decotti e sciroppi purganti con viole (*sir. violar.*), fiori di persico (*decotto purg. et sir. persic.*) o cinamomo, o a base di borragine e condrilla (*sir. borrag. et condrile*), borragine e cicoria (*sir. borragin. et cichor.)*o borragine e lavanda selvatica (*sir. sthoecad. et fumar. aq. borrag.*); oli e acque distillate di rose e di viole (*aq. rosarum; ol. violar.; ol. rosarum et lumbricorum*); l'olio di mandorle dolci (*olei amij dulcium*); distillati di piantaggine (*aq. plantagine*); impiastri e unguenti emollienti preparati per lo più con olio di camomilla e lombrichi, fave, rose e sandalo oppure con datteri pestati per renderli più densi (*ung. flave; ung. rosar. et sandalat.*; *emp. diaphenici contra ruptur ana*). Rileviamo la presenza di più quantitativi di olio di ipericon (*ol. ipericonij*), il cui uso nei trattati di farmacopea era indicato come rimedio di varie patologie e cioè sia come ingrediente di clisteri purgativi,[121] sia per la preparazione di balsami e impiastri che potevano essere utilizzati in caso di calcoli renali o in episodi acuti di malinconia ipocondriaca[122] o, ancora, come lenimento da apporre su ferite, contusioni e varici.[123] Voci ricorrenti in elenco erano

120. E. Andretta, J. Pardo Tomás, *Il mondo secondo Andrés Laguna (1511?-1559): il Dioscorides spagnolo tra storia naturale e politica,* in «Rivista storica italiana», 129/2 (2017), pp. 417-456.

121. J. Bertran, O. Salon, *Officina medicamentorum, eorundem conficiendorum methodus cum variis scoliis,* Valencia, Vincente Cabrera, 1698, pp. 395-396; N. Lémery, *Farmacopea universale che contiene tutte le composizioni di farmacia le quali sono in uso nella medicina tanto in Francia quanto per tutta l'Europa*, Venezia, Gio. Gabriel Hertz, 1720, p. 44.

122. G. Donzelli, *Teatro farmaceutico, dogmatico et spagirico*, Roma, Felice Cesaretti,1677, p. 366, consultato online al link https://archive.org/details/bub_gb_ClK-kpUBT3EoC/ [data di consultazione 16/01/2020]. Donzelli (1596-1670), medico napoletano tra i massimi esperti in botanica farmacologica ed erboristeria del suo tempo, partecipò attivamente alla rivolta del 1647 e ad essa dedicò lo scritto *Partenope liberata.* Cfr. P. Messina, *Donzelli, Giuseppe,* in DBI, vol. 41 (1992), *ad vocem*.

123. L. Fioravanti, *De'capricci medicinali,* Valentino Mortali,1665, pp. 62, 213, 373.

la cannella, presente con la denominazione di *cinamomo;* la borragine, raccomandata nella tradizione galenica come cordiale ed espediente delle infiammazioni epatiche,[124] e presentata, nella memoria del nostro speziale madrileno, come componente alla base di sciroppi (*sir. borrag.*), anche in combinazione con fiori di viola (*sir. violar. et borrag.*), capelvenere (*sir. capiller. vener. borag.)* o cicoria. Troviamo anche il burro (*butiro*), che Francesco Redi, filosofo, medico e scienziato tra i più noti e ascoltati del suo tempo, raccomandava per la preparazione di sciroppi, clisteri e diversi unguenti.[125] Vi erano, inoltre, alcuni tra i rimedi più ricorrenti nei trattati di farmacopea dell'epoca per il trattamento della dissenteria e dei sintomi gastro-intestinali in genere, come l'impiastro stomaticone (*emp. stomaticonis*).[126] Un altro antidoto, anch'esso tra i più rinomati, viene presentato nella memoria dello speziale col nome di *hiera piera*, cioè amara. Indicato nei prontuari di farmacopea con la denominazione anche di *hiera Galenii* o *hiera simplicis,*esso era utilizzato nella medicina galenica per combattere la malinconia e i postumi della dissenteria.[127] Troviamo ancora nella memoria del nostro speziale l'*oximel*, uno sciroppo pure molto noto nella letteratura medica e farmaceutica, composto di mele, acqua e aceto;[128] i semi di *psillio* (*semen psillij*),[129] la cassia fistola (*cassie fistule*[130]*)* e il miele rosato (*rhodomelli exacaro*),[131] segnalati nella trattatistica per le loro proprietà lassative. Erbe di condrilla, aneto, succo di aloe, papaveri, la terebentina, ovverosia una sostanza resinosa tratta

124. T. Sanpellegrino, *La farmacopea o Antidotario,* Brescia, Francesco Tebaldino, 1628, pp. 29-30; Bertran, Salon, *Officina medicamentorum,* pp. 2, 4, 17, 32, 58, 80, 101; D. Auda, *Pratica de' spetiali,* Venezia, Giovanni de' Paoli, 1736, pp. 96-97.

125. F. Redi, *Consulti medici,* Firenze, Giuseppe Manni, 1706, pp. 67, 91, 206, 209.

126. Indicazioni sulla sua preparazione in Sanpellegrino, *La farmacopea o Antidotario,* p. 176; Bertran, Salon, *Officina medicamentorum,* pp. 466-467.

127. Cfr. *Antidotario Romano,* a cura di P. Castelli, Messina, vedova di Gio. Francesco Bianco, 1637, pp. 154-158; Sanpellegrino, *La farmacopea o Antidotario,* pp. 49-50; Bertran, Salon, *Officina medicamentorum*, pp. 167, 273; Lémery, *Farmacopea universale,* pp. 206, 226, 234.

128. Bertran, Salon, *Officina medicamentorum*, pp. 57, 69; Lémery, *Farmacopea universale,* p. 7.

129. Lémery, *Farmacopea universale,* p. 12.

130. Bertran, Salon, *Officina medicamentorum*, pp. 281-284; Redi, *Consulti medici,* p. 8.

131. Bertran, Salon, *Officina medicamentorum*, pp. 65-66; Lémery, *Farmacopea universale,* p. 23.

dalla corteccia di alcuni alberi usata per le affezioni bronchiali,[132] impiastri per favorire il processo di cicatrizzazione delle ferite e curare piccole piaghe e fistole *(emp. lumb. farinarum; butirum ung. rosar.; emp. trium farinarum*) pure figuravano tra i preparati medicamentosi che lo speziale Carralafuente somministrò ai degenti dell'ospedale S. Pietro.

Tra gli unguenti segnaliamo ancora l'*ung. Magistralis* e l'unguento egipciaco (*ung. Giptiacum)*, un composto a base di allume di rocca la cui origine si faceva risalire alla tradizione della medicina araba del IX secolo.[133] Raccomandato essenzialmente per accelerare la rimarginazione di lesioni e ferite da taglio, esso continuò a essere somministrato agli infermi in molti ospedali dei territori iberici fino a tutto il XVIII secolo[134] e se ne conosce l'uso e la diffusione contemporaneamente al caso del S. Pietro a Madrid anche, per esempio, nelle spezierie siciliane.[135]

Se, come detto, molti degli elementi alla base di questi medicamenti trovavano riscontro nella farmacopea affermatasi in una dimensione spaziale europea ampia, che certamente comprendeva la Francia, l'Inghilterra, gli stati italiani e i Paesi Bassi, altri sembra avessero una specificità d'uso del tutto peculiare, interna ai regni iberici. Mi riferisco all'*oleum Aparatii*, presente più volte nell'elenco del nostro speziale madrileno, un preparato composto da radici di valeriana e foglie di cardo pestate insieme ed emulsionate con resine arboree e olio, utilizzato per lenire le ustioni e le ferite da armi da fuoco grazie alle sue proprietà antisettiche. Il prodotto era, infatti, conosciuto nella farmacopea dell'epoca anche con il nome di *balsamum benedictum hispanicum*,[136] o "olio di Aparicio detto

132. Bertran, Salon, *Officina medicamentorum*, pp. 232, 237, Lémery, *Farmacopea universale,* pp. 40, 44.

133. Per la preparazione cfr. Bertran, Salon, *Officina medicamentorum*, pp. 415-416; J. de Roda y Bayas, *Cirugia racional breve, segura, y suave curacion de heridas de cabeza,* Zaragoza, Pedro Carreras, 1723, p. 273; *Farmacopea matritense en castellano,* Madrid, Cosme Martínez, 1823 p. 261.

134. Per esempio a Siviglia, per cui si veda A. Ramos Carrillo, E. Mofeno Toral, C. Martínez García, M.T. López Díaz, *Utillaje y libros de la botica del Hospital de las Cinco Llagas de Sevilla (1542-1744),* in «Archivo hispalense: Revista histórica, literaria y artística», 246 (1998), pp. 101-122.

135. M.C. Calabrese, *Una speziera siciliana del XVII secolo,* in «Mediterranea. Ricerche storiche», VII (2010), pp. 349-368: 365.

136. Cfr. R. de Farvacque, *Medicina pharmaceutica, oft drôgh-bereydende gheneeskonste, met besondere…,* Brussels, F. Foppens,1681, pp. 1022-1023.

alla spagnola".[137] La sua formula segreta era attribuita ad Aparicio de Zubía, un medico originario di Lekeitio, nel Nord della Spagna, da una famiglia di origini moresche, cui nel 1566 Filippo II assegnò una pensione di 30.000 maravedís perché egli ne diffondesse la produzione in tutta la Spagna, privilegio che rinnovò poi alla vedova Isabel Pérez de Peromato nel 1577 per una rendita annua di 60 ducati.[138]

Le proprietà dell'olio di Aparicio furono conosciute in tutta Europa grazie a un'ampia letteratura medica, oltre che attraverso le pratiche di numerosi medici di origine spagnola e portoghese attivi nelle armate al servizio della Monarchia. Esse trovarono poi una straordinaria eco, tra XVI e XVII secolo, non solo tra i militari spagnoli feriti sui campi di battaglia in mezza Europa, ma grazie anche al *Don Quijote* cervantino che, come è stato osservato, costituisce un eccezionale documento anche relativamente all'uso delle piante officinali e dei rimedi medicamentosi per il trattamento curativo di diverse patologie. Cervantes, figlio di una famiglia di medici fisici, prigioniero dei Turchi ad Algeri dopo la battaglia di Lepanto, nelle cui carceri pure acquisì una certa esperienza terapeutica, aveva una pregevole conoscenza della trattatistica medica e botanica dell'epoca. Nel libro egli menzionò correttamente le proprietà curative di diverse erbe e rimedi farmaceutici, soprattutto balsami, impiastri e purganti. In numerosi punti della sua narrazione, specie quando racconta delle percosse subite qua e là dai due protagonisti, Cervantes arricchisce la narrazione dei particolari sulla somministrazione di qualche impiastro. Tra questi, val la pena ricordare quando, nel secondo capitolo, fa applicare da un'amorevole Altisidora sulle ferite di Don Quijote proprio il nostro "olio di Aparicio", nonostante – come pure l'autore non fa a meno di sottolineare – il suo prezzo fosse piuttosto elevato, offrendoci una lezione di "etnofarmacologia" di raro valore.[139]

137. D.A. Sancassani, *Dilucidazioni fisico-mediche,* Roma, Giorgio Placho,1731, p. 17.

138. Gaetano de S. Antonio, *Pharmacopea Lusitana reformada: methodo pratico de preparar os medicamentos,* Lisboa, Real Mosteyro de S. Vicente de Fóra, 1711, p. 370. Cfr. anche D. Gentilcore, *Medical Charlatanism in Early Modern Italy,* Oxford, Oxford University Press, 2006, p. 137.

139. L'episodio cui ci si riferisce è nella parte II, cap. XLVI del *Don Quijote.* Sull'olio di Aparicio e le altre conoscenze di farmacopea presenti nel *Don Quijote* si rinvia a F. López Muñoz, C. Alamo, P. García García, *The herbs that have the property of healing...,": The phytotherapy in Don Quixote*, in «Journal of Ethnopharmacology»,106 (2006), pp. 429-441.

Nella memoria dei preparati medici stilata dallo speziale Carralafuente per conto degli amministratori dell'ospedale della nazione italiana a Madrid vi era infine l'indicazione di due specie botaniche originarie dell'America meridionale. Si tratta delle radici del mechocán (*pulb. Mechoacanis*) e delle piante di *oxalis*.[140]

Da quando le sue capacità purgative erano state decantate nella *Historia medicinal de las cosas que se traen de nuestras Indias Occidentales (1565-1574)* del medico sivigliano Nicolò Monardes, e questo era stato tradotto in italiano, francese, inglese e tedesco e messo a stampa in decine e decine di copie, l'uso terapeutico del mechocán, "purga excelentisima" e simbolo di ricchezza e fertilità, utile a curare diverse patologie e particolarmente adatto ad essere somministrato a bambini e anziani per il suo gusto assolutamente insapore,[141] si era imposto in tutti gli antidotari, i trattati di materie mediche e i ricettari dei più rinomati speziali d'Europa.[142] Con le sue informazioni dettagliate e meticolose sulle proprietà medicinali delle diverse specie botaniche analizzate, la posologia e i metodi di preparazione, le proprietà curative e il prospetto per la loro somministrazione, il trattato del Monardes, come è noto, aveva cambiato profondamente le conoscenze, gli usi e la destinazione delle piante americane introducendosi con buoni margini di intersezione nelle pratiche terapeutiche europee.[143]

L'*oxalis*, inclusa col nome di "oca" tra le altre piante americane elencate da José de Acosta al capitolo XVIII del suo almeno altrettanto famoso trattato sulla *Historia natural y moral de las Indias,* veniva utilizzata a Madrid dal nostro speziale nella preparazione di acque distillate (*aq. oxalidum cichor.*) e sciroppi (*sir. oxalidis cum aque condrile*).

Anche per questo verso la storia dell'ospedale della nazione italiana a Madrid costituisce dunque una straordinaria confluenza di relazioni, pratiche e attori, finendo col disegnare una geografia delle conoscenze della materia medica formata dall'intersecarsi di vari saperi tra le Indie e l'Europa.

140. ASV, *Hospital de Italianos,* 15, fascic.184, cc. n.n.

141. N. Monardes, *Historia medicinal de las cosas que se traen de nuestras Indias Occidentales que sirven en Medicina,* Sevilla, Alonso Escrivano, 1574, pp. 28v-37v.

142. Per qualche esempio si vedano i testi di Auda, *Pratica de' spetiali,* p. 17; Gaetano de S. Antonio, *Pharmacopea Lusitana,* p. 266; Lémery, *Farmacopea universale,* p. 233.

143. J.M. López Piñero, M.L. López Terrada, *La influencia española en la introducción en Europa de las plantas americanas (1493-1623),* Valencia, Instituto de Estudios Documentales e Históricos sobre la Ciencia, 1997.

# 6. Conclusioni.
# Accorciare le distanze, trasferire conoscenze

## 1. *Culture e pratiche mediche in rete*

Le proprietà e caratteristiche delle piante medicinali provenienti dai territori della Nuova Spagna cominciarono a essere conosciute in Europa grazie a un'ampia trattatistica botanica e medica che abbiamo in parte ripercorso nelle pagine precedenti. Esse trovarono anche un esteso campo d'utilizzo e sperimentazione proprio negli ospedali delle città ispano-americane e in quelli militari dei territori europei della Monarchia attraverso la commistione dei saperi e delle pratiche curative tra i nativi americani e i numerosi medici di origine spagnola e portoghese attivi nelle armate che dopo aver solcato l'Oceano tornarono in Europa. Sono aspetti senz'altro noti. Quel che vorremmo ora focalizzare, seppur per grandi linee, è che questo processo di trasferimento di conoscenze funzionò comunque all'interno di una rete di comunicazione *tendenzialmente* sistemica.

Dal 1541, da quando Carlo V aveva ordinato la fondazione di ospedali presso tutte la comunità di nativi e di spagnoli nelle Indie occidentali, l'assistenza ospedaliera fu parte integrante del concetto di città anche nei vicereami americani. Filippo II, nel 1573, specificò che ospedali per le infermità generiche avrebbero dovuto essere ubicati in tutte le città accostati alle chiese alla maniera dei chiostri (*por claustro de ellas*). Altri ospedali per la cura delle malattie contagiose avrebbero dovuto essere costruiti lontano dai centri urbani. Nella prassi le disposizioni in materia dovettero ovviamente fare i conti con la disponibilità di risorse finanziarie sempre sottodimensionate rispetto alle esigenze concrete. Si stima comunque che nella sola Nueva España fossero più di 150 gli ospedali istituiti entro la fine del secolo.[1]

1. Cfr. R. Archila, *La medicina y la higiene en la ciudad*, in *Estudios sobre la ciudad iberoamericana,* a cura di F. de Solano, Madrid, C.S.I.C., 1983, pp. 655-687.

Contemporaneamente si apriva un nuovo canale di comunicazione tra saperi medici e fitoterapici al di qua e al di là dell'Oceano grazie alle piante officinali coltivate, prodotte e distribuite nelle Americhe e in Europa. Studi numerosi attestano oramai l'ampiezza dell'interessamento degli europei per le pratiche curative e per le piante ed erbe medicinali usate dagli indios. Semplificando potremmo affermare che, in un'intricata e non sempre lineare relazione tra conoscenza e potere, esse furono individuate come delle risorse che indussero gli europei a riconsiderare anche la propria comprensione della malattia e del corpo. Anche da questo punto di vista i decenni Settanta-Ottanta del secolo XVI segnarono un punto di svolta.[2] Un contributo importante alla diffusione su più larga scala delle conoscenze delle piante americane venne dalla pubblicazione del trattato del medico sivigliano Nicolò Monardes *Primera, segunda y tercera partes de la historia medicinal de las cosas que se traen de nuestras Indias Occidentales que sirven en Medicina*, dato alle stampe a Siviglia in varie fasi tra il 1565 e il 1574, ripubblicato integralmente nel 1580, che fu una pietra miliare nella storia della farmacopea, uno dei libri scientifici che ebbe il maggior numero di edizioni nell'Europa dell'epoca e su cui abbiamo già richiamato l'attenzione. Tra le quasi cento nuove medicine americane che vi venivano elencate, resine, balsami, erbe, cortecce e radici, un'intera sezione era dedicata al tabacco, al guaiaco e – lo ricordiamo – all'uso e alle proprietà della radice del mechocán, un rimedio che abbiamo visto essere adoperato anche dallo speziale che alla metà del Seicento riforniva l'infermeria dell'ospedale S. Pietro della nazione italiana a Madrid. Attento alle proprietà medicinali delle diverse specie botaniche, Monardes fu sì uno studioso, ma anche un uomo d'affari. Nato a Siviglia da padre genovese, egli in realtà non aveva mai messo piede nel Nuovo Mondo. Dopo gli studi in medicina presso l'università di Alcalá, compose il suo trattato senza muoversi da Siviglia sfruttando le opportunità offerte da una città che era lo scalo principale di tutte le Indie occidentali e dove, grazie a una fortunata impresa commerciale, ricevette costantemente nuovi campioni vegetali

2. S. Boumediene, *La colonisation du savoir. Une histoire des plantes médicinales du «Nouveau Monde» (1492-1750)*, Vaulx-en-Velin, Éditions des Mondes à faire, 2016. Per un'analisi dell'ampia letteratura raccoltasi sull'argomento rinvio a M. Merluzzi, *Religione e medicina nel Nuovo Mondo*: *sguardi europei e pratiche tradizionali indigene*, in *Médecine et religion. Collaborations, compétitions, conflits ( XIII-XX siècles)*, a cura di M.P. Donato, L. Berlivet, S. Cabibbo, R. Marchetti, M. Nicoud, Roma, École Française de Rome, 2013, pp. 307-337.

arricchendosi col commercio delle spezie e dei preparati medicamentosi descritti nel suo trattato.[3]

Nel lungo processo di incontro e assimilazione che allora si avviò e che precedette la globalizzazione su larga scala del commercio e del consumo di piante americane, occorre ricordare, però, che l'esplorazione e l'appropriazione della farmacopea indigena fu oggetto anche di un'attenzione politica mirata da parte della Monarchia ispanica. Dopo che le prime notizie e descrizioni del Nuovo Mondo e delle sue piante ad opera di Fernández de Oviedo, Francisco López de Gómara e altri avevano cominciato a circolare in Europa, e soprattutto in Italia negli ambienti dell'umanesimo scientifico, Filippo II commissionò nel 1570 una vera e propria esplorazione naturalistica dell'America centrale al protomedico generale delle Indie Francisco Hernández (1517-1587) con l'obiettivo di valutare l'utilità delle risorse naturali, conoscere e classificare le piante a uso farmaceutico, raccogliere materiali etnografici. Per sette anni, in compagnia di tre collaboratori spagnoli e un buon numero di guide indigene, Hernández percorse in lungo e in largo la valle del Messico, imparò il *nahuatl*, annotò le usanze mediche locali, studiò le medicine indigene, le sperimentò sui malati ricoverati negli ospedali di Ciudad de México e di Santa Cruz a Huaxtepec, celebre per i resti di un giardino botanico pre-ispanico, riportando per iscritto tutte le sue osservazioni. Quegli ospedali costituirono un primo punto di contatto e di assimilazione tra le culture delle popolazioni native e la tradizione medica occidentale ippocratico-galenica. I risultati di quelle esperienze confluirono in oltre trentotto volumi di descrizione di flora, fauna e minerali, comprensivi di quattromila disegni a colori di piante e animali fino ad allora sconosciuti in Europa. Depositati presso il gabinetto delle curiosità dell'Escorial, essi furono distrutti da un incendio nel 1671, ma nel frattempo erano stati consultati e studiati da uno stuolo di medici e naturalisti che ne disseminarono la conoscenza nella botanica e nella materia medica europee.[4] Tra questi vi fu Nardo Antonio Recchi, medico di camera di Filippo II dal 1580. Originario di Salerno dove aveva frequentato gli studi di

3. Cfr. R. Bauer, *The Blood of the Dragon: Alchemy and Natural History in Nicolás Monardes's Historia medicinal*, in *Medical Cultures*, a cura di Slater, López-Terrada, Pardo-Tomás, pp. 67-90.

4. Sull'esperienza di Hernández e la sua influenza nel lungo periodo rinvio ai saggi raccolti in *Searching for the Secrets of Nature. The Life and Works of Dr. Francisco Hernández*, a cura di S. Varey, R. Chabrán, D.B. Weiner, Stanford, Stanford University Press, 2000.

medicina Recchi, che è l'altro anello di questa rete di trasferimento delle conoscenze dalle Americhe in Europa che stiamo cercando rapidamente di ripercorrere, sovrintese a corte ai giardini reali e ai laboratori di distillazione che il re aveva fatto costruire nelle sue residenze e istruì i medici sul loro uso. Su incarico dello stesso Filippo II cominciò anche a studiare e a organizzare il materiale prodotto da Hernández, selezionandolo sulla base di un interesse medico e terapeutico di stampo dioscorideo e aggiungendo in qualche caso osservazioni, personalmente effettuate nell'area di Madrid, su esemplari botanici corrispondenti a quelli americani. Della catalogazione compiuta pubblicò un primo inventario, lasciando in forma manoscritta molta altra parte del suo lavoro. Ottenuto nel 1583 l'incarico di protomedico del Regno di Napoli, Recchi portò con sé nella capitale tutto questo materiale che suscitò grande interesse negli ambienti scientifici napoletani, primo fra tutti quello di Giovanni Battista della Porta e Ferrante Imparato. Fu solo dopo la sua morte che il manoscritto recchiano fu pubblicato. Attraverso il linceo Federico Cesi, cui intanto era stato ceduto intorno al 1610, fornì la base del trattato sul *Tesoro Messicano* (1651), in cui furono descritte e raffigurate circa 800 piante hernandine e altre nel frattempo rinvenute, mentre un'altra sua versione giunta in Messico fu pubblicata in castigliano nel 1615 da Francisco Ximénez.[5]

Intanto molte delle piante americane selezionate da Monardes e Hernández avevano cominciato a essere coltivate nel giardino botanico dell'Escorial e, a Napoli, in quello degli Incurabili, l'ospedale di origine spagnola fondato nel 1519 da Maria Lorenza Longo y Requesens, dove si avviarono anche le prime cure mediche della sifilide con i nuovi balsami e distillati estratti dalla corteccia del guaiaco, la pianta medicinale proveniente dal Messico. Assai rinomato fu anche, a Napoli, il "giardino dei semplici" che il medico Giuseppe Donzelli (1596-1670), l'autore di uno dei trattati di farmacopea menzionati nelle pagine precedenti e di cui si ebbero oltre venti ristampe nell'arco di quasi un secolo, curava personalmente, negli anni Trenta-Quaranta del Seicento, nella sua villa all'Arenella nei sobborghi napoletani.[6]

5. E. Andretta, *Recchi, Nardo (Leonardo) Antonio,* in DBI, vol. 86 (2016), *ad vocem.* Sul ruolo dei circoli scientifici napoletani nella diffusione della nuova scienza naturalistica si veda J.M. López Piñero e J. Pardo Tomás, *Nardo Antonio Recchi y la inicial recepción europea, a través de Nápoles, de los materiales de la expedición de Francisco Hernández,* in *Napoli Viceregno spagnolo. Una capitale della cultura alle origini dell'Europa moderna (sec. XVI-XVII),* a cura di M. Bosse e A. Stoll, Napoli, Vivarium, 2001, pp. 261-292.

6. Cfr. P. Messina, *Donzelli, Giuseppe,* in DBI, vol. 41, 1992, *ad vocem.*

In questi spazi lo studio sperimentale della botanica si interfacciò con quello della chimica e della farmacologia. Le nuove conoscenze mediche interagirono con le pratiche terapeutiche più consolidate nelle forme e nelle modalità anche di rete che si è cercato di delineare, con esiti per lo più oscillanti tra tradizione e innovazione.

Per certi versi si aprì la via a una sorta di meticciato terapeutico.

## 2. *Informazioni e contaminazioni*

Come si è cercato di dire e come vorremmo ora puntualizzare, ospedali, conventi e confraternite delle nazioni furono spazi comunicativi di attivazione di transfert culturali. In quanto spazi di aggregazione e di incontro delle mobilità di diversi attori sociali di varia origine (medici, infermieri, soldati, infermi, religiosi, personale di servizio), provenienti da luoghi anche assai distanti tra loro, essi veicolarono culture mediche e pratiche curative di diverse tradizioni. Ciò comportò un grande scambio di idee e di credenze che non riguardò solo le materie relative alla salute e alla malattia, ma anche l'accudimento sociale e l'assistenza legale, la circolazione di notizie di cronaca e informazioni politiche, culti e credenze religiose messi in moto da un estremo all'altro dei territori della Monarchia ispanica coagulando al contempo, e questo è l'altro eccezionale aspetto del loro interesse, forme di consenso diffuse. Non è il mondo più consueto dei cosiddetti "professionisti della notizia", autori di libri, *pamphelet, avisos* che circolavano all'interno di circuiti privilegiati e dei loro facoltosi clienti quello cui ci riferiamo.[7] In comunità fondate ancora su una cultura prevalentemente orale la comunicazione verbale e informale rimaneva di fatto il principale strumento di circolazione delle notizie. Avvenimenti epocali come la battaglia di Lepanto, un evento che marcò socio-culturalmente la società europea dell'epoca e in cui molti dei degenti ricoverati poi nell'ospedale di S. Giacomo e della Vittoria a Napoli, o nell'ospedale militare di Malines nelle Fiandre erano stati parte attiva, furono riportati da quegli stessi protagonisti dai letti di quegli ospedali, per esaltare le proprie e altrui gesta nella

7. A. Pettegree, *L'invenzione delle notizie. Come il mondo imparò a conoscersi*, trad. it., Torino, Einaudi, 2015. Sul ruolo delle informazioni nella prima globalizzazione degli imperi iberici cfr. B. Yun-Casalilla, *Iberian World Empires and the Globalization of Europe 1415-1668*, London, Palgrave, 2019, pp. 327-375.

lunga eco della lotta contro il nemico, musulmano o luterano che fossc. La loro narrazione enfatizzata dalla drammaticità delle esperienze vissute non poté non essere percepita da posteri e contemporanei come incomparabile e trascendentale. Fu motivo di orgoglio e di aggregazione identitaria intorno ai valori della *nación española* e della politica imperiale per gli altri militari, i degenti, i medici e gli infermieri dell'ospedale, destinatari delle loro proclamazioni, ma la sua eco si propagò anche fuori di quelle cerchia e quelle mura.[8]

D'altronde, come pure è noto, il dibattito sulla guerra coinvolgeva tutta la popolazione. Se ne parlava certamente nei vicoli e nelle osterie dei quartieri spagnoli limitrofi il S. Giacomo degli spagnoli a Napoli, così come dentro e fuori gli ospedali S. Giacomo di Milano e di Palermo o il Pammatone a Genova, frammenti sparsi di un'oralità pubblica in cui naturali e stranieri trovavano un piano concreto di comunicazione e interconnessione. Così avvenne anche con le profughe dalla guerra nei Paesi Bassi che, una volta sbarcate sulle coste della penisola iberica, rivelarono certamente, e con dovizia di particolari, le loro peripezie nelle case ove trovarono una prima modalità di accoglienza. Le loro voci rifluirono da un porto all'altro, da un luogo all'altro e fecero "notizia". Il racconto mirabolante delle persecuzioni, l'esilio, i saccheggi e le torture subite dalle monache inglesi di Sión e dalle religiose fiamminghe in fuga dal monastero francescano di Malines, accolte le une e le altre a Lisbona grazie alla magnanimità del sovrano spagnolo, fu sistematizzato in un secondo momento nelle *Relación* rispettivamente di Carlos Dractan e di suor Catalina dello Spirito Santo e quei fatti furono celebrati con il *leitmotiv* della difesa a oltranza del cattolicesimo come linea portante della politica estera della Monarchia, così come era stata concepita da Filippo II e dal suo *entourage*. Quei testi intersecarono più piani di narrazione e contaminazione tra loro: quello dell'informazione prodotta dalle stesse protagoniste dei fatti narrati, ma sufficientemente distanziatasi da essi nel tempo, tanto da risultare adeguatamente contestualizzata e rielaborata; quello della cronaca e

8. Sul racconto dei soldati-scrittori si vedano D. García Hernán, *Consecuencias político-culturales de la batalla de Lepanto: la literatura española*, in «Mediterranea. Ricerche storiche», 23 (2011), p. 469; M. Galiñanes Gallén, *La batalla de Lepanto desde un pequeño reino del Imperio: El verdadero discurso de la gloriosa vitoria que N. S. Dios ha dado al Sereníssimo don Juan de Austria contra la armada turquesca*, in *La invención de las noticias: las relaciones de sucesos entre la literatura y la información* (*Siglos XVI-XVIII*), a cura di G. Ciappelli e V. Nider, Trento, Labirinti, 2017 pp. 163-174.

del resoconto di battaglie e altri orrori della guerra con la ricerca del fatto sensazionale, meraviglioso e miracoloso in grado di commuovere e avvicinare o ri-avvicinare alla fede gli eventuali lettori; racconti di viaggio e storie di martirio in un originale intreccio delle tematiche più in voga nella comunicazione politica e nella letteratura religiosa all'interno del mondo ispanico di quegli anni.[9]

Provenendo dagli scenari di guerra più lontani e dai molti territori che facevano parte della *Monarquía,* soldati e pellegrini ospiti delle istituzioni della *nación española* si fecero portatori di varie altre notizie, anche le più diverse. Informazioni militari e dati "sensibili", ad esempio, come quelle del cui trasferimento tra Londra, Madrid e Bruxelles, negli anni a cavallo tra XVI e XVII secolo, presumiamo si fossero fatte carico Luisa de Carvajal, Ana de Jesús e Magdalena de S. Jeronimo che attraversarono frontiere politiche e fronti militari in stato di belligeranza avvalendosi della libertà di movimento garantita loro dall'abito religioso di terziarie e dai lasciapassare opportunamente rilasciati dalle autorità locali. Molto verosimilmente esse, come tanti altri monaci e frati ingaggiati come agenti o spie della Monarchia ispanica, ebbero parte attiva nel sistema di *intelligence* che coadiuvò Filippo II nei suoi ultimi anni di governo: continuamente in viaggio ottennero informazioni a Londra per trasferirle a Madrid, comunicarono notizie circa lo spostamento delle truppe in Francia e nelle Fiandre, mobilitarono missive, memoriali e risorse *da* e *alla* corte di Bruxelles.[10]

Ma non solo.

L'idea maturata con la lettura delle fonti è più in generale che ospedali e confraternite di nazione siano stati, come altri spazi sociali di aggregazione informale in cui maggiore era la concentrazione e il livello quindi

9. Per il contesto politico-culturale cui si fa riferimento rinvio a F. Bouza, *Access to printing in the political communication of the Spanish Baroque and its effects on the production of political Arbitrios and Avisos*, in *Reforming Early Modern Monarchies: the Castilian Arbitristas in Comparative European Perspectives*, a cura di S. Raischenbach, Ch. Windler, Wiesbaden, Harraowitz Verlag, 2016, pp. 43-61. Per i nuovi approcci alla storia della comunicazione politica si veda anche *Beyond the Public Sphere Opinions, Publics, Spaces in Early Modern Europe*, a cura di M. Rospocher, Bologna-Berlin, il Mulino-Duncker&Humblot, 2012.

10. Sul sistema di spionaggio nei territori degli Asburgo tra Cinque e Seicento si vedano almeno C. J. Carnicer García, J. Marco Rivas, *Espías de Felipe II. Los servicios secretos del imperio español*, Madrid, La Esfera de los Libros, 2005; *Detrás de las apariencias. Información y espionaje (siglos XVI-XVII),* a cura di E. Sola Castaño e G. Varriale, Alcalá, Universidad de Alcalá, 2015.

di interazione tra abitanti del luogo e stranieri – mercati, piazze, caffè –, luoghi di *cross-cultural comunication*, spazi cioè di più intenso scambio culturale, di circolazione di pratiche e di idee, luoghi nevralgici di pluralità e interconnessioni per la loro capacità di radunare persone appartenenti a diversi ambiti sociali che poterono dar vita a una molteplicità di sfere della comunicazione politica e dell'informazione.[11] Come le farmacie d'altronde, già rimbalzate all'attenzione della nuova storiografia politico-culturale, sempre più interessata alla definizione degli spazi fisici all'interno dei quali si riunivano i pubblici di antico regime e avveniva lo scorrere delle notizie e delle informazioni.[12]

È un po' quanto per altri versi i più recenti studi di *medical humanities* sul valore ermeneutico della narrazione da parte del paziente e la sua polifonicità e della relazione empatica tra medico e paziente ci hanno indotto a rielaborare. Negli ospedali della *nación española* in Italia e in quello della nazione italiana a Madrid, relazioni di transfert culturale si attivarono in tutte quelle situazioni in cui operatori terapeutici e pazienti, anche a causa della compresenza ravvicinata di infermi di diversa origine e provenienza, dovettero comunicare tra loro pur partendo da una divaricazione linguistica che poteva rendere ardua la creazione di una sintassi comune. In che modo riuscirono o non riuscirono a innescare la comunicazione e la comprensione reciproca? Come gestirono la trasmissione delle loro rispettive conoscenze e competenze? Come si raccontarono la malattia? In quale lingua lo fecero? Come funzionò, se funzionò, il passaparola e la comunicazione orale fra medici e degenti e tra gli stessi infermi ricoverati presso l'uno e l'altro i vari ospedali disseminati sui territori circa le proprietà di erbe e pozioni in uso nelle varie spezierie europee o la sperimentazione delle nuove pratiche curative per la cura della sifilide? Con quali livelli di adattamento e ibridazione ?

Sono domande a cui non sempre nelle pagine precedenti siamo stati in grado di dare una risposta, ma che hanno certamente orientato la nostra analisi e riflessione. Lo abbiamo fatto a proposito per esempio dei me-

11. Cfr. D. Calabi, D. Keene, *Merchants lodgings* and *cultural Exchange,* in *Cultural Exchange in Early Modern Europe,* vol. II *Cities and Cultural Exchange in Europe, 1400-1700,* a cura di D. Calabi e S. Turk Christensen, Cambridge, Cambridge University Press, 2007, pp. 315-348.

12. F. De Vivo, *Pharmacies as Centres of Communication in Early Modern Venice*, in «Renaissance Studies», 21 (2007), pp. 505-521 e Id., *Patrizi, informatori, barbieri*: *politica e comunicazione* a *Venezia nella prima età moderna*, Milano, Feltrinelli 2012.

dicamenti e i preparati terapeutici che venivano somministrati ai degenti dell'ospedale S. Pietro della nazione italiana a Madrid, la cui lista ha rilevato una vasta compresenza e molte commistioni nell'uso di piante medicinali da tempo in uso nella farmacopea europea accanto ad altre di origine americana. Lo abbiamo fatto anche provando a raccontare come si dovette diffondere il trattamento dei malati di sifilide con le "stufe" negli ospedali militari della *nación española* disseminati un po' ovunque nei domini della Monarchia, da Malines ad Alessandria, da Genova a Palermo.

Vi è poi un altro livello di ibridazione e interconnessione molto presente nelle nostre fonti ed è quello delle contaminazioni linguistiche. I compilatori dei libri mastri delle nostre istituzioni, spazi eterogenei anche dal punto di vista linguistico, furono donne e uomini probabilmente di origini spagnole residenti da tempo o addirittura nati nelle città capitali degli stati italiani. È probabile che anche nella comunicazione orale essi usassero un sistema linguistico semplificato e ibridato rispetto alle lingue native. Certo è che nella stesura di quei fogli mostrarono uno scarso dominio del sostrato dialettale, disseminando il lessico di vocaboli propri del patrimonio linguistico locale scritti secondo le regole fono-morfologiche della lingua castigliana. Abbonda così, come si è visto nel libro dei conti del conservatorio di S. Maria della Soledad di Napoli, l'uso di termini italiani o napoletani pluralizzati "alla spagnola" con la *s* finale, come *macarones*, *vermichelos*, *fasoles*, *pisellis*, *brocoles*, *favas*, *sardas*, *salchichas*, *muliñanas* (melenzane) e di altri prestiti lessicali direttamente assunti dall'italiano come *colcamalati* (addetto a coricare gli infermi / assistente degli allettati)). Così come può ritenersi l'esito di un altro slittamento semantico, in questo caso dalla lingua spagnola alla napoletana, la presenza di un vocabolo come *cerezas:* ciliegie in italiano e *cerase* in napoletano e di altre interferenze. Ne derivarono scenari linguistici dalle numerose varianti e implicazioni storico-culturali, non prive di un interesse che va ben al di là del solo campo semantico e storico-linguistico.

L'alimentazione fu un altro campo di forti interconnessioni. Gli spagnoli accolti negli istituti della *nación* in Italia mangiavano all'italiana nelle sue diverse varietà regionali: molta pasta rispetto alle consuetudini in vigore sia in Catalogna che in Castiglia, almeno cioè due volte la settimana a Napoli (anni Venti del Seicento) e tre a Palermo (anni Ottanta del XVII secolo); molta verdura, almeno due piatti al giorno, a Napoli, i cui abitanti all'epoca – ricordiamo che il documento cui si fa riferimento è degli anni 1620-21 – erano denominati per l'appunto con l'appellativo di "mangiafoglie" per l'abbondante presenza di verdure a foglia larga nella loro alimentazione abituale[13] e la nostra lista è ricca di pietanze indicate col termine di *folla capucha, folla mola y borrazos, folla y escarolas*; molte pietanze dolci a Palermo, dove le voci di spesa per *azucar* (zucchero), *viscochos* (biscotti), *confites*, *calabazate* e *passas* (frutta candita e secca) coprivano oltre il 25% dei costi per i pasti serviti quotidianamente agli infermi dell'ospedale S. Giacomo. Le spagnole e gli spagnoli ricoverati nelle strutture di Napoli e Palermo consumavano anche, come si è già detto, molte mandorle come si usava in Spagna, dove esse costituivano un alimento base della dieta quotidiana sia di poveri che di ricchi.[14]

La compresenza di decine, a volte anche centinaia di individui tra loro eterogenei all'interno degli ospedali e conservatori delle nazioni per degenze o ricoveri di più o meno lunga durata comportò sempre un'intensa esperienza culturale tale da coinvolgere innanzitutto la sfera religiosa individuale e collettiva, con esiti però per certi versi paradossali. Istituiti allo scopo di costituire uno spazio privilegiato di esaltazione del patrimonio simbolico e religioso della propria nazione, molte di quelle istituzioni, come si è visto, finirono col diventare luoghi fisici di straordinaria commistione di culti e devozioni. Divennero cioè spazi di "contatto culturale"[15] tra naturali e spagnoli, tra italiani e spagnoli, tra fiamminghe e lusitani e così via, tra manifestazioni del culto per i propri santi patroni (s. Giacomo, s. Maria della Soledad, s. Pietro, s. Carlo, s. Agata, s. Rosalia) e condivisione di culti locali (Nuestra Señora de las Viñas, María de la Cabeza), di interconnessione tra culti territoriali e culti sovra-nazionali, in un contesto tra l'altro, quello legato alla malattia e/o alla mobilità e alla marginalità delle persone che vi venivano accolte proprio in ragione della loro precarietà, in

13. Solo dalla fine del Seicento i napoletani ebbero l'appellativo di "mangia maccheroni". Cfr. E. Sereni, *Note di storia dell'alimentazione nel Mezzogiorno: i Napoletani da «mangiafoglia» a «mangiamaccheroni»*, in Id., *Terra nuova e buoi rossi e altri saggi per una storia dell'agricoltura europea*, Torino, Einaudi, 1981, pp. 292-371.

14. Per una prospettiva di storia dell'alimentazione interconnessa tra la Spagna e Napoli rinvio ai contributi di M.Á. Pérez Samper, *La alimentación a través del Mediterráneo y a través del Atlántico* e R.M. Delli Quadri, *Il cibo dei ricchi e il cibo dei poveri. La cucina napoletana tra vita di corte e vita di strada*, in *Storie connesse. Forme di vita quotidiana fra Spagna e Napoli (secoli XVI-XVIII)*, a cura di R.M. Delli Quadri, M.V. Mafrici, Napoli, Guida, 2018, rispettivamente alle pp. 89-101 e 103-118.

15. Sul concetto di spazio come costruzione e produzione culturale cfr. A. Torre, *Luoghi. La produzione di località in età moderna e contemporanea*, Roma, Donzelli, 2011.

cui le relazioni di empatia e il coinvolgimento di tutti gli attori coinvolti andavano verosimilmente ben oltre i consueti standard emotivi.

Qui si apre un altro punto di riflessione, perché le emozioni furono tra gli elementi che più di altri, più della sfera politica o di quella culturale, entrarono in maniera determinante in quegli spazi segnati dalle fragilità individuali e le contaminazioni culturali e nello scambio sociale che vi si attivava, disegnandoli e risignificandoli, influenzandoli e imprimendovi altri mutamenti, strappi e discontinuità con il passato individuale e collettivo accelerati dalle energie emozionali dispiegate da quello specifico contesto.[16]

Energie emotive ed espressioni culturali e devozionali che sarebbero rimaste altrimenti distanti tra loro, circoscritte ognuna entro i margini dell'agency soggettiva o tutt'al più dei propri confini territoriali della nazione o della comunità locale, entrarono in contatto nello spazio condiviso degli ospedali o dei conservatori della nazione istituiti fuori della nazione, attingendo all'identità delle comunità originarie e influenzandosi reciprocamente, mettendo in comune codici linguistici e di comunicazione, informazioni, pratiche curative, risorse materiali, credenze, reliquie, oggetti e immagini sacre. Si accorciarono le distanze. Si crearono al loro interno nuovi spazi di interconnessione, spazi continuamente attraversati da nuovi attori, nuove pratiche e nuove relazioni, nuovi santi e nuove devozioni, nuove opinioni e nuovi sentimenti in una rete in continuo movimento all'interno della quale i confini culturali e religiosi identitari della nazione di appartenenza poterono perdere molti dei loro tratti originari, ridisegnandosi volta a volta per assumerne altri più compiutamente transnazionali ed europei.

16. Si vedano le prospettive ermeneutiche aperte in tal senso da T. Plebani, (2016), *L'energia della vita affettiva: una questione per la storia*, in «Rivista storica italiana», 128/2 (2016), pp. 622-641.

# Indice dei nomi

Finito di stampare
nel mese di ottobre 2020
da The Factory s.r.l.
Roma